In der Renaissance wurde Florenz als das ›neue Athen‹ gefeiert, Zentrum der Welt und der Erneuerung. Diese Epoche hat Florenz so entscheidend geprägt, daß ihre Spuren noch heute das Bild der Stadt beherrschen. Doch auch in den folgenden Jahrhunderten hat Florenz nie den Rang einer geistigen und politischen Metropole verloren und stellt bis heute eines der vitalsten Kulturzentren Italiens dar. Seit dem frühen 14. Jahrhundert schreiben Florentiner Chronisten die Geschichte ihrer Vaterstadt und lassen so Florenz zur »Heimat der geschichtlichen Darstellung im neueren Sinne« (Jakob Burckhardt) werden. Diese Chroniken stehen am Beginn einer langen Reihe schriftlicher Auseinandersetzung mit der Geschichte, der Kunst und dem Lebensgefühl in dieser unvergleichlichen Stadt.

In dem Band ›Florenz‹, der die Reihe der in den insel taschenbüchern erscheinenden Städtebilder (London, Paris, Moskau, Istanbul, Venedig) weiterführt, entsteht durch die Sammlung von Chroniken, Reiseberichten, Tagebuchaufzeichnungen, Gedichten und historischen Zeugnissen ein lebendiges Bild dieser Phänomen gewordenen Stadt.

insel taschenbuch 633
Florenz

FLORENZ

Lesarten einer Stadt

Herausgegeben von Andreas Beyer

Mit zahlreichen Illustrationen

Insel Verlag

Agli amici fiorentini

insel taschenbuch 633
Erste Auflage 1983
© Insel Verlag Frankfurt am Main 1983
Quellenhinweise am Schluß des Bandes
Vertrieb durch den Suhrkamp Taschenbuch Verlag
Satz: LibroSatz, Kriftel
Druck: Nomos Verlagsgesellschaft, Baden-Baden
Printed in Germany

2 3 4 5 6 – 88 87 86 85

INHALT

Florenz

GIOVANNI VILLANI
WIE DIE STADT FLORENZ
ERRICHTET WURDE

1300

Nachdem Fiesole vernichtet war, zog Caesar mit seinem Gefolge in die Ebene hinab zu den Ufern des Flusses Arno an die Stelle, an der Florinus mit seinen Leuten von den Fiesolanern getötet worden war, und ließ dort eine Stadt gründen, um zu verhindern, daß Fiesole sich noch einmal erhebe. Die römischen Reiter, die mit ihm gezogen waren und die man Tudertini nannte, sandte er, beladen mit Beutestücken, zurück nach Rom. Caesar machte sich also daran, die Stadt errichten und mit zwei Villen schmücken zu lassen, der Villa Camarti und der Villa Arnina, um schließlich die Stadt nach seinem eigenen Namen *Caesaria* zu nennen. Der römische Senat, der von diesem Vorhaben gehört hatte und es nicht litt, daß er sie nach sich benennen wollte, erließ ein Gesetz, nach welchem die vornehmsten Bürger, die an der Belagerung Fiesoles teilgenommen hatten, die Stadt gemeinsam mit Caesar errichten und bevölkern sollten und nach welchem ein jeder eine Arbeit auszuführen hätte und der erste unter ihnen die Stadt nach sich oder nach wem immer es ihm beliebe nennen dürfe. So kamen Macrinus, Albinus, Gaius Pompeius und Marcius, versehen mit Baumaterial und begleitet von Handwerkern, aus Rom in die Stadt, die Caesar errichten ließ, und, darin bestrebt, diesen zu übertreffen, teilten sich die Arbeiten wie folgt auf: Albinus übernahm es, die Stadt auszuschmücken und leistete eine edle Arbeit, die der Schönheit und dem Glanz der Stadt zugute kam, und selbst heute kann man bei Grabungen Überreste jener Verzierungen finden, namentlich im Viertel von Santo Piero Scheraggio und den Vierteln von Porta San Piero und Porta del Duomo, womit bewiesen wäre, daß die antike Stadt bis zu diesen Stellen reichte. Macrinus ließ die Wasserleitungen legen, ein Gebilde aus Röhren und Bögen, das das Wasser aus einer Entfernung von sieben Meilen in die Stadt führte, damit sie ausreichend mit gutem Wasser versorgt sei. Dieser Aquädukt reichte bis hinauf zum Fluß Marina am Fuße des Berges Montemorello und nahm das Wasser sämtlicher Quellen, die sich über Sesto, Quinto und Colonata befinden, in sich auf. In Florenz mündeten all diese Quellen in einen Palast, der »caput aquae« hieß, in unserer Sprache aber recht bald »capaccia« genannt wurde und von welchem noch heute Überreste zu finden sind. Es ist bekannt, daß die Alten um der Gesundheit willen Wasser tranken, das aus Quellen über Aquädukte herangeführt wurde, da dieses Wasser reiner und gesünder war als das der Brunnen, und wenige unter ihnen tranken Wein, weshalb es zu dieser Zeit wenige Weinberge gab. Gaius Pompeius ließ die Stadtmauern aus gebrannten Ziegeln bauen, und auf der Mauer ließ er, in einem Abstand von zwanzig Ellen, runde und dicke Türme errichten, die von großer Schönheit und Stärke waren. Wir kennen keine Chronik, die vom Aussehen und der Anlage der Stadt zu dieser Zeit spricht, nur im Zusammenhang mit der Erwähnung ihrer Zerstörung durch Totilus werden ihre Schönheit und Pracht erwähnt. Marcius, der andere römische Herr, ließ ein Kapitol errichten, nach Art des römischen, das heißt einen Palast, oder vielmehr die größte Festung der Stadt, die von wunderbarer Schönheit war. Unter dieser Festung hindurch floß Wasser aus dem Fluß Arno, durch angelegte Gräben und Gewölbe, wieder zurück in den Fluß und diente dazu, die Stadt nach Festen zu reinigen. (. . .) Die genannten römischen Bürger bemühten sich eifrig, mit der größtmöglichen Eile ein Gebäude nach dem anderen fertigzustellen, so daß ein jedes in derselben Zeit vollendet wurde und keiner von ihnen somit das Recht zugesprochen bekam, die Stadt nach sich oder nach wem immer es ihm beliebte zu benennen, weshalb viele sie zu Beginn »kleines Rom« nannten.

Andere nannten sie »Floria«, da Florinus, der blühende Ritter und Krieger, dort sein Leben verlor und so zum Gründer der Stadt geworden war, in der und um die herum auf den umliegenden Feldern immer Blumen und Lilien blühten. Schließlich kam die Mehrheit der Bürger darin überein, die Stadt »Floria« zu nennen, da sie blühend errichtet worden war, das heißt mit viel Pracht. Und sicher verhielt es sich so, denn sie wurde von den vornehmsten Familien Roms besiedelt und von den durch die Senatoren aus jedem Stadtteil Roms ausgewählten reichsten Familien, die sich gegen ein Entgelt dort ansiedelten; zu sich nahmen sie jene Fiesolaner auf, die mit ihnen leben und an diesem Ort bleiben wollten. Die Sprache des Volkes machte bald aus »Floria« »Fiorenza«, das bedeutet »blühendes Schwert«. Florenz wurde 682 Jahre nach der Gründung Roms errichtet und 70 Jahre vor der Geburt unseres Herrn Jesus. Es ist bekannt, daß die Florentiner immer uneins und untereinander zerstritten sind, was nicht verwundert, sind sie doch aus zwei so verschiedenen, verfeindeten und in ihren Gepflogenheiten so unterschiedlichen Völkern geboren, wie es die tugendhaften adeligen Römer und die rauhen und kriegslüsternen Fiesolaner waren.

3. *Bernardo Daddi, Ansicht des Stadtzentrums*
von Florenz 1342

DINO COMPAGNI
ÜBER DEN URSPRUNG DER ZWIETRACHT IN FLORENZ ZWISCHEN GUELFEN UND GHIBELLINEN

1301

Es beklagen die Bürger von Florenz ihr Los und das ihrer Söhne, welche durch Stolz und Arglist, wie auch durch den Kampf um Ämter diese edle Stadt zerstörten und ihre Gesetze schmähten und die in so kurzer Zeit den Ruhm der Stadt zugrunde richteten, den ihre Vorfahren mit viel Mühe und nach langer Zeit erstritten hatten. Nun erwarten sie, die so frei waren, daß niemand sie zu unterjochen je in der Lage war, die Strafe Gottes, welche durch viele Zeichen ihnen ein übles Geschick androht.

Nach den zahlreichen alten Zwisten unter den Bürgern entbrannte in dieser Stadt einer, der die Bürgerschaft derart entzweite, daß zwei Gruppen sich als Feinde gegenüberstanden und mit verschiedenen Namen versehen wurden, nämlich Guelfen und Ghibellinen. Die Ursache war, daß ein junger Edelmann, Buondalmonte de' Buondalmonti genannt, versprochen hatte, eine Tochter des Oderigo Giantruffetti zur Frau zu nehmen. Als er eines Tages am Hause der Familie Donati vorbeiging, sah ihn Donna Aldruda, Frau des Forteguerra Donati, die zwei sehr schöne Töchter hatte und gerade auf dem Balkon des Hauses stand. Indem sie ihm eine ihrer beiden Töchter zeigte, rief sie ihm zu: »Wen hast du zur Frau genommen? Ich bewahrte dir diese auf.« Er sah die Tochter an und sie gefiel ihm sehr, doch er antwortete: »Ich kann nun nicht mehr zurück.« Da entgegnete Donna Aldruda: »Natürlich kannst du, denn deine Strafe werde ich bezahlen.« Und Buondalmonte erwiderte: »So will ich sie denn.« Er nahm sie zur Frau und verließ die, die er gewählt und der er geschworen

19

4. *Erste Vertreibung der Guelfen aus Florenz zur Zeit Friedrichs II.*
Aus der Chronik des Giovanni Villani

hatte. Hierauf erzürnte Oderigo, und gemeinsam mit Verwandten und Freunden beschloß er, sich zu rächen und dem jungen Edelmann Schmach zu bereiten. Als die mächtige und edle Familie der Uberti, die zu seiner Verwandtschaft zählte, davon erfuhr, äußerte sie den Wunsch, Buondalmonte sterben zu sehen, was bewirkte, daß der tödliche Haß sich noch steigerte, womit alles seinen Anfang nahm. Sie befahlen, ihn an dem Tage zu töten, an dem er seine Frau zum Altar führen sollte, wie es dann auch geschah. Dieser Mord entzweite die Bevölkerung, und jeder folgte der Verwandtschaft und den Freunden in eine der Parteien, so daß diese Teilung sich vertiefte. Hieraus erwuchsen viele Skandale, Morde und Bürgerkämpfe, aber da ich nicht beabsichtige, die alten Dinge aufzuschreiben, da sich die Wahrheit nun einmal nicht wiederfindet, werde ich hier enden. Erwähnt habe ich es, um verstehen zu lassen, wie es zu den verfluchten Parteien der Guelfen und Ghibellinen gekommen ist.

DANTE ALIGHIERI
EIN BRIEF AN DIE BEVÖLKERUNG
VON FLORENZ

31. März 1311

Dante Alighieri, Florentiner und unschuldig Verbannter, den höchst verbrecherischen Florentinern daheim.

Die liebevolle Vorsicht des ewigen Königs, der in seiner Güte die himmlischen Reiche unendlich dauern läßt, ohne den Blick von unseren irdischen zu wenden, hat dem heiligen Reich der Römer die Lenkung der menschlichen Angelegenheiten übertragen, damit das sterbliche Geschlecht im heiteren Glanz eines so starken Schutzes ruhe und überall, seiner Natur gemäß, ein Leben voll Bürgersinn führe. Obgleich dies durch göttliche Aussprüche bekräftigt und, stellt man sich nur auf den Boden der Vernunft, von der Vergangenheit bezeugt wird, spricht schließlich auch nicht wenig für diese Wahrheit, daß die ganze Welt in Aufruhr gerät, während der kaiserliche Thron unbesetzt ist, weil der Steuermann und die Ruderer auf dem Schifflein Petri schlafen, und daß das arme, einsame, der Willkür Einzelner ausgelieferte Italien so schreckliche Stürme und Wogen auszuhalten hat, daß Worte es nicht zu schildern, ja kaum die Tränen der unglückseligen Italiener es auszudrücken vermögen. Nun also werden alle, die sich gegen den deutlich sichtbaren Willen Gottes in blinder Anmaßung aufblähen, aus dem strengen Gericht des jetzt nahenden Richters erblassend erkennen, ob das Schwert dessen, der »Mein ist die Rache« sagt, nicht vom Himmel fuhr.

Euch aber, die Übertreter göttlicher und menschlicher Rechte, die, zu jedem Frevel bereit, verfluchte unersättliche Gier verlockt hat, verfolgt Euch nicht der Schrecken des zweiten Todes, weil Ihr, als erste und einzige das Joch der Freiheit verachtend, gegen den Ruhm des römischen Fürsten, des Königs der Welt und Gehilfen Gottes, getobt und Euch unter Berufung auf das Verjährungsrecht geweigert habt, die schuldige Ergebenheit zu bezeigen, um Euch lieber mit der Raserei des Aufruhrs gegen ihn zu erheben? Oder wißt Ihr nicht, Ihr Wahnsinnigen und Verwahrlosten, daß das öffentliche Recht einzig mit der Zeit selbst zu Ende gehen wird und keiner Verjährungsrechnung unterworfen ist? Die Gesetzeskundigen erklären, und die menschliche Vernunft bestimmt es durch die Untersuchung, daß die Staatsgewalt, wie lange sie auch vernachlässigt wird, niemals vergehen oder zurückgehalten werden kann, denn was allen nützt, kann nur zum Schaden aller untergehen oder entkräftet werden. Das will weder Gott noch die Natur, und es widerspräche dem Empfinden der Sterblichen zutiefst. Was versucht Ihr Euch, durch so alberne Gedanken bewogen, gleich neuen Babyloniern an neuen Reichen, indes Ihr das fromme Kaiserreich aufgebt, auf daß die florentinische Staatsbürgerschaft etwas anderes als die römische sei? Warum beliebt es Euch nicht, gleicherweise auf die apostolische Herrschaft neidisch zu sein, damit, wenn schon Delia [*der Mond*] am Himmel verdoppelt wird, auch Delis [*die Sonne*] verdoppelt werde? Wenn es Euch aber nicht schrecklich ist, Eure Übeltaten zu überdenken, so schrecke es wenigstens Eure verstockten Gemüter, daß nicht nur die Weisheit, nein, sogar deren Ursprung zur Strafe für Eure Schuld von Euch genommen ist. Denn es gibt keinen fürchterlicheren Zustand für einen Verbrecher, als wenn er schamlos und ohne Gottesfurcht nach Belieben drauflos handelt. Unstreitig trifft den Gottlosen sehr oft diese Strafe, daß er, der im Leben Gott untreu war, sterbend sich selbst untreu wird.

Da Euch Eure zügellose Anmaßung so ganz und gar, wie die Berge Gilboas, um den Tau aus der Höhe gebracht hat, daß Ihr keine Furcht hattet, Euch dem Beschluß des ewigen Rates zu widersetzen, und Ihr Euch auch nicht vor Eurer Furchtlosigkeit fürchtet, wird da wohl jenes dem Menschen und der Welt verderbliche Erschrecken ausbleiben, da der unausbleibliche Schiffbruch Eurer hochfahrenden Sippschaft und Eures Räuberwesens, das Ihr noch oft beweinen werdet, rasch näherkommt? Oder werdet Ihr, hinter lächerlichen Wällen verschanzt, auf irgendeine Möglichkeit der Verteidigung hoffen? Oh, Ihr zum Unheil Vereinten! Oh, Ihr von wunderlicher Leidenschaft Geblendeten! Was nützt es Euch, daß Ihr Euch hinter Wällen verschanzt und die Stadt mit Bollwerken und Zinnen bewehrt, wenn der Adler im goldenen Feld furchtbar herbeischwebt, der bald über den Pyrenäen, bald über dem Kaukasus, bald über dem Atlas fliegt und einst, mehr von den himmlischen Heerscharen getragen als vom Wind, die weiten Meere von oben sah? Was, Ihr Elendsten unter den Menschen, wenn Ihr bei der Ankunft des Bändigers des wahnsinnigen Hesperiens erstarren werdet? In der Tat, vergebens und gegen jede Vernunft ist alle Hoffnung, die Ihr auf diese Hindernisse setzt, vielmehr wird dieser Widerstand den Anmarsch des gerechten Königs noch mehr befeuern, und die Barmherzigkeit, die sonst sein Heer immer begleitet, wird, da Ihr sie nicht verdient, ein Ende haben; und wodurch Ihr das Ehrenkleid einer falschen Freiheit zu schützen glaubt, werdet Ihr in den Sklavenzwinger echter Knechtschaft stürzen. Denn Gottes wunderbares Gericht führt stets dahin, daß der Gottlose durch das, wodurch er sich der verdienten Strafe zu entziehen meint, ihr um so tiefer verfalle, und wer sich bewußt und absichtlich dem göttlichen Willen widersetzt, diesem unbewußt und unabsichtlich diene.

Trauernd werdet Ihr Eure Bauten, die nicht der Notwendigkeit gemäß errichtet, sondern leichtsinnig entsprechend Euren Lüsten verdorben sind, so daß sie das wiedererstandene Troja nicht schützen, unter dem Sturmbock einstürzen und in Flammen aufgehen sehen. Ihr werdet erleben, wie die Volksmenge, die jetzt überall gegensätzlich im Für und Wider rast, dann gegen Euch ein ebenso schreckliches Geschrei erheben

5. *Domenico di Michelino, Dante mit der Divina Commedia
vor einer Ansicht der drei Reiche und des Florenz im 15. Jahrhundert*

wird, weil sie nicht gleichzeitig Hunger und Furcht aushalten kann. Und ebenso wird es Euch verdrießen, die ausgeraubten Kirchen zu sehen, die Tag für Tag von der Menge der Frauen erfüllt sind, und die verwirrten Kinder, die bestimmt sind, die Sünden der Väter zu büßen, ohne davon zu wissen. Und wenn mich mein prophetischer Geist, dessen Aussage auf wahrhaftigen Zeichen und unwiderstehlichen Gründen beruht, nicht täuscht, so werdet Ihr mit Tränen sehen, wie die in langwährende Trauer gestürzte Stadt, nachdem die meisten von Euch durch Tod oder Gefangenschaft verloren sind, schließlich von einigen wenigen, denen das Exil bevorsteht, den Händen der Fremden übergeben wird. Und daß ich es kurz fasse: jene Leiden, die die Stadt Sagunt, berühmt durch ihre Treue, für die Freiheit ertrug, werdet Ihr, gebrandmarkt durch Eure Treulosigkeit, um der Knechtschaft willen erdulden müssen.

Nehmt Euch auch wegen des unverhofften Glücks der Parmenser keine Frechheiten heraus, die, von drohendem Hunger schlecht beraten, einander zubrummten, »eher sterben wir und stürzen uns mitten in die Waffen«, und das Lager des Cäsars in dessen Abwesenheit überfielen; denn obwohl sie Sieg über Sieg errangen, war nichtsdestoweniger Schmerz durch Schmerz die denkwürdige Folge für sie. Aber zählt auch die Blitze des früheren Friedrichs, und befragt Mailand wie Spoleto, weil vor deren Niederwerfung wie auch Vernichtung Eure bis zum Platzen aufgetriebenen Eingeweide erstarren und Eure überkochenden Herzen abkühlen werden. Ach, ihr Eingebildetsten unter den Tusziern, von Natur und durch das Laster besinnungslos, Ihr Unwissenden erwägt nicht und stellt Euch nicht vor, wie sehr die Schritte heilloser Gesinnung in der Finsternis der Nacht vor den Augen der Geflügelten irren. Denn die Geflügelten und im Leben Makellosen sehen Euch gleichsam an der Schwelle des Kerkers stehen und jedwelchen Mitleidigen zurückweisen, daß er Euch an Füßen und Händen gebundene Gefangene nicht etwa zufällig befreie. Ihr habt wohl, weil Ihr blind seid, noch nicht die Leidenschaft erkannt, die Euch beherrscht, Euch mit giftigem Flüstern schmeichelt und mit hinterlistigen Drohungen umgarnt, und die Euch in der Tat einfängt, gegen das Gesetz zu sündigen und Euch hindert, den heiligen Gesetzen zu gehorchen, die das Ebenbild der natürlichen Gerechtigkeit abformen. Deren Befolgung erweist sich, wenn sie freudig und ungezwungen ist, nicht nur als kein Knechtsdienst, vielmehr offenbart sie sich dem, der gründlich hinsieht, als das, was sie eigentlich ist: die höchste Freiheit. Denn was ist diese anders, wenn nicht der freie Lauf des Willens zur Tat, den die Gesetze ihren Befolgern eröffnen? Da also die einzig Freien die sind, die dem Gesetz aus freiem Willen gehorchen – was wollt dann Ihr sein, die sich unter dem Vorwand der Liebe zur Freiheit gegen alles Recht wider den Fürsten der Gesetze verschwören? O erbärmliches Geschlecht von Faesulae, schon zum zweitenmal bestraftes Barbarenvolk! Was Ihr vorgekostet habt, jagt Euch wohl noch nicht genug Furcht ein? Wenn Ihr auch in den Mienen und mit verlogenen Worten Zuversicht vortäuscht, so bin ich doch überzeugt, daß Ihr wachend zittert und oft aus Euren Träumen aufschreckt, vor Entsetzen über die auf Euch eindringenden Vorahnungen bebend oder die Lehren des Tages überdenkend. Wahrhaftig, wenn Ihr verdientermaßen zittert und Euren Wahnsinn ohne Klage bereut, dann bleibt Euch noch, damit die Bäche der Furcht und des Schmerzes in die Bitterkeit der Reue münden, Euren Gemütern einzuprägen, daß den römischen Sachwalter, den Gott und Triumphator Heinrich, nicht nach seinem eigenen Vorteil, sondern nach dem Vorteil der Gesamtheit dürstete, als er seine schweren Aufgaben für uns übernahm, freiwillig unsere Strafen teilend, als ob – nach Christus – auf ihn der Seher Jesaja mit prophetischem Finger gezeigt habe, als er, den Geist Gottes offenbarend, aussagte: »Wahrlich, er trug unsere Schwachheit und lud unsere Schmerzen auf sich.« Daher seht Ihr, wenn Ihr Euch nicht blind stellen wollt, daß die Zeit der bitteren Reue über Eure freche Anmaßung gekommen ist. Doch diese verspätete Reue wird nicht Grund zur Nachsicht, sondern vielmehr der Beginn der fälligen Strafe sein. Denn den Sünder schlägt man, damit er unweigerlich absterbe.

Geschrieben am Tag vor den Kalenden des April, an den Grenzen Tusziens, an den Quellen des Arno, im ersten Jahr des glückreichen Italienzugs des Kaisers Heinrich.

GIOVANNI VILLANI
WER DER DICHTER DANTE ALIGHIERI
WAR UND WIE ER STARB

1321

In besagtem Jahre 1321, im Monat Juli, starb Dante Alighieri aus Florenz in der Stadt Ravenna in der Romagna, als er soeben von einer Gesandtschaft aus Venedig zurückgekommen war, im Dienste der Herren Da Polenta, bei denen er damals weilte. Und in Ravenna wurde er vor dem Portal der Hauptkirche begraben, mit großen Ehren im Gewand eines Dichters und großen Philosophen. Verbannt aus der Stadt Florenz, starb er im Alter von wohl sechsundfünfzig Jahren. Dieser Dante war ein altangesehener Bürger von Florenz aus dem Viertel Porta San Piero und unser Nachbar. Seine Verbannung aus Florenz erfolgte deswegen, weil damals, als Herr Karl von Valois, Sproß aus dem französischen Königshause, im Jahre 1301 nach Florenz kam und die Partei der Weißen daraus verjagte, besagter Dante sich unter den höchsten Lenkern der Stadt befand und, wenn schon Guelfe, ebenjener Partei angehörte. Deswegen also und ohne andere Schuld wurde er mit der genannten Partei der Weißen verjagt und aus Florenz verbannt. Er ging nun an die Universität Bologna, dann nach Paris und in noch andere Teile der Welt. Dieser Mann war ein großer Gelehrter, bewandert in jeglicher Wissenschaft, obzwar er Laie war, auch ein gar hoher Dichter und Philosoph und ein vollkommener Meister der Sprache, im Dichten und im Versemachen ebenso wie in der öffentlichen Rede, von höchstem Rang als edelster Reimdichter und mit dem reinsten und schönsten Stil, den es je bis zu seiner Zeit und darüber hinaus in unserer Sprache gegeben hat. (. . .) Dieser Dante war in seinem Wesen etwas anmaßend, verdrießlich und abweisend und nach Philosophenart unfreundlich. Er verstand es nicht gut, mit den Laien

27

ein Gespräch zu führen. Aber wegen seiner Vorzüge anderer Art, wegen seines Wissens, wegen der Geltung eines so großen Mitbürgers, scheint es uns geziemend, ihm in dieser unserer Chronik ein ewiges Denkmal zu setzen, obwohl schon seine edlen Werke, die uns schriftlich hinterlassen sind, von ihm ein wahrhaftiges Zeugnis geben und für unsere Stadt einen ehrenvollen Ruhm bedeuten.

6. Eine Bank in Florenz im 15. Jahrhundert

GIOVANNI VILLANI
WIE DIE FLORENTINER DURCH EIN GESETZ IHREN FRAUEN ALLEN SCHMUCK NAHMEN

1330

Da die Florentinischen Frauen sich übermäßig mit Schmuck und Verzierungen, Krönchen und Kränzen in Gold und Silber, aus Perlen und Edelsteinen behängten und sich mit perlengeflochtenen Netzen und anderem teueren Kopfschmuck und Gewändern, die aus Seide und verschiedenen anderen Tüchern geschnitten waren, verziert mit Perlen und vergoldeten Silberknöpfen, die oftmals vier- oder sechsreihig angebracht waren, und mit Fibeln aus Perlen und Edelsteinen auf der Brust beluden, wurde in besagtem Jahr (1330) ein Gesetz erlassen, das durch mehrere Amtsakte bestätigt wurde. Dieses Gesetz bestimmte, daß keine Frau fortan mehr Krönchen oder Kränze, weder aus Silber noch aus Gold, Perlen und Edelsteinen und auch solche nicht tragen dürfe, die diesen ähnlich, aber aus bemaltem Papier gemacht waren, sowie keine Flechtbänder oder Haarnetze gleich wie geformt, solange sie nicht bescheiden und einfach waren. Auch kein Kleid durften sie mehr anlegen, das besonders aufwendig und eigenartig geschnitten war und mit Mustern bemalt, es sei denn, der Stoff trage das Muster in sich gewebt. Ebenso fielen unter die neue Bestimmung längs- und quergestreifte Gewänder, die allenfalls zweifarbig sein und keine Verzierungen aus Gold, Silber, Seide, Edelsteinen, Emaille oder Glas enthalten durften. Auch sollten die Frauen fortan nicht mehr als zwei Ringe je Finger tragen und Gürtel mit mehr als zwölf Silberschnallen. So konnte keine Florentinerin sich mehr in Seide kleiden, sondern mußte vielmehr deren Besitz melden, damit keine andere in deren Besitz gelangte. Seidengewänder, die entdeckt wurden, entzog und verbot man. Und wie der Stoff der Gewänder bestimmt wurde, so bestimmte man gleichfalls, daß keine Frau mehr Tuch hinter sich tragen sollte, das länger als zwei Arm lang war. Solcherart wurden auch die Röcke und Trachten der Jungen und Mädchen kontrolliert und aller Schmuck und Hermelin, mit Ausnahme desjenigen der Ritter und deren Frauen. Den Männern wurde das Tragen von Silbergürteln und Seidenjacken untersagt. Auch wurde ein weiteres Gesetz erlassen, welches bei Gastmahlen mehr als drei Speisen und bei Hochzeiten mehr als zwanzig Speisetafeln verbot. So durfte auch die Braut bei ihrer Hochzeit nicht mehr als sechs Brautjungfern mit sich führen, und bei den Investiturszeremonien der jungen Ritter sollten nicht mehr als 100 Speisetafeln mit mehr als drei Speisen aufgetragen werden. Die Ritter sollten sich demnach ebenfalls nicht mehr so kleiden, daß ihre Gewänder später dem Hofnarren überlassen werden konnten, wie es lange üblich war. Von diesem neuen Gesetz betroffen waren Fremde, Frauen, Männer und Kinder, und hohe Strafen wurden angedroht. Auch wurden weitere Gesetze erlassen, die sämtliche Händler betrafen und den Handelsverkehr regulieren sollten, so daß in Zukunft jedes Stück Fleisch und jeder Fisch nach Gewicht und pfundweise verkauft werden mußten. Aufgrund dieser neuen Erlasse bestrafte die Stadt Florenz ausschweifende Ausgaben sehr streng und hoch, zum großen Vorteil der Bevölkerung, zum großen Schaden jedoch der Seidenweber und Goldschmiede, die jeden Tag zu ihrem eigenen Vorteil neuen und andersartigen Schmuck erfanden. Diese Verbote wurden sehr heftig kommentiert und gelobt. Trugen die Frauen früher reichlich Schmuck und verzierten sie sich früher mit viel Pracht, so verhielten sie sich jetzt geziemend, worunter alle litten. Doch die Frauen rächten sich wegen dieser Schändung, denn da sie keine aufwendigen Gewänder mehr tragen durften, so begehrten sie jetzt fremdartige und ausgefallene Kleidungsstücke, soviel sie davon bekommen konnten und die sie selbst in Flandern und Brabant anfertigen ließen, ohne auf die Kosten zu achten. Dennoch war der Vorteil dieser neuen Bestimmungen – die geringeren Ausgaben für die Frauen, wie auch für Gastmahle und Hochzeiten – sehr groß. Diese Gesetze wurden viel gelobt, waren sie doch nützlich und ehrlich. Und fast alle toskanischen und viele italienische Städte sandten nach Florenz, um diese neuen Gesetze zu begutachten, um sie auch in ihrer Stadt einzuführen.

7. *Masolino, Florentiner Straßenszene zu Beginn des 15. Jahrhunderts*

GIOVANNI BOCCACCIO
DREI JUNGE LEUTE ZIEHEN IN FLORENZ EINEM MÄRKISCHEN RICHTER DIE HOSEN HERUNTER, WÄHREND ER ZU GERICHTE SITZT

1348

Wie ihr alle gehört haben werdet, kommen in unsere Stadt gar oft märkische Beamte, und das sind gemeiniglich Männer von kleinlicher Sinnesart, die so kärglich und elendiglich leben, daß ihr ganzes Wesen den Eindruck der Schäbigkeit macht; wegen dieser ihnen angeborenen Jämmerlichkeit und Habsucht bringen sie Richter und Notare mit, die eher von dem Pfluge und dem Leisten weggenommen zu sein scheinen als aus den Rechtsschulen. So kam auch einmal einer als Statthalter her, der eine Menge Richter mitbrachte; unter diesen glich einer, der sich Messer Niccola da San Lepidio nennen ließ, mehr einem Schlossergesellen als etwas anderm, und der wurde unter den andern Richtern zur Verhörung peinlicher Fälle bestellt. Wie es nun oft geschieht, daß die Bürger, auch wenn sie nicht das geringste im Gerichtsgebäude zu tun haben, doch hingehn, so geschah es, daß Maso del Saggio eines Morgens hinging, um einen Freund zu suchen; von ungefähr fiel ihm Messer Niccola, der dort saß, in die Augen, und der schien ihm ein so sonderbarer Vogel, daß er ihn von oben bis unten betrachtete. Außer dem ganz durchräucherten Filz auf seinem Haupte, der Federbüchse, die er am Gürtel trug, und dem Wamse, das länger war als das Oberkleid, sah er noch viele andere, bei einem ordentlichen und anständigen Menschen ungewöhnliche Dinge; und das Merkwürdigste darunter waren, seiner Meinung nach, die Hosen: da ihm die Kleider ihrer Enge halber beim Sitzen vorne auseinanderstanden, so sah er, daß ihm der Hosenboden bis auf die Waden herabhing. Maso verzog nicht allzulange bei dieser Betrachtung, sondern machte sich, ohne sich weiter um den zu kümmern, den er hatte suchen wollen, auf eine andere Suche, und er traf zwei Gesellen von sich, Ribi und Matteuzzo mit Namen, die ihm beide an Schelmerei nichts nachgaben; und zu denen sagte er: »Wenn euch an mir etwas liegt, so kommt mit mir ins Gerichtsgebäude: ich will euch den wunderbarsten Gimpel zeigen, den ihr je gesehn habt.« Und er ging mit ihnen aufs Gericht und zeigte ihnen den Richter und seine Hosen. Schon von weitem begannen sie über ihn zu lachen; als sie sich dann der Bühne genähert hatten, wo der Herr Richter saß, sahen sie, daß es keine Schwierigkeit bot, darunterzuschlüpfen, und sahen überdies, daß das Brett, wohin der Herr Justiz seine Füße setzte, schadhaft war, so daß man bequem die Hand und den Arm durchstecken konnte. Und nun sagte Maso zu seinen Gesellen: »Ich bin dafür, daß wir ihm die Hosen ganz abziehn; es geht ja sehr leicht.« Alle drei hatten schon gesehn, wie es zu machen war, darum verabredeten sie, was sie zu tun und zu sagen hätten, und kamen am nächsten Morgen wieder. Obwohl der Hof voller Leute war, kroch Matteuzzo, ohne daß ihn jemand gesehn hätte, unter die Bühne und bis dorthin, wo der Richter seine Füße hatte; Maso näherte sich dem Herrn Richter von der einen Seite und packte ihn beim Rockzipfel, und Ribi näherte sich ihm von der andern und tat dasselbe. Nun begann Maso: »Herr, ach Herr, ich bitte Euch bei Gott, schafft, daß mir der Schuft da, bevor er weggeht, das Paar Stiefel wiedergibt, die er mir gestohlen hat, und er soll es nur leugnen, ich habe es gesehn, es ist noch keinen Monat her, daß er sie hat sohlen lassen.« Von der andern Seite schrie Ribi mächtig: »Glaubt ihm nicht, Herr, er ist ein schlechter Schalk, und weil er weiß, daß ich hergekommen bin, um ihn wegen eines Felleisens zu verklagen, das er mir gestohlen hat, so ist er alsbald auch hergekommen und spricht von den Stiefeln, die ich, weiß Gott wie lange, zu Hause gehabt habe; und wenn Ihr mir nicht glaubt, so kann ich Euch als Zeugen bringen die Hökerin neben mir und die Kuttelfrau und den Kehrichtsammler von Santa Maria a Verzaja, der hat ihn gesehn, wie er vom Dorfe heimgekehrt ist.« Von der andern Seite ließ Maso Ribi nicht reden, sondern schrie, und Ribi schrie noch mehr. Derweil nun der Richter, um sie besser zu verstehn, aufrecht und ganz in ihrer Nähe stand, nahm Matteuzzo die Gelegenheit wahr, langte mit der Hand durch das Loch im Brette und packte seinen Hosenboden und zog ihn kräftig nieder. Die Hosen fielen auch sogleich herunter, weil der Richter mager war und keine Hüften hatte. Als der dies, ohne zu wissen, wie es zugehe, merkte, wollte er sein Oberkleid vorne zusammennehmen und sich wieder bedecken und sich setzen; aber Maso hielt ihn an der einen Seite und Ribi an der andern, und sie schrien: »Herr, Ihr handelt ungebührlich, daß Ihr mir mein Recht nicht schafft und mich nicht anhören wollt und woanders hingehn wollt; wegen so einer Kleinigkeit wie dieser braucht es hierzulande keine Schrift.« Und unter diesen Worten hielten sie ihn so lange an den Kleidern fest, bis es alle, welche im Hofe waren, gesehn hatten, daß ihm die Hosen abgezogen waren. Nachdem sie Matteuzzo eine Weile gehalten hatte, ließ er sie los, kam hervor und ging, ohne gesehn zu werden, fort. Ribi, dem es genug zu sein schien, sagte: »Ich schwöre bei Gott, daß ich mich ans Obergericht wenden werde.« Und auf der andern Seite sagte Maso, indem er den Rock ausließ: »Nun, ich werde so oft wiederkommen, bis ich Euch nicht so beschäftigt treffe, wie Ihr's heute morgen zu sein scheint.« Und dann machten sie, daß sie so schnell wie möglich weiterkamen, der eine dahin, der andere dorthin. Der Herr Richter zog die Hosen vor aller Augen hinauf, als ob er eben vom Schlafen aufstünde, und fragte, weil er nun merkte, was es damit für eine Bewandtnis hatte, wohin die gegangen seien, die den Zwist wegen der Stiefel und des Felleisens gehabt hätten; da sie aber nicht zu finden waren, schwor er bei den

8. *Ansicht von Florenz aus der Schedelschen Weltchronik 1493*

Därmen Christi, daß er es erfahren und wissen müsse, ob es in
Florenz Brauch sei, den Richtern die Hosen abzuziehn, wenn
sie zu Gericht sitzen. Der Statthalter wieder wollte, als er
davon hörte, ein großes Wesen machen; da ihm aber seine
Freunde darlegten, dem sei das aus keinem andern Grunde
getan worden, als um zu zeigen, daß es die Florentiner wohl
kennten, daß er ihnen, um billiger wegzukommen, statt Richter Schafsköpfe gebracht habe, so hielt er es für das beste zu
schweigen, und die Sache ging für diesmal nicht weiter.

LEONARDO BRUNI
ZUM LOBE DER STADT
FLORENZ

1403

Wovon soll ich berichten – von der Vielfalt des Volkes, vom Glanz der Gebäude, vom Schmuck der Kirchen, von der unglaublichen und wunderbaren Reinheit der ganzen Stadt? Wirklich, alle Dinge sind mit einer einzigartigen und vortrefflichen Schönheit verziert, die man noch mehr schätzen lernt, wenn man Florenz mit anderen, durchschnittlicheren Städten vergleicht, weshalb nur diejenigen, die für einige Zeit fortgewesen sind, bei ihrer Rückkehr nach Florenz erkennen, um wieviel diese blühende Stadt anderen voraus ist. (. . .) Wir sehen Florenz so rein und glänzend, daß sich an keinem anderen Ort etwas Reinlicheres finden ließe, und sicher ist es die einzige Stadt in der ganzen Welt, in der kein Unrat vor die Augen und kein übler Geruch in die Nase tritt und beim Durchlaufen kein Schmutz sich an die Sohlen klebt. Alles wird von den Bürgern mit großer Bedachtsamkeit und Fleiß besorgt, so daß jeder Unrat ausgeschlossen ist und du nur den Dingen begegnest, die der Empfindung Vergnügen und Genuß bereiten. An Großartigkeit übertrifft sie vielleicht alle Städte, die es zur Zeit gibt, hinsichtlich Reinheit und Glanz jedoch alle die, die sind und die jemals waren. Dem, der Florenz nie sah, wird das unglaublich erscheinen, und selbst wir, die wir in dieser Stadt leben, sind jeden Tag von neuem verwundert, denn selbst die Gewohnheit macht uns nicht stumpf. (. . .) In dieser unserer Stadt gibt es keine Straße und keinen Platz, der nicht voll von wunderschönen großen Gebäuden wäre. O unsterblicher Gott, welche Gebäude, welcher Schmuck! Wie groß muß die Seele der Erbauer dieser Dinge gewesen sein, und wie groß und wie vielfältig sind die Freuden

9. *Der Alte Markt, aus dem Codex Rustici 1448*

der Bewohner dieser Stadt! Unter den großen und prächtigen Bauten finden sich auch die zahlreichen Tempel und Kirchen, die, wie es heiligen Orten gebührt, mit großer Ergebenheit von ihrer Gemeinde geehrt und von tiefer Gläubigkeit erfüllt sind, so daß es keine herrlicheren und größeren gibt. So hat der Fleiß nicht nur die Häuser der Bürger geschmückt, sondern auch die Stätten der Heiligen und die Gräber der Toten.

Doch ich will die Häuser der einzelnen Bürger beschreiben, die schön und prachtvoll errichtet sind. Kann etwas herrlicher und genußbereitender sein als die Tore der Paläste, die Säle und Dachböden, die Speiseräume und die zahlreichen Gemälde zu betrachten? Wie erfreulich ist es, die Geräumigkeit jener Häuser zu sehen, die viele Menschen in sich aufnehmen können, ihre Balkons, Arkaden, Gewölbe, ihr Balkenwerk und die darüberliegenden Decken. Und die in vielen Palästen anzutreffenden, für den Sommer bestimmten Räume, welche von den für den Aufenthalt im Winter bestimmten getrennt sind. Zu all dem noch die reiche Ausstattung der Zimmer, das Gold und das Silber, die Gewänder und Draperien und anderes, aus den verschiedensten kostbarsten Materialien und in den vielfältigsten Farben. (. . .)

Umgeben von den Häusern der Bürger, ist, in deren Mitte, ein hoher und ehrwürdiger Palast von großer Schönheit und mit viel Fertigkeit errichtet worden, der beim ersten Anblick seine Bestimmung verrät. So wie in einer Flotte nur durch sein Aussehen das Schiff des Kapitäns zu erkennen gibt, daß auf ihm die Person des Führers und Regierenden aller anderen fährt, so besitzt auch dieser Palast einen Charakter, der es jedem leicht macht, in ihm das Gebäude zu sehen, in dem die Regierenden der Republik leben. In Höhe und Pracht übertrifft er die umstehenden Gebäude, und ich glaube, man sollte ihn nicht Palast, sondern Palast der Paläste nennen. (. . .)

Achtsam trägt man dafür Sorge, daß in dieser Stadt die heilige Gerechtigkeit herrscht, ohne die keine Gemeinschaft sein und ohne die sie auch nicht als solche gelten kann, sowie dafür, daß man an diesem Ort die Freiheit wahrt, ohne die dieses Volk nicht bereit ist zu leben. Und all seine Gesetze und Bestimmungen sind so ausgerichtet, daß sie diesem Zwecke dienen. (. . .)

Die Ämter sind so ordentlich und fleißig darum bemüht, diese Stadt zu regieren, daß in der Tat nie ein Haus von einem vernünftigeren und sorgsameren Vater geleitet wurde. So wird niemandem Unrecht geschehen, und niemand wird, es sei denn durch sein eigenes Verschulden, sein Hab und Gut verlieren. Die Richter und Ämter stehen immer bereit, der Hof ist immer geöffnet, und immer zugänglich ist auch das höchste Gericht. Es steht jedermann frei, sich zu beklagen und Recht zu fordern, und der Gerichtshof ist immer darauf bedacht, jedem Hilfe zu leisten. So findet sich kein Ort, an dem mehr Gerechtigkeit zu finden wäre, und an keinem anderen Ort herrscht so viel Freiheit und so viel Gleichheit zwischen bedeutenden und weniger bedeutenden Familien. Der Regierenden Sorge – und ich neige dazu, in Anbetracht anderer Städte, sie für die umsichtigste zu halten – ist daran zu erkennen, daß sie sich der Anliegen der weniger Mächtigen angenommen hat und schwere Strafen an Gut und Person dem androht, der mit seiner Macht und seinem Reichtum den Ärmeren beleidigt. Auch ist man bemüht, Vernunft walten zu lassen, denn wie die Umstände der Menschen nicht immer gleich sind, so können auch die über sie verhängten Strafen nicht die gleichen sein, was zu dem Entschluß führte, dem mehr zu helfen, der der Hilfe mehr bedarf. (. . .) Diese allgemeine Gerechtigkeit und Gleichheit erzeugt soviel Menschlichkeit und Liebe zwischen den Bürgern dieser Stadt, so daß niemand bevorzugt und niemand benachteiligt wird.

10. *Das Baptisterium, aus dem*
Codex Rustici 1448

NICOLÒ MACHIAVELLI
LORENZO DER PRÄCHTIGE

1491

Die Florentiner lebten vom Ende des Krieges mit Sarzana bis zum Jahr 1492, als Lorenzo de' Medici starb, überaus glücklich; denn nachdem in Italien die Waffen ruhten, denen seine Weisheit und Autorität Einhalt geboten hatten, richtete Lorenzo sein Streben darauf, sein eigenes Ansehen und das seiner Stadt zu vergrößern. So verheiratete er Piero, seinen ältesten Sohn, mit Alfonsina, der Tochter des Cavaliere Orsini, und für Giovanni, seinen zweiten Sohn, erlangte er die Kardinalswürde. Das war um so bemerkenswerter, weil dieser entgegen allen bisherigen Gepflogenheiten noch nicht vierzehn Jahre alt war, als er in diesen Rang erhoben wurde. Das war der Anfang eines steilen Weges, geeignet, sein Haus bis in den Himmel emporsteigen zu lassen, wie es dann in der Folgezeit auch geschah. Für seinen dritten Sohn, Giuliano, konnte Lorenzo wegen dessen Jugend und wegen seiner kurzen Lebenszeit kein außerordentliches Schicksal vorbereiten. Von den Töchtern verheiratete er eine mit Jacopo Salviati, die andere mit Francesco Cibo, die dritte gab er dem Piero Ridolfi zur Frau, während die vierte, die er zur Wahrung der Einheit des Hauses, mit Giovanni de' Medici verheiratet hatte, starb.

In seinen übrigen Privatangelegenheiten war er, was die Handelsgeschäfte betraf, gänzlich ohne Glück; denn wegen der Achtlosigkeit seiner Verwalter, die seine Angelegenheiten nicht wie Angestellte, sondern wie Herren versahen, ging viel von seiner beweglichen Habe verloren; so geschah es, daß seine Heimatstadt ihm mit einer großen Geldsumme zu Hilfe kommen mußte. Daher wandte er sich dem Landbesitz als der Quelle verläßlicheren und beständigeren Reichtums zu und schob die Handelsunternehmungen beiseite, um kein ähnliches

Schicksal mehr herauszufordern; so erwarb er im Gebiet von Prato, bei Pisa und im Val di Pesa Güter, die sowohl an Ertrag als auch an Wert und Großartigkeit der Gebäude nicht denen eines Privatmannes entsprachen, sondern königlich waren.

Danach ging er daran, seine Stadt schöner und größer zu machen, denn es gab noch viel unverbauten Raum innerhalb der Mauern; und daher veranlaßte er den Bau neuer Straßen, die von neuen Gebäuden gesäumt sein sollten, so daß die Stadt dadurch schöner und größer wurde. Und damit man in seinem Staat ruhiger und sicherer lebe und Feinde schon in einiger Entfernung bekämpfen oder ihnen standhalten könne, verstärkte er das Kastell von Firenzuola, mitten in den Bergen gegen Bologna hin; gegen Siena ließ er Poggio Imperiale zu einer starken Festung ausbauen, gegen Genua sperrte er dem Feind den Weg durch den Gewinn von Pietrasanta und Sarzana. Außerdem unterstützte er seine Freunde, die Baglioni in Perugia und die Vitelli in Città di Castello mit Zahlungen und Hilfeleistungen, und über Faenza übte er persönlich die Herrschaft aus: das waren gleichsam die starken Bastionen seiner Stadt.

Auch sorgte er dafür, daß die Festlichkeiten in seiner Stadt in diesen Friedenszeiten nicht ruhten; häufig waren Turniere und Darstellungen historischer Heldentaten und Triumphe zu sehen. Sein Ziel war es, die Stadt im Überfluß, das Volk in Einigkeit und den Adel in hohem Ansehen zu erhalten. Er schenkte seine Neigung jedem, der sich in einer der Künste auszeichnete, und förderte die Literaten: dafür können Messer Agnolo von Montepulciano, Messer Cristofano Landini und Messer Demetrio der Grieche, sicheres Zeugnis ablegen. Daher nahm auch Graf Giovanni [Pico] della Mirandola, ein geradezu göttlich begnadeter Mann, bewogen von der Freigebigkeit Lorenzos, seine Wohnung in Florenz, nachdem er alle Länder Europas, die er besucht hatte, wieder verlassen hatte.

An der Baukunst, der Musik, der Dichtung erfreute er sich

11. *Dom und Campanile, aus dem Codex Rustici 1448*

sehr, und viele poetische Werke, von ihm nicht nur verfaßt, sondern auch kommentiert, werden veröffentlicht. Und damit die Jugend von Florenz sich dem Studium der Literatur widmen könne, gründete er in Pisa eine Universität, für die er die hervorragendsten Männer gewann, die damals in Italien waren. Dem Augustinermönch Fra' Mariano da Genazzano baute er, weil er ein ganz ausgezeichneter Prediger war, ein Kloster in der Nähe von Florenz.

Lorenzo wurde von Fortuna und von Gott in höchstem Maße geliebt; daher fanden alle seine Vorhaben ein glückliches Ende, und alle seine Feinde nahmen ein unglückliches. Denn nach den Pazzi wollten ihn noch Battista Frescobaldi in der Carmine-Kirche und Baldinotto da Pistoia in seiner Villa ermorden; und beide erlitten gemeinsam mit den Mitwissern ihrer Verschwörung die gerechte Strafe für ihre üblen Absichten. Seine Lebensweise, seine Klugheit und sein Glück wurden von den Fürsten nicht nur in Italien, sondern auch in der Fremde mit Bewunderung angesehen und gewürdigt. König Matthias [Corvinus] von Ungarn sandte ihm viele Zeichen der Freundschaft, die er für ihn empfand; der Sultan ließ ihn von seinen Gesandten aufsuchen und ihm Geschenke überbringen; der Großtürke lieferte Bernardo Bandini, den Mörder seines Bruders, in seine Hände. Dies alles führte dazu, daß er in Italien sehr bewundert wurde.

Sein Ansehen wuchs mit jedem Tag dank seiner Klugheit, denn er war beredt und scharfsinnig in der Diskussion, in der Beschlußfassung weise, in der Ausführung rasch und beherzt. Auch kann man keine Laster anführen, die diese vielen Tugenden schmälerten, es sei denn, daß er in erotische Beziehungen geradezu erstaunlich verstrickt war und daß er geistreiche und spottlustige Männer schätzte. An kindlichen Spielen fand er mehr Gefallen, als für einen solchen Mann angemessen erschien: er wurde nämlich oft dabei gesehen, wie er mitten unter seinen kleinen Söhnen und Töchtern an deren Spielen teilnahm. Wenn man also sowohl den Genuß als auch den Ernst in seinem Leben betrachtet, so sieht man in ihm zwei verschiedene Menschen auf fast unmögliche Weise vereint.

Seine letzte Lebenszeit verbrachte Lorenzo unter vielen Beschwerden, die ihm die Krankheit, die ihn überaus heftig befallen hatte, verursachte. Er war nämlich von unerträglichen Magenkrämpfen gequält, die so zunahmen, daß er im April 1492 in seinem vierundvierzigsten Jahr starb. Nie starb ein Mann im Ruf größerer Klugheit, weder in Florenz noch in ganz Italien, und um keinen litt das Vaterland größeren Schmerz. Und daß sein Tod schwerste Zerstörungen zur Folge haben würde, davon gab der Himmel viele unübersehbare Zeichen. So schlug ein Blitz derart heftig in den Turm von Santa Reparata ein, daß ein großer Teil der Spitze zur Verwunderung und zum Staunen aller zerstört wurde. Daher betrauerten alle seine Mitbürger und alle Fürsten Italiens seinen Tod. Dem verliehen sie offen Ausdruck, denn keiner unterließ es, der Stadt Florenz durch seine Gesandten seinen Schmerz ob dieses Todesfalles zu bezeigen. Aber wie recht sie daran taten zu trauern, das zeigten die Folgen wenig später: denn da Italien ohne seinen Rat geblieben war, wußten die Hinterbliebenen nicht, wie sie den Ehrgeiz des Ludovico Sforza, des Regenten des Herzogs von Mailand, befriedigen oder wie sie ihm Einhalt gebieten könnten. Darum begann unmittelbar nach dem Tod Lorenzos jene böse Saat aufzugehen, die schon nach kurzer Zeit Italien zerstörte und es noch immer zerstört, da keiner da war, der sie zu zertreten vermochte.

12. *Florenz 1470*

GIROLAMO SAVONAROLA
ÜBER DIE REGIERUNG
DER STADT FLORENZ

1493

In der heißen Hemisphäre sind die Menschen kleinmütig, weil sie nur wenig Blut haben: deshalb lassen sie sich leicht von einem einzigen beherrschen. Im kalten Norden dagegen haben die Menschen zwar reichlich Blut, aber wenig Verstand: deswegen sind sie ebenfalls einzelnen unterworfen. In der mittleren Region aber, wie z. B. Italien, haben die Menschen sowohl reichlich Blut als auch Verstand. Sie ertragen daher die Herrschaft eines einzelnen nur mit Mühe; jeder möchte selbst an der Spitze stehen und die anderen beherrschen. Es gibt großen Streit und Zwietracht zwischen den Bürgern der Stadt, wenn einer groß sein und die anderen dominieren möchte. (. . .) Deshalb ist an solchen Orten die Herrschaft mehrerer besser als die eines einzelnen. Und am allermeisten trifft dies auf Florenz zu.

O Florenz, ich kann dir nicht alles sagen, was ich fühle, weil du im Moment noch nicht bereit bist, es zu ertragen. O, wenn ich dir nur alles sagen könnte. Sieh, daß ich wie ein neuer Krug bin, voll des Mostes, aber verschlossen. Viele Geheimnisse sind in mir eingeschlossen, die nicht herauskönnen, vor allem weil du sie nicht glauben würdest. (. . .) Begreife Florenz, was ich dir heute sage: begreife, daß Gott es mir eingegeben hat. Ich vertraue nur auf Christus, in dessen Name ich dir sage: tu, was gut für dich sein wird, wenn du es tust. Tu, sage ich dir, vor allem zwei Dinge, die ich dir schon oft gesagt habe, nämlich jeder soll beichten und sich von den Sünden reinigen, und alle sollen ihre Aufmerksamkeit auf eine gute Regierung der Stadt richten. Wenn ihr das tut, wird eure Stadt glorreich sein. Und Florenz wird reicher und mächtiger sein, als es je war, und seine

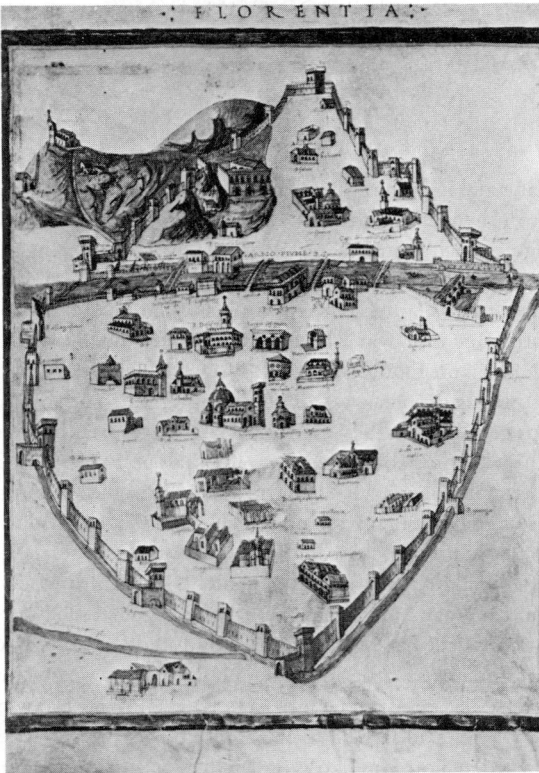

13. *Piero del Massaio, Topographischer Plan
der Kirchen von Florenz 1469*

Herrschaft auf viele Orte ausdehnen. Aber, wenn du nicht tust,
was ich dir sage, wird Gott jene wählen, die deine Entzweiung
wollen, und das wird deine endgültige Zerstörung sein.

PHILIPPE DE COMMYNES
BEGEGNUNG
MIT SAVONAROLA 1494

1528

Ich habe zu sagen vergessen, daß ich, als ich in Florenz (1494) angekommen war, um dem König entgegenzugehen, einen Predigermönch besuchte, den Bruder Girolamo, der in einem reformierten Kloster lebte; er war, wie man sagte, ein Mann von heiligem Wandel, der seit fünfzehn Jahren an diesem Ort wohnte. Bei mir war ein Haushofmeister des Königs mit Namen Johann Français, der ein kluger Mann war. Die Ursache unseres Besuches war, daß er immer sehr zugunsten des Königs gepredigt hatte. Sein Wort hatte die Florentiner davor bewahrt, von uns abzufallen, denn niemals genoß ein Prediger größeren Glauben in der Stadt. Immer hatte er die Ankunft des Königs angekündigt, was man auch vom Gegenteil darüber sagte oder schrieb; er sagte, der König sei von Gott gesandt, um die Tyrannen Italiens zu züchtigen; nichts könne ihm widerstehen und niemand sich gegen ihn verteidigen. Er hatte auch gesagt, er würde nach Pisa kommen und an dem Tage, an dem er dort einzöge, würde in Florenz eine Änderung geschehen (so geschah es, denn an diesem Tage wurde Pietro von Medici verjagt). Vieles andere hatte er gepredigt, bevor es geschehen war, wie den Tod Lorenzos von Medici; er sagte vor allem, er habe ihn durch Offenbarung gesehen. Er predigte, die Kirche werde mit dem Schwert erneuert werden; das ist noch nicht geschehen, war aber sehr nahe; man sagt immer noch, daß es kommen werde. Mehrere tadelten ihn, weil er gesagt hatte, Gott habe es ihm geoffenbart, andere glaubten ihm. Ich, für mein Teil, halte ihn für einen guten Mann.

LUCA LANDUCCI
VERURTEILUNG UND HINRICHTUNG
SAVONAROLAS

1498

Am 19. April 1498 las man im Rat, im großen Saal, das mit
seiner Hand geschriebene Protokoll des Frate Girolamo, den
wir dafür hielten, ein Prophet zu sein, welcher nun bekannte,
er sei kein Prophet und er habe nicht von Gott die Sachen, die
er predigte; und er gestand, daß viele Dinge im Lauf seiner
Predigten vorgekommen seien, die das Gegenteil von dem
waren, was er uns zu verstehen gegeben hatte. Und ich befand
mich da, um solches Protokoll verlesen zu hören, daher ich
erstaunte und verblüfft stehenblieb und in Verwunderung.
Und Schmerz fühlte meine Seele, ein derartiges Gebäude zu
Boden fallen zu sehen, weil es sich auf dem traurigen Grund
einer einzigen Lüge erhoben hatte. Es erwartete Florenz ein
neues Jerusalem, aus dem die Gesetze hervorgehen sollten, und
den Glanz und das Beispiel des guten Lebens und die Erneuerung der Kirche zu sehen und die Bekehrung der Ungläubigen
und die Tröstung der Guten; und ich hörte davon das Gegenteil; und sogleich nahm ich die Medizin: »In voluntate tua
Domine omnia sunt posita.« (»In deinen Willen Herr ist alles
gelegt.«)

Und am 19. des genannten kam der Bevollmächtigte des
Papstes nach Florenz und der General von San Marco, um den
Frate Girolamo zu verhören.

Und am 20. Mai, am Sonntag, band ihn dieser Bevollmächtigte an den Folterstrick, und bevor man ihn hinaufzog, fragte
er ihn, ob die Sachen wahr seien, die er gestanden hatte, und er
antwortete und sagte, nein, und daß er der Bote Gottes sei und
von Gott gesandt, und hierauf ließ er ihn foltern, und er
gestand, daß er ein Sünder sei, wie er früher gesagt hatte.

Und am 22. Mai 1498 beschlossen sie, ihn sterben zu lassen; und es wurde bestimmt, sie lebendig zu verbrennen; und schließlich, am Abend, wurde eine Tribüne gemacht, welche die ganze Ringhiera des Palastes der Signori bedeckte, und dann ging eine Tribüne von der Ringhiera auf den Seiten des Löwen aus und kam bis in die Mitte der Piazza, in der Richtung gegen das Dach der Pisani: und hier wurde ein Baum aufgerichtet, dick und viele Ellen hoch, und ringsum ein rundes und großes Gerüst: und an genanntem Holz wurde ein Balken quer befestigt, nach Art eines Kreuzes, und als die Leute es sahen, sagten sie: »Sie wollen ihn kreuzigen«, und da man wegen des Kreuzes murren hörte, gingen sie und sägten von dem Holze ab, damit es kein Kreuz schiene.

Und am 23. Mai 1498, Mittwoch morgens, vollzog man dieses Opfer der drei Frati. Sie holten sie aus dem Palast heraus und ließen sie auf die Tribüne der Ringhiera bringen; und hier befanden sich die Achte und die Collegen und der Bevollmächtigte des Papstes und der General [der Dominikaner] und viele Domherren und Priester und Brüder der verschiedenen Orden und der Bischof de' Pagagliotti, dem es aufgetragen war, die drei Frati zu degradieren: und hier auf der Ringhiera wurde genannte Zeremonie ausgeführt. Sie wurden mit allen Paramenten bekleidet, und dann wurde eines nach dem anderen ihnen abgenommen, mit den Worten, welche der Degradation angepaßt waren, wobei immerfort Frate Girolamo als Ketzer und Schismatiker bezeichnet wurde und deshalb zum Feuer verurteilt; wobei man ihren Kopf und Hände rasierte, wie es bei diesem Degradieren Brauch ist. Und als dieses geschehen, überließen sie die besagten Frati den Händen der Achte, die augenblicklich die Abstimmung machten, daß sie gehängt und verbrannt werden sollten; und gleich wurden sie auf dem Gerüst zum Pflock geführt. Wobei der erste Frate Silvestro war, und er wurde auf genanntem Pflock an eine der Ecken des Kreuzes geknüpft; und weil er nicht fest angezogen

14. *Verbrennung Savonarolas auf der Piazza Signoria*
Zeitgenössisches Gemälde

worden war, so quälte er sich eine gute Weile, viele Male
»Jesus!« sagend, während er hing, weil der Strick weder stark
zusammenschnürte noch gut lief. Der zweite war Frate Domenico aus Pescia, immerfort »Jesus« sagend; und der dritte
war der Frate, der ein Ketzer genannt wurde, welcher nicht
laut sprach, sondern nur leise, und so wurde er gehängt. Ohne
daß je einer von ihnen geredet hätte, was für ein großes
Wunder galt, besonders da jeder meinte, er würde Zeichen
sehen und daß jener wegen dieses Falls vor dem Volk die
Wahrheit eingestehen würde, – besonders die guten Menschen, welche die Verherrlichung Gottes wünschten und den
Anfang des tugendhaften Lebens, die Erneuerung der Kirche,
die Bekehrung der Ungläubigen: weshalb das alles nicht ohne
Bitterkeit für sie geschah: noch machte er eine Entschuldigung,
noch irgendeiner von ihnen. Viele fielen von ihrem Glauben
ab. Und als sie alle drei gehängt waren, in der Mitte Frate
Girolamo, und gegen den Palast gewendet, erhoben sie sich

schließlich vom Podium auf der Ringhiera, und da ein Reisighaufen auf jenem Rund aufgeschichtet war, auf dem sich
Bombardenpulver befand, legten sie Feuer an genanntes Pul-
ver, und so entzündete sich der Reisighaufen mit dem Krachen
von Raketen und Büchsenschüssen, und in wenigen Stunden
waren sie verbrannt, so daß ihnen die Beine und die Arme nach
und nach abfielen: und da Teile des Rumpfes an den Ketten
hängen geblieben waren, so wurden viele Steine nach ihnen
geworfen, um sie herabfallen zu machen, so daß sie Angst
hatten, es würden die Stücke vom Volk genommen werden;
und der Henker und wer damit zu schaffen hatte, sie machten
den Pfahl umfallen und auf dem Boden verbrennen, indem sie
Holz genug brachten: und das Feuer über jenen Körpern
schürend, machten sie, daß alles und jede Reliquie verzehrt
wurde. Hierauf ließen sie Karren herkommen und jede mindeste Asche zum Arno führen, damit nichts von ihnen gefunden würde, und die Karren von den Stabträgern bis an den
Arno, zum Ponte Vecchio begleiten. Und dennoch gab es
solche, die jene Kohlen wieder herausnahmen, die auf dem
Flusse schwammen; so viel Glauben war in einigen guten
Menschen; aber sehr insgeheim und auch mit Angst geschah es,
weil man nichts darüber reden durfte, noch etwas sagen, ohne
Gefahr des Lebens; denn sie wollten jede Erinnerung von ihm
auslöschen.

Und am 26. Mai des genannten Jahres traf man auf der
Piazza gewisse Frauen, die aus Andacht auf der Stelle knieten,
wo sie verbrannt worden waren.

Und am 27. des genannten ließ der Bevollmächtigte des
Papstes eine Mahnung ergehen, wer Schriften des Frate besitze,
solle sie zu ihm nach San Piero Scarraggio bringen, wo er
wohnte, damit er sie verbrenne, – bei Strafe der Exkommuni-
kation, und ebenso die roten Kreuze. Und es wurden viele
gebracht, und später machte sich jedermann nur lustig darüber, weil in allen seinen Sachen keine Ketzerei zu finden ist.

GIORGIO VASARI
DIE ENTSTEHUNG DES DAVID
DES MICHELANGELO 1504

1550

Gute Freunde schrieben Michelangelo, er möchte doch nach
Florenz kommen. Es wäre möglich, daß man ihm den ver-
hauenen Marmorblock, der immer noch in der Domhütte
lagerte, für ein eigenes Werk überlassen würde. Es war zur
Zeit, als man gerade Pietro Soderini zum Gonfaloniere auf
Lebenszeit erwählt hatte. Dieser hatte öfters überlegt, ob er den
Block nicht Lionardo da Vinci überweisen sollte. Damals hätte
man ihn beinahe dem vortrefflichen Bildhauer Contucci aus
Monte San Savino, der ihn gern haben wollte, übergeben. Was
aber keiner sich getraute, aus diesem verhauenen Block, ohne
Stücke anzusetzen, eine ganze Gestalt herauszumeißeln, das
wollte Michelangelo vollbringen. Seit Jahren schon ersehnte er
diesen Block und nun, als er nach Florenz kam, bewarb er sich
um ihn. Dieser Marmor war neun Ellen hoch und unglückli-
cherweise hatte ein Meister Simone da Fiesole schon die Kon-
turen eines Riesen darin angefangen. Und so übel war dies
Werk angelegt worden, daß es zwischen den Beinen schon
durchlöchert und überhaupt sehr verstümmelt und verdorben
war. Die Werkmeister von Santa Maria del Fiore hatten diesen
Marmorblock unvollendet beiseite gestellt, wo er nun schon
seit langen Jahren unbeachtet stand. Michelangelo nahm von
neuem die Maße und überlegte, wie man aus diesem Block,
den Meister Simone so verschandelt hatte, noch eine vernünf-
tige Gestalt herausholte. Dann entschloß er sich, sowohl die
Werkmeister, als auch den Gonfaloniere Soderini um ihn zu
bitten. Diese überließen ihm gerne den Marmor. Sie dachten,
was Michelangelo auch immer daraus machen würde, es wäre
besser als der augenblickliche Zustand, in dem er sich befand.

Denn weder in einzelnen Teilen noch als ein Ganzes konnte die Bauhütte irgend etwas mit dieser verstümmelten Gestalt anfangen. So entwarf denn Michelangelo ein Modell in Wachs, einen jungen David mit der Schleuder in der Hand, der als Wahrzeichen des Palastes dienen konnte. Denn gleichwie David sein Volk verteidigt und mit Gerechtigkeit regiert und geleitet hatte, so sollten auch die Schirmherren von Florenz ihre Stadt mutig verteidigen und mit Gerechtigkeit regieren. Michelangelo begann den David in der Werkstätte von Santa Maria del Fiore. Er errichtete einen Bretterverschlag, und darin arbeitete er ununterbrochen und führte sein Werk bis zu jener Vollkommenheit, ohne daß irgend jemand inzwischen etwas davon gesehen hatte. Der Marmorblock war von Meister Simone schon derart verdorben worden, daß er Michelangelos Entwurf in allen Teilen beschränkte. Darum machte sich dieser die ersten Meißelschläge zunutze, die sich von Meister Simones Hand an dem äußersten Ende des Marmors fanden, wie man es heut noch beobachten kann. Und wahrlich ein Wunder ist es gewesen, wie Michelangelo einen Totgeglaubten zu neuem Leben auferstehen ließ.

Als diese Gestalt des David vollendet war, gab es lange Erörterungen darüber, wie man sie am besten nach dem Platz der Signoria befördern könne. Dann baute Giuliano da San Gallo und sein Bruder Antonio ein hohes Gestell aus sehr starken hölzernen Balken, um die Statue mit Tauen darin aufzuhängen. So wurde sie vor jedem Stoß, der sie zerbrechen konnte, bewahrt und dauernd in leiser Schwingung erhalten. Mittels einer Winde ließ man die Gestalt vorsichtig über Balken von der Erde emporheben und dann setzte sich der Zug in Bewegung. In dem Tau war eine Schlinge so kunstvoll angebracht, daß die Statue je nach Bedarf sich bewegen konnte oder aber auch festgehalten wurde, je nach dem Drucke ihres Gewichtes. Dies war eine wunderschöne und geistvolle Erfindung, die er mir selbst in unser Buch gezeichnet hat. Sie war

15. *Der David des Michelangelo*

bewunderungswürdig stark und sicher für die Beförderung von Lasten. Piero Soderini, dem der David sehr gefiel, sah gerade, wie Michelangelo hier und dort noch etwas verbesserte. Da sagte er zu dem Künstler, seiner Meinung nach sei die Nase zu groß für jenes Gesicht. Michelangelo merkte, daß der Gonfaloniere direkt unter dem Riesen stand und so keine rechte Anschauung haben konnte. Doch um Soderini zufriedenzustellen, stieg Michelangelo schnell auf das Gerüst, das zu den Schultern führte. Er nahm den Meißel in die Linke und ein wenig Marmorstaub, der auf dem Gerüst gelegen hatte. Ganz leise berührte er das Gesicht des Riesen mit dem Meißel und ließ dabei den Marmorstaub hinabfallen. Dann blickte er hinunter zu dem Gonfaloniere, der heraufsah, und sagte: »Schaut nun her!« »Mir gefällt er jetzt besser«, meinte der Gonfaloniere. »Ihr habt ihm Leben eingehaucht.« Michelangelo stieg nun wieder herab, nachdem er jenen Herrn zufriedengestellt hatte. Er lachte heimlich, denn er hatte Mitleid mit den Menschen, die glauben, von den Dingen etwas zu verstehen, die aber nicht recht wissen, was sie sagen. Als nun die Statue untermauert war und fertig dastand, enthüllte sie Michelangelo. Und wahrhaftig, dieses Werk stellte alle Bildwerke in Schatten, ob sie modern oder antik, griechisch oder lateinisch sein mochten. Und man kann behaupten, daß weder der Marforio in Rom, noch der Tiber, noch der Nil des Belvedere oder die Giganten des Monte Cavallo ihm entfernt nur zu vergleichen wären an ebenmäßiger Schönheit und vollendeter Kunst, wie Michelangelo sie in diesem Werke bewiesen hat. Wundervoll gebildet ist die Außenlinie der Beine und auch der Übergang zu den Hüften scheint von göttlichem Reiz zu sein. Noch hat man je in einer Haltung soviel weiche Anmut dargestellt. Im entzückenden Einklang sind Kopf und Hände und alle Glieder mit dem ganzen Körper verbunden. Und wahrlich! Wer dieses Werk geschaut hat, den sollte es nicht mehr nach irgend einem anderen Bildwerke verlangen, das in unserer Zeit oder auch früher von einem Künstler geschaffen wurde. Piero Soderini gab Michelangelo 400 Scudi als Entgelt. Es war im Jahre 1504, daß man das Werk an seinem Bestimmungsort aufstellte.

LODOVICO ARIOSTO
EDLE STADT

1513

Anmut'ge Stadt, die stolzem Fels entstiegen –
Mit Ärger sieht er jetzt vielleicht dich liegen –
Hier unten deine Mauern hast gereiht!

Toskanas bestes Teil ist schon dein eigen:
Solltest als Herrin dich *des Ganzen* zeigen!
Denn es verdiente deine Herrlichkeit.

Wo fänden sich geziemend hohe Weisen,
Ein Stil, der würdig wäre, dich zu preisen?
Wer kann ermessen deines Ruhmes Feld?

Deinem Mugnon, wenn ihm die Wasser fehlen,
Könnt' ich viel eher alle Steine zählen
Als künden, was bei dir uns staunend hält.

Wie du im Tale lieblich bist gelegen,
Wie fruchtbar dein Gebiet dem Meer entgegen
In Au'n und grünen Hügeln sich erstreckt;

Wie es des Arno Wogen fröhlich teilen,
Wie tausend frische Bäche zu ihm eilen,
Die alle unterwegs sein Flügel deckt.

Sieht man den Plan von Villen übergossen,
So scheinen sie vom Grund emporzusprossen,
Wie nur ein Reis, ein Zweiglein sprossen *kann*.

Wäre der Schlösser Zahl in einen Rahmen
Gespannt, mit einer Mauer, einem Namen,
So reicht' ein doppelt Rom wohl nicht daran.

Eins kann sich nicht mit dir in Wettstreit finden,
Mußt auch vor dir wohl damals schon verschwinden,
Als noch die Bauten standen unverbrannt

Von jener Wut der Goten und Vandalen,
Die Gott aus Nordens Frost zu unsern Qualen

Als unsres Rostes Feile hat gesandt.

Wo sind so viele Tempel noch gewesen,
Im Innern und auch draußen, auserlesen
Durch Kunst und hehren Bau, an Opfern reich?

Wer schildert wohl, wie deine Großen bauen,
Wie Hof und Hallen herrlich sind zu schauen
Wie deine Obern wohnen Fürsten gleich.

Kein Winterschmutz vermag in dich zu dringen,
Weil deine Berge selbst dir Pflaster bringen:
Sackgassen selber sind so blank und fein.

Und Plätze, Märkte, Marmorstraßen, Brücken!
Und alles großer Maler Werke schmücken,
Skulpturen, Stiche, Guß und Schnitzerei'n;

Das große Volk, der Ahnen großer Zeiten
Ruhmvolle Sprossen, Schätze, Herrlichkeiten
Der Kunst, die Studien, Sitten schön und frei,

Der Frau'n und Mädchen Schönheit, Anstand, Adel,
Voll Reiz, doch edler Art und ohne Tadel –
Die Zucht und Tugend leiden nicht dabei –

Und andre Zier, die ich im Herzen trage,
Jedoch verschweige. Sang vom niedren Schlage
Bescheidner Flöte passet dort nicht hin.

Doch mögen auch Fortunas reiche Gaben
Im Wettstreit mit Natur hier jeden laben,
Was nützt es *mir,* wenn, ach, ich elend bin

Und traurig gehe, mit gesenkten Brauen,
Und immer Zähren aus den Augen tauen,
Und ich nicht ohne Seufzer schreiten kann?

Von Reu' und Schmerzen bin ich überkommen,
Das in der Ferne mir mein Licht genommen: –
Haß meiner selbst ficht mich zuweilen an.

Der Zorn, die Wut läßt jenen mich verfluchen,
Der Anlaß war, den Ort hier aufzusuchen,
Und ihn, der auf dem Weg mir war zur Hand,

Und mich, der – ohne mich – hier bin zu finden:
Ich ließ mir's Herz, das heißt mein Ich, entwinden,
Mehr andren folgend als der eignen Brust.

Daß ich zur Stadt Etruriens bin gegangen,
Florenz, die alles überstrahlt mit Prangen, –
Wird mir drum andres noch als Schmerz bewußt?

Die Medici, die allen deinen Wunden,
Den alten, längst ja Heilung schon gefunden,
Sie bringen Heilung nicht dem kranken Mann.

Dort hinter jenen Bergen, wo die Wellen
Des Flüssekönigs ziehn, in Kleidern hellen,
Da hält der Zaubrin Sang die Sonne an,
Die mich durch ihren Anblick heilen kann.

1515

Und in jenen Tagen sagte man, daß der König und der Papst
nach Florenz kommen würden, so daß alles an Gemüse und
Lebensmitteln teurer zu werden anfing, und es ging das Barile
Öl auf 18 Lire, das Getreide stieg auf 30 Soldi, der Wein auf
einen halben Dukaten das Barile und der mindere auf 4 Lire.

Und am 30. Oktober schickten die Achte herum, um die
Häuser für die Leute zu bezeichnen, die man von seiten des
Papstes und des Königs erwartete, und sie nahmen die Häuser
der Großen und die von jeder Gattung. (. . .) Und am 30.
November 1515, am Tage des heiligen Andreas, am Freitag,
zog der Papst in Florenz ein, mit so außerordentlich großen
und triumphierenden Ehren und unglaublichen Unkosten, daß
ausdrücken sich das gar nicht läßt.

Ich werde irgendein Teilchen davon erzählen.

Es ging ihm die ganze Stadt mit den größten Bürgern
entgegen, und unter anderen 50 Jünglinge, nur von den reichsten und angesehensten, alle gleichförmig gekleidet, in Gewändern aus blauvioletter schwerer Seide, mit Feh am Kragen; [sie
gingen] zu Fuß, mit versilberten Stäben in der Hand, einer sehr
schönen Sache; hierauf eine ungeheure Menge von berittenen
Bürgern. Und der Papst hatte sehr viele Leute zu Fuß, und
unter anderem hatte er die päpstliche Leibwache, äußerst viele
deutsche Fußknechte in der gleichen Uniform, alle mit Dop-
peläxten nach französischer Manier, und zu Pferde viele Bale-
sterschützen und Arkebusiere, alle von seiner Garde. Und er
wurde durch die ganze Stadt von der Signoria unter einem
reichen Baldachin getragen, und in Santa Maria del Fiore
wurde er niedergesetzt, und er ging über eine Tribüne bis zum
Hochaltar, welche Kirche ganz mit kleinen Fähnchen ausge-

schmückt war und einem Zelt in der Mitte, mit mehr Stufen als herkömmlich, und es waren so viele Fackeln angezündet, daß außer am Chor noch der erste Umgang bis zu den Türen damit voll war und ganz rings herum; und dann die beiden anderen Umgänge rings um die Kuppel ganz voll angezündeter Fackeln, und dann die Tribüne, welche vom Tor bis zum Chor ging, voll mit besagten Lichtern und Fackeln. Und wisse, daß der Chor mittels Balken über die Schultern des besagten Chors erhoben war, mit einem sehr geschmückten Altar in der Mitte.

Und dann kam er gegen Santa Maria Novella hinauf, immer Segen spendend, mit Trompetern und vielen Pfeifern und so viel Leuten, daß man Mühe hatte ihn zu sehen. Es versammelte sich vielleicht niemals vorher so viel Volk in Florenz. Er ließ Geld in die Straßen auswerfen, Grossoni und Silbermünzen.

Jedoch bisher ist alles nur das Gewöhnliche; aber jetzt wollen wir von den Sachen sprechen, welche diese Festordner so maßlos machten, daß einiges aus Mangel an Zeit unvollendet blieb. Und nur nicht glauben, daß irgendeine andere Stadt oder Signoria der Welt eine solche Ausschmückung hätte zu machen vermocht oder verstanden; und es war alles so groß, daß du begreifen wirst, wie, obwohl mehrere tausend Menschen mehr als einen Monat vorher arbeiteten, an Festtagen und an Wochentagen, es nicht möglich war, besagtes Werk zur Vollendung zu bringen, sondern einiges unfertig blieb, obwohl man auf jede Art die Vollkommenheit der Ausführung sah und die so maßlosen Kosten. (. . .)

Und damit man merke, daß keinerlei Ausgabe gespart worden sei, bei Santa Maria Novella, wie an anderen Orten, rissen sie jene schöne Stiege nieder, die zur Sala di Papa hinaufging, und machten eine neue andere, die einen Menschen zu Pferd bis in den Saal hinaufführt, wie man es noch immer sehen kann; und das genügte nicht, denn sie warfen die Mauern im Hof und die Tore zu Boden; vielen mißfiel das; und noch mehr stürzten sie in vielen der Zimmer um, mit sehr großen Kosten.

Und ferner rissen sie bei der Porta Rossa eine Menge Vorsprünge der Häuser weg und alle Vordächer der Buden und an vielen Orten, überall, wo sie die Straße breit haben wollten. Sie zerstörten die Treppen der Badia und die Dächer dort. Man schonte nichts. Man brach ohne Rücksicht nieder.

Und wisse, daß ich von den zehn Teilen nicht eines all dessen geschrieben habe, was man sagen könnte, und sieh und bedenke, daß wir mehr als zweitausend Menschen zum Arbeiten hatten, denn so hoch schätzte man die Zahl, mehr als einen Monat, Leute von verschiedenen Gewerben und Handwerken, Zimmermeister, Maurer, Maler, Kärrner, Träger, Säger und von verschiedenen anderen Hantierungen, so daß man von einer Ausgabe von siebzigtausend Florenen sprach und von noch mehr, für diese nicht dauerhaften Sachen, die vorüberzogen wie ein Schatten, so daß man dafür jede herrlichste Kirche zu Ehren Gottes und zum Ruhme der Stadt gebaut hätte. Aber dennoch nützte es zum Verdienst, den die armen Handwerker dabei gehabt haben, so daß sich ein wenig Geld verbreitet hat.

BENVENUTO CELLINI
WIE DIE STATUE DES PERSEUS UND
DER MEDUSA ENTSTAND

1554

Als der Guß meiner Meduse so gut geraten war, arbeitete ich
mit großer Hoffnung meinen Perseus in Wachs aus und versprach mir, daß er ebensogut wie jene in Erz ausfallen solle. So
ward er in Wachs wohl vollendet und zeigte sich sehr schön.
Der Herzog sah ihn, und die Arbeit gefiel ihm sehr wohl. Nun
mochte ihm aber jemand eingebildet haben, die Statue könne
so von Erz nicht ausfallen, oder er mochte sich es selbst vorgestellt haben, genug, er kam öfter, als er pflegte, in mein Haus
und sagte mir einmal unter anderm: Benvenuto! die Figur
kann dir nicht von Erz gelingen, denn die Kunst erlaubt es
nicht. Über diese Worte war ich sehr verdrießlich und sagte:
Ich weiß, daß Eure Exzellenz mir wenig vertrauen, und das
mag daher kommen, weil Sie entweder denen zu viel glauben,
die von mir Übels reden, oder daß Sie die Sache nicht verstehen. Er ließ mich kaum ausreden und versetzte: Ich gebe mir
Mühe, mich darauf zu verstehen, und versteh es recht gut.
Darauf antwortete ich: Ja, als Herr, aber nicht als Künstler!
denn wenn Eure Exzellenz es auf die Weise verstünden, wie Sie
glauben, so würden Sie Vertrauen zu mir haben. (. . .)
  Der Herzog hörte meine Worte und Gründe nicht gern und
wendete sich bald da-, bald dorthin, und ich Unglücklicher,
Verzweifelter betrübte mich äußerst, denn ich erinnerte mich
des schönen Zustands, den ich in Frankreich verlassen hatte.
Darauf versetzte der Herzog: Nun sage, Benvenuto, wie ist es
möglich, daß der schöne Kopf der Meduse da oben in der Hand
des Perseus jemals kommen könne? Sogleich versetzte ich:
Nun sehet, gnädiger Herr, daß Ihr es nicht versteht! denn wenn
Eure Exzellenz die Kenntnis der Kunst hätte, wie Sie behaup-

tet, so würde Sie keine Furcht für den schönen Kopf haben, der nach Ihrer Meinung nicht kommen wird, aber wohl für den rechten Fuß, der da unten so weit entfernt steht.

Auf diese meine Worte wendete sich der Herzog halb erzürnt gegen einige Herren, die mit ihm waren: Ich glaube, Benvenuto tut es aus Prahlerei, daß er von allem das Gegenteil behauptet. Dann kehrte er sich schnell zu mir, halb verächtlich, worin ihm alle, die gegenwärtig waren, nachfolgten, und fing an zu reden: Ich will so viel Geduld haben, die Ursache anzuhören, die du dir ausdenken kannst, damit ich deinen Worten glaube. Ich antwortete darauf: Ich will Eurer Exzellenz so eine wahre Ursache angeben, daß Sie die Sache vollkommen einsehen soll. Denn wisset, gnädiger Herr, es ist nicht die Natur des Feuers, abwärts, sondern aufwärts zu gehen, deswegen verspreche ich, daß der Kopf der Meduse trefflich kommen soll; weil es aber, um zu dem Fuße zu gelangen, durch die Gewalt der Kunst sechs Ellen hinabgetrieben werden muß, so sage ich Eurer Exzellenz, daß er sich unmöglich vollkommen ausgießen, aber leicht auszubessern sein wird. (. . .) Da ich nun meine gründlichen Ursachen gesagt hatte, nebst noch unendlich vielen andern, die ich nicht aufschreibe, um nicht zu lang zu werden, schüttelte der Herzog den Kopf und ging in Gottes Namen weg.

Nun sprach ich mir selbst Sicherheit und Mut ein und verjagte alle Gedanken, die sich mir stündlich aufdrangen und die mich oft zu bittern Tränen bewegten und zur lebhaften Reue, daß ich Frankreich verlassen hatte und nach Florenz, meinem süßen Vaterland, gekommen war, nur um meinen Nichten ein Almosen zu bringen: nun sah ich freilich für eine solche Wohltat den Anfang eines großen Übels vor mir. Dessenungeachtet versprach ich mir, daß, wenn ich mein angefangenes Werk, den Perseus, vollendete, sich meine Mühe in das größte Vergnügen und in einen herrlichen Zustand verwandeln würde, und griff mutig das Werk mit allen Kräften des

Körpers und des Beutels an. (. . .) Sogleich ging ich, den Ofen zu besehen, und fand das Metall stehend und zu einem Kuchen geronnen. Ich sagte zwei Handlangern, sie sollten zum Nachbar Capretta, dem Fleischer, gehen, dessen Frau mir einen Stoß Holz von jungen Eichen versprochen hatte, die schon länger als ein Jahr ausgetrocknet waren, und als nur die ersten Trachten herankamen, fing ich an, den Feuerherd damit anzufüllen. Diese Holzart macht ein heftigeres Feuer als alle andern, und man bedient sich des Erlen- und Fichtenholzes zum Stückgießen, weil es gelinderes Feuer macht. Als nun der Metallkuchen dieses gewaltige Feuer empfand, fing er an zu schmelzen und zu blitzen. Von der andern Seite betrieb ich die Kanäle, andere hatte ich auf das Dach geschickt, dem Feuer zu wehren, das bei der großen Stärke des Windes wieder aufs neue gegriffen hatte; gegen den Garten zu ließ ich Tafeln, Tapeten und Lappen aufbreiten, die mir das Wasser abhalten sollten. Nachdem ich nun alles dieses große Unheil so viel als möglich abgewendet hatte, rief ich mit starker Stimme bald diesem, bald jenem zu: Bringe dies! nimm das! so daß die ganze Gesellschaft, als sie sah, daß der Kuchen zu schmelzen anfing, mir mit so gutem Willen diente, daß jeder die Arbeit für drei verrichtete. Alsdann ließ ich einen halben Zinnkuchen nehmen, der ungefähr sechzig Pfund wiegen konnte, und warf ihn auf das Metall im Ofen, das durch allerlei Beihülfe, durch frisches Feuer und Anstoßen mit eisernen Stangen in kurzer Zeit ganz flüssig ward.

Nun glaubte ich einen Toten auferweckt zu haben, triumphierte über den Unglauben aller der Ignoranten und fühlte in mir eine solche Lebhaftigkeit, daß ich weder ans Fieber dachte noch an die Furcht des Todes. Auf einmal hörte ich ein Getöse, mit einem gewaltsamen Leuchten des Feuers, so daß es schien, als wenn sich ein Blitz in unserer Gegenwart erzeugt hätte. Über diese unerwartete fürchterliche Erscheinung war ein jeder erschrocken, und ich mehr als die andern. Als der große Lärm vorbei war, sahen wir einander an und bemerkten, daß die Decke des Ofens geplatzt war und sich in die Höhe hob, dergestalt, daß das Erz ausfloß. Sogleich ließ ich die Mündung meiner Form eröffnen und zu gleicher Zeit die beiden Gußlöcher aufstoßen. Da ich aber bemerkte, daß das Metall nicht mit der Geschwindigkeit lief, als es sich gehörte, überlegte ich, daß vielleicht der Zusatz durch das grimmige Feuer könnte verzehrt worden sein, und ließ sogleich meine Schüsseln und Teller von Zinn, deren etwa zweihundert waren, herbeischaffen und brachte eine nach der andern vor die Kanäle; zum Teil ließ ich sie auch in den Ofen werfen, so daß jeder nunmehr das Erz auf das beste geschmolzen sah und zugleich bemerken konnte, daß die Form sich füllte. (. . .)

Als ich nun zwei Tage mein gegossenes Werk hatte verkühlen lassen, fing ich an, es langsam zu entblößen, und fand zuerst den Kopf der Meduse, der sehr gut gekommen war, weil ich die Züge richtig angebracht hatte und weil, wie ich dem Herzog sagte, die Wirkung aufwärts ging; dann fuhr ich fort, das übrige aufzudecken, und fand den zweiten Kopf, nämlich den des Perseus, der gleichfalls sehr gut gekommen war. Hierbei hatte ich Gelegenheit, mich noch mehr zu verwundern: denn wie man sieht, ist dieser Kopf viel niedriger als das Medusenhaupt, und die Öffnungen des Werks waren auf dem Kopfe des Perseus und auf den Schultern angebracht. Nun fand ich, daß gerade auf dem Kopfe des Perseus das Erz, das in meinem Ofen war, ein Ende hatte, so daß nicht das mindeste drüber stand, noch auch etwas fehlte, worüber ich mich sehr verwunderte und diese seltsame Begebenheit für eine Einwirkung und Führung Gottes halten mußte. So ging das Aufdecken glücklich fort, und ich fand das alles auf das beste gekommen, und als ich an den Fuß des rechten Schenkels gelangte, fand ich die Ferse ausgegossen sowie den Fuß selbst, so daß ich mich von einer Seite ergötzte, die Begebenheit aber mir von der andern Seite unangenehm war, weil ich gegen den Herzog behauptet hatte, der Fuß könne nicht kommen. Da ich

16. *Benvenuto Cellini, Perseus als Sieger*
über Medusa

aber weiter vorwärts kam, ward ich wieder zufriedengestellt,
denn die Zehen waren ausgeblieben und ein wenig von der
vordern Höhe des Fußes, und ob ich gleich dadurch wieder
neue Arbeit fand, so war ich doch zufrieden, nur damit der
Herzog sehen sollte, daß ich verstehe, was ich vornehme.
Und wenn viel mehr von diesem Fuß gekommen war, als
ich geglaubt hatte, so war die Ursache, daß viele Dinge zu-
sammenkamen, die eigentlich nicht in der Ordnung der
Kunst sind, und weil ich auf die Weise, wie ich erzählt habe,
dem Guß mit den zinnernen Tellern zu Hülfe kommen
mußte, eine Art und Weise, die von andern nicht gebraucht
wird.

MICHEL DE MONTAIGNE
IN FLORENZ

Um 1580

Die Stadt ist kleiner als Ferrara, liegt auf einer Talsohle, von tausend stark bebauten Hügelchen umgeben. Der Arno fließt mitten hindurch, von verschiedenen Brücken überspannt. Wir fanden um die Mauern keine Gräben.

Der Herr von Montaigne gab an diesem Tag zwei Steine und viel Körner von sich, ohne davon mehr als einen leichten Schmerz im Unterleib zu verspüren.

Am selben Tag noch besuchten wir die Ställe des Großherzogs, eine sehr große Anlage mit Gewölben, in denen aber nur wenig wertvolle Pferde standen. Der Großherzog war damals nicht anwesend. Wir bemerkten daselbst einen Hammel von ganz seltsamem Aussehen, ein Kamel, Löwen, Bären und ein Tier von der Größe eines sehr starken Schäferhundes, weiß und schwarz gestreift, das Tiger genannt wird.

Wir besahen ferner die S. Laurentiuskirche, in der noch die Fahnen hängen, die wir unter dem Marschall Strozzi in Toskana verloren hatten. In der Kirche sind verschiedene Fresken und sehr schöne, ausgezeichnete Statuen von der Hand Michelangelos. Weiter betrachteten wir den Dom, eine sehr große Kirche, und den Glockenturm, der ganz mit weißem und schwarzem Marmor bekleidet ist: eines der schönsten und prächtigsten Werke der Welt.

Der Herr von Montaigne sagte, er habe bislang keine andere Nation getroffen, die so wenig schöne Frauen wie Italien aufzuweisen hätte. Die Gasthäuser fand er viel unbequemer als in Frankreich und Deutschland. Das Fleisch bekommt man nicht halb so reichlich wie in Deutschland vorgesetzt, und es ist auch nicht so gut zubereitet. Es wird zwar auch in Deutschland nicht gespickt, ist dort aber weit besser gewürzt; ebenso gibt es dort größere Abwechslung in Saucen und Suppen. Die italienischen Wirtshäuser sind viel schlechter. Speisesäle (wie in der Schweiz) sind unbekannt, die Fenster sind groß und ganz ohne Glas. Wenn man gegen Sonne oder Wind die großen hölzernen Läden schließt, so hat man auch zu gleicher Zeit das Licht abgesperrt, und das fand der Herr von Montaigne weit schlimmer als die deutschen Vorhänge, und man konnte nichts dagegen machen. Sie haben auch nur elende Lagerstätten mit einem dürftigen Fetzen als Betthimmel darüber, eine höchstens in jedem Zimmer; die Betten laufen auf Rädern. Wer nicht gern hart schläft, könnte es dort schlecht finden. Gleicher oder noch größerer Mangel an Wäsche. Der Wein ist meist geringer (wie in Deutschland); wer fade Süße an ihm haßt, muß ihn zu dieser Jahreszeit unerträglich finden. Die Preise sind allerdings etwas billiger. Man sagt, Florenz sei die teuerste Stadt Italiens. Ich hatte, bevor mein Herr ankam, im Gasthaus zum Engel mit sieben Realen täglich für Mann und Pferd und vier Realen für die Unberittenen abgeschlossen.

Am gleichen Tag besichtigten wir einen Palast des Herzogs, wo er sich mit dem Schleifen orientalischer Steine und der Herstellung von Kristall abzugeben liebte. Denn er ist ein Fürst, der sich ein wenig um Alchimie und mechanische Künste bekümmert, vor allem aber ein großer Architekt.

Am nächsten Tag stieg der Herr von Montaigne zuerst auf den Dom hinauf, den eine vergoldete eherne Kugel krönt, die von unten von der Größe eines Balles erscheint, bis sich oben herausstellt, daß sie vierzig Mann fassen kann. Er sah dabei, daß der Marmor, mit dem die Kirche belegt ist, auch der schwarze – denn am ganzen Bau wechselt die Farbe kunstvoll ab –, bereits an vielen Stellen sich abzuschälen beginnt und bei Frost und bei Sonnenschein weich wird, was ihn befürchten ließ, der Marmor sei nicht gerade sehr echt.

Er beeilte sich auch, die Häuser der Strozzi und Gondi zu sehen, in denen noch Verwandte der Familien wohnen. Wir besuchten ferner den Palast des Herzogs (Palazzo Vecchio), in dem Cosimo, der Vater des regierenden, die Einnahme von Siena und die Schlacht, die wir verloren haben, hat malen lassen. Gleichwohl prangen an den alten Mauern der Stadt und nicht zum wenigsten an den alten Mauern dieses Palastes selbst die Lilien vor allen anderen Wappen.

Die Herren von Estissac und Montaigne waren zum Diner des Großherzogs, wie er dort heißt, geladen. Die Großherzogin hatte den Ehrenplatz, dann kamen der Großherzog und die Schwägerin der Großherzogin mit ihrem Mann, dem Bruder der Herzogin. Die Herzogin ist nach italienischer Auffassung schön: sie hat ein angenehmes, majestätisches Gesicht, starken Oberkörper und eine Brustfülle ganz nach ihrem Geschmack. Sie schien dem Herrn von Montaigne über genügend Reize und glatte Worte zu verfügen, um den Fürsten geködert zu haben und noch lange zu fesseln. Der Herzog ist ein dicker schwarzer Mann von meiner Statur, mit festen Knochen und einem Gesicht, aus dem wie aus dem ganzen Benehmen Höflichkeit spricht; er schreitet immer mit abgezogenem Hut durch das Gedränge seiner Leute, das nicht klein ist. Seine Haltung ist gesund und straff, die eines Mannes von vierzig Jahren.

Auf der anderen Seite der Tafel saßen der Kardinal und ein junger Mann von achtzehn Jahren, die beiden Brüder des Herzogs. Wenn der Herzog und seine Gemahlin trinken wollen, bringt man ihnen ein Becken, in dem ein gefülltes Weinglas und eine Flasche Wasser stehen; sie nehmen den Wein und gießen davon so viel ihnen dünkt in das Becken und füllen dann gleichfalls selbst mit Wasser nach und setzen das Glas wieder in das Becken, das der Mundschenk hält. Er nahm ziemlich viel Wasser, sie fast keines. Das Laster der Deutschen, außerordentlich große Gläser zu benützen, ist hier ins Gegenteil verkehrt; die Gläser in Italien sind außerordentlich klein.

Ich weiß nicht, warum diese Stadt das Privileg hat, die

schöne zu heißen; sie ist schön, übertrifft aber Bologna gar nicht, Ferrara nur wenig und kann sich mit Venedig überhaupt nicht messen. Es ist freilich, um die Wahrheit zu sagen, ein Vergnügen, vom Glockenturm herab die unendliche Menge der Häuser zu verfolgen, die ringsherum, gut zwei bis drei Meilen, die Hügel bedecken, desgleichen die ebene Sohle, auf der die Stadt liegt und die wohl in der Länge eine Ausdehnung von zwei Meilen hat. Die Häuser scheinen sich zu berühren, so eng gesät sind sie. Dagegen sind die Straßen mit ganz ungleichmäßig geschnittenen und ohne Ordnung eingesetzten Steinplatten gepflastert.

Nach Tisch nahmen die vier Herren mit einem Führer die Post, um ein Lustschloß des Herzogs namens Castello (eine Meile n. ö. von Florenz) zu besuchen. Das Haus selbst hat nichts, was bemerkenswert wäre, dagegen hübsche Gartenanlagen auf dem Abhang eines Hügels, derart, daß seine Gänge, auch wenn sie alle gerade in die Höhe steigen, doch mühelos und angenehm zu gehen sind; die Quergänge sind gleichfalls gerade und gleichmäßig. Man sieht da verschiedene dichte Laubengänge von allen wohlriechenden Bäumen wie Zedern, Zypressen, Orangen-, Zitronen- und Olivenbäumen. Die Zweige sind so verbunden und verflochten, daß man leicht sehen kann, warum die Sonne trotz aller Macht keinen Eingang findet. Die Zypressen- und andere künstlich angelegte Gänge sind so dicht aneinander, daß nur drei bis vier Leute durchgehen können.

Unter den Brunnenbecken sahen wir ein besonders großes, aus dessen Mitte ein ganz natürlich aussehender Fels aufsteigt, der oben ganz vereist zu sein scheint, was mit Hilfe desselben Steins erreicht wird, mit dem der Herzog die Grotte in Pratolino hat ausschlagen lassen. Auf dem Felsen thront ein großes kupfernes Standbild, einen ganz alten, kahlen Mann darstellend, der mit gekreuzten Armen auf dem Stein kauert und von dessen Bart, Stirn und Haut das Wasser Tropfen für Tropfen überall herunterrinnt, womit Schweiß und Tränen gemeint sind. Der Brunnen hat keine andere Zuleitung.

Übrigens erlebten sie einen kleinen Spaß, wie ich ihn schon früher beschrieben habe. Als sie im Garten herumgingen, das Sehenswerte betrachteten und gerade an einer bestimmten Stelle einige Marmorbilder ansahen, ließ der Gärtner, der sie eigens zu diesem Zweck verlassen hatte, unter ihren Füßen und zwischen ihren Beinen aus unendlich kleinen Löchern fast unsichtbar feine Wasserstrahlen hervorspritzen, die gleichwohl unübertrefflich das Gefühl eines kleinen Regens hervorriefen; sie wurden davon ganz naß. Der Gärtner setzte die ganze Vorrichtung mehr als zweihundert Schritt davon entfernt durch eine unterirdische Feder in Bewegung und tat es mit solchem Geschick, daß er von einer Stelle nach Belieben die Strahlen größer und kleiner machte und sie, wie er wollte, wand und drehte. Dasselbe Spiel findet sich dort noch an anderen Stellen. Sie sahen auch die Hauptfontäne, bei der das Wasser aus zwei großen Bronzestatuen springt, von denen die untere die obere mit den Armen umschlingt und mit aller Kraft zusammenpreßt, so daß diese halb entseelt mit schlaffem Haupt das Wasser aus dem Mund entströmen lassen muß. Der Druck ist so stark, daß der Wasserstrahl, abgesehen von der Höhe der Figuren, die mindestens zwanzig Fuß beträgt, bis siebenunddreißig Ellen emporgeschleudert wird.

In den Zweigen eines immergrünen Baumes (Steineiche), der üppiger war als jeder andere, den sie gesehen, war eine Art Kabinett hergestellt; es ist ganz von den lebenden grünen Zweigen umschlossen und dabei überall so dicht von Laub geschützt, daß man nur durch ein paar Öffnungen, die man aber erst durch Auseinanderbiegen der Zweige herstellen muß, hineinsehen kann. Mitten darin springt aus einem kleinen Marmortisch ein Wasserstrahl, dessen Leitung man nicht sehen kann.

Die Wassermusik konnten sie nicht mehr hören, denn für

Leute, die noch zur Stadt zurück wollten, war es zu spät. Sie sahen auch das Wappen des Herzogs ganz hoch über einem Portal, von Baumzweigen nachgebildet, die ihre natürliche Kraft aus Fasernweiden bezogen, die man nicht sehen konnte. Sie kamen gerade in die Jahreszeit, die den Gärten am ungünstigsten ist: um so bewunderungswürdiger war, was sie sahen. Ferner findet man dort eine schöne Grotte, in der man alle Arten von Tieren in natürlicher Gestalt sehen kann: sie sprudeln teils aus dem Schnabel, teils aus den Flügeln, teils aus den Klauen oder durchs Ohr oder durchs Nasenloch das Wasser von Fontänen hervor.

Ich vergaß zu erwähnen, daß im Palast des Fürsten in einem der Säle das Bronzebild eines vierfüßigen Tieres zu sehen ist, das auf einem Pfeiler steht, in natürlicher Nachbildung, aber von seltsamem Aussehen: vorn ganz geschuppt und auf dem Rücken etwas Ähnliches wie Hörner. Man erzählt, es sei hierzulande in einer Höhle im Gebirge gefunden und erst vor wenigen Jahren lebend hierher gebracht worden. Wir sahen auch den Palast, in dem die Königinmutter geboren wurde.

Um, wie er immer tat, ein Urteil über die Bequemlichkeiten jeder Stadt zu erhalten, sah sich der Herr von Montaigne möblierte Zimmer und Pensionen an: er fand nichts Brauchbares. Wie er hörte, findet man dort nur in Gasthäusern solche Zimmer, und diejenigen, die er sah, waren unsauber und teurer als in Paris oder ebenso teuer wie in Venedig. Die Pension war dürftig, dabei sollte sie für den Herrn mehr als zwölf Taler monatlich betragen. Auch Waffen- und Reitschulen sowie die Gelehrsamkeit sind mäßig. Zinn ist im ganzen Gebiet selten, und man gebraucht nur irdenes Geschirr, das bemalt ist. Auch dieses war recht schmutzig.

BASTIANO DE' ROSSI
EINE AUFFÜHRUNG IM MEDICI-THEATER

1586

Diesen Saal, der in der Länge fünfundneunzig Ellen, in der Breite fünfunddreißig und in der Höhe vierundzwanzig mißt, dessen Boden zwei Ellen hoch liegt und der sich von unten nach oben um ein Achtel neigt – was bewirkt, daß die vorne Sitzenden den Personen dahinter die Sicht nicht nehmen –, bestimmte Großherzog Francesco zur Aufführung dieser mit viel Pracht und so viel Staunenswertem angefüllten Komödie, die die erste war, die in diesem Saal zur Aufführung gebracht wurde. (. . .) In der Mitte des großen Saales, dreißig Ellen von der Bühne entfernt, befand sich ein Podium, das eine Elle über dem Fußboden lag und zu welchem eine Stufe hinaufführte. Es war zwölf Ellen breit und ebenso lang, fiel jedoch nach hinten ab, so daß es am Ende den Boden berührte. Zwischen den Stufen und dem für die Fürsten bestimmten Podium war der Saal mit Bänken gefüllt, die so aufgestellt waren, daß es sich das ganze umherstehende Volk, ohne einander die Sicht zu rauben, darauf bequem machen konnte. Auf dem Podium, das von karmesinrotem Samt, dessen Ränder mit Gold eingefaßt waren, und alexandrinischen Teppichen bedeckt war, nahmen die Fürsten auf reich verzierten, prachtvollen, mit in verschiedenster Art geklöppelter goldener Seide geschmückten Stühlen Platz, um der Aufführung beizuwohnen. Zu Füßen der genannten Stufen, die ebenfalls mit wertvollen Tapisserien ausgelegt und die aus künstlichem Stein waren, bildeten vierundzwanzig Pyramiden, in regelmäßigem Abstand voneinander aufgestellt, einen Kreis um den Saal. Diese Pyramiden, deren höchste fünf Ellen hoch war, waren meisterhaft in Metall und verschiedenen Steinen gearbeitet. Entsprechend der Neigung des Saal-Bodens wurden sie zur Bühne hin immer höher. (. . .)

74

Und als die Fürsten, Fürstinnen und Edelfrauen sowie das übrige anwesende Volk sich niedergelassen hatten, entflogen den im oberen Aufbau des Saals angebrachten Körben lebende Vögel, was die noble Versammlung über alle Maßen entzückte. (. . .) Wunderschön war, wie man mir glauben wird, der Anblick der Stufen, die die Bühne umstanden und die von schönen Edelfrauen beladen waren, die Westen aus Spitze, Goldschmuck, Ringe und Perlenketten um den Hals trugen, die auch ins Haar geflochten waren. Es waren wahrhaft unglaubliche und wundervoll anzusehende Erscheinungen. Auch das übrige des Aufbaus trug vortrefflich zum Glanz des Ganzen bei und stand mit den so wertvoll besetzten Stufen im Wettstreit darin, den ganzen Saal schön und anmutig zu machen. Beeindruckend war es, den Prospekt am Ende der Bühne zu sehen, wie überhaupt auch den ganzen Aufbau der Szene. Dort sah man Häuser mit Fenstern, Türen und Gärten, die von dem Künstler mit so großem Fleiß und solcher Fertigkeit geschaffen worden und so reich verziert waren, daß das Auge nicht genug davon sehen konnte. Doch das Schönste und Reizendste des ganzen Saals waren schließlich doch die Reihen der Edelfrauen. Der ganze Raum roch herrlich nach den Düften, die von den Frauen und deren Schmuck, von dem Rauch aus den Kaminen der Häuser auf der Bühne und von den Wassern, die von der Bühne herab auf das Publikum gesprengt wurden, stammten.

JOSEPH FURTTENBACH
FESTE AM JOHANNISTAG

1627

Vor Haussen hats einen großen Platz, auff welchem .2. Piramides, zur obern wird an Sant Johannis Abend ein Fahnen von
Damast auffgesteckt, in .100. Cronen werth, und werden nach
altem Sitt der Römischen auriganten .7. kleine Gütschlein
Triumpfale mit Fleiss darzu gemacht, und an jedes zwey
schöne Pferd gespannet, welche ein einiger Mann regiert. Die
Gütschlein werden alle neben einander gestellt, und ein Strick
fürgezogen, wann das Zeichen der Trometen erschallet, so läst
man den Strick fallen unnd fahrt jeder Gutscher nach seim
Vermögen fort. Dann der erste so am bäldesten umb diese
Piramides dreymal fahrt, der hat den Fahnen erobert und wird
hier ein lustiges Fuhrwerk gesehen. So ein alter Gebrauch, und
also Jährlich continuirt wird. Nicht weniger so halten etliche
grosse Herren bey .8. barbarische ringe und wollauffende
hierzu abgerichte Pferd, so man Barbari nent, welche sonsten
einige andere Arbeit nicht thun, die werden Jährlich, unnd am
Tag Sant Gio: Batta: zusammen auff einem grossen, sehr
langen Platz geführt, auff etliche setzt man Junge, freche und
muthwillige Buben, und bind sie ohne Sättel auff die Pferd,
mit Auffsetzung eines geschmeidigen Sturmhäubleins, die andere Pferd aber, werden nur freygelassen, unnd also in einer
Zeil, neben einander hergestellt, mit Fürziehung eines Stricks.
Wann nun das Zeichen mit Trombetten geblasen wirdt, läst
man den Strick fallen, da lauffen diese abgerichte Pferd in
solcher furia und wohl .¼. Stund weit, durch viel unnd lange
Gassen hinein, biß zu dem auffgesteckten Ziel (allda ein Fahnen), dass einem der zusicht das Gesicht darüber vergeht. Am
allermeisten aber ist sich zu verwundern, dass die freylauffende
Pferd, fast allweg das best erlangen, unnd am ersten beym

Fahnen erscheinen, die seyn also abgericht, dass sie kein ander Pferd für sich lauffen lassen, schlagen darnach und lauffen ihnen den Ranck ab. Das Gewinnet ist ein Fahnen von einem gantzen Goldstuck, unnd köstlichem Beltzfutter auff viel Gelts werth . . . Den andern Tag hernach helt man ein Asinarisches Schawspiel; Da werden .10. oder .12. kleine Müller Eselein herbey gebracht, auffs beste auffgemutzt, mit Flendergold gezieret, neben jedem Eselein erscheint sein Patron mit einer starcken Beitschen, die werden auch nebeneinander gestellt, und wann das Zeichen gegeben wird, da fangen jhre Patronen, unnd ein jeder auff sein eygen Gut, mit grossem Ernst (dann es ihnen gilt, sintemal ein jeder begierig, den Fahnen zu erobern) anzubeitschen, welches Krachen dann weit gehört wirdt, unnd trappen also diese Adeliche Thierlein gar sanfft, uñ mit grosser Geschicklichkeit ein Gassen hinein. Es ist aber die gröste Kurtz–

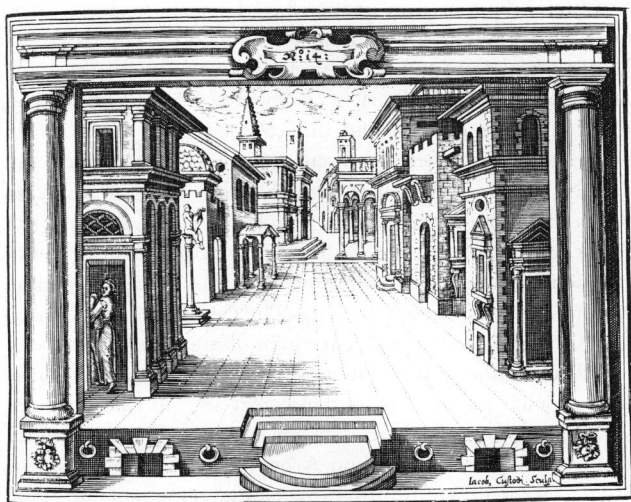

17. *Joseph Furttenbach, Theaterprospekt aus Florenz, 1627*

weil, diß, dass wann sie etwan gegen Oriente zum Fahnen lauffen sollen, dörffen sie sich wol gegen Settentrione begeben, da haben jhre Patronen sawre Arbeit, sie wider auff den rechten Weg zu laitten. Dann, wann der Asino sein Kopff dahin zu trappen gesetzt, läst er sich nit mehr gern abwendig machen, und verhindern also diese Thierlein einander, dass fast zuletzt die Patronen selber zu Unfrieden werden, einander in bester Form abbeitschen, entzwischen unnd bey solcher Verhinderung darff wol das allerschlechteste Eselin am ersten zum Ziel kommen, unnd einen Fahnen so .25. Cronen werth gewinnen. Ich glaube nicht, dass ein Mensch so stürmisch außsehen könde, welcher hier nicht zu lachen verursacht werde. Dann das beitschen, schreyen, pfeiffen und arbeiten der Patronen weit uber ein Comoedia ist. Zum dritten so wird auff dem Fluss Arno auch ein Fahnen auffgesteckt, und al Ponte della Trinità. Unterhalb selbiger aber versamblen sich viel kleine Schifflein, die fahren in großer Eyl, der erste so den Fahnen erreicht hat selbigen gewunnen. Zum vierdten so wird ein langer gar glatter, und mit Seiffen geribner Segelbaum, wohl .40. Schuch hoch auffgericht, zu oberst darauff ein Keficht, darin .2. Gänß gethan, und mit einem Reiber das Thürlein gesperrt, da erscheinen gute Steiger, die haben ein Säcklein mit Aschen bey ihnen, beneben einem Stricklein, das sie immerzu umb den Segelbaum binden, unnd die glatte Stangen mit Asche anwerffen, damit sie sich am hinaufkriechen desto besser erhalten könden, mancher kompt also biß oberst hinauff, unnd in dem er mit der einen Hand das Thürlein öffnen, unnd nach den Gänsen greiffen wil, entwischt jhme etwan die ander Hand, und fahrt unverrichter Sachen wider herab. Da versuchts gleich ein anderer, und also fort an, biß einer erobert, welchem Schawspiel dann auch gar kurtzweilig zuzusehen ist, dann es ein grosse Mühe und Arbeit braucht, biß daß solche erhebt werden. Zum fünfften halten die gemeine Leut, unnd den muthwilligen Buben zu gefallen, einen Hanenzug. Man nimbt einen gar alten zehen lebendigen Hanen, und macht von Stricken jhme ein starckes Gefäss umb seinen Leib, welches hernach in der mitten an ein grosses Sail gebunden, also dass ernannter Han lebendig, und in mitten einer Gassen da hangt, das eine Theil deß Sails wird in ein Hauß geordnet, welches etwan .4. Männer regieren, ingleichem beschicht auch mit dem andern Theil deß Sails, in deß Nachbarn Hauß vor hinüber, unnd werden deß Hanen Füss, Flügel unnd Hals, wol mit Saiffen gerieben, damit er ubel zu ergreiffen. Da versamblen sich ein Anzahl Buben, unnd wil ein jeder den Hanen haben, man läst selbigen so weit herab sincken, dass sie jhn berühren mögen, und streckt aber behend das Sail widerumben an. Es geschicht offt, dass jhn ein Bub ergreifft, (entzwischen das Sail angezogen wird), der Han aber so zech, dass er weder Halß, Füss, noch Flügel nicht läst, dardurch der Bub im Lufft an jhm hangt, endlich welcher etwas von deß Hanen corpus zieht, deme läst man den Hanen. Der gemeine Pöbel nimbt jhme viel Kurtzweil mit diesem Hanenzug, und stellen sie selber untereinander dergleichen festini an.

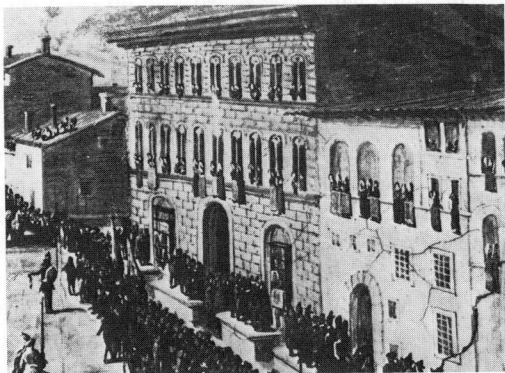

18. *Giovanni Stradano, Palazzo Medici um 1561*

JOSEPH FURTTENBACH
GEISTLICHES SCHAUSPIEL

1627

Im vorermeltem Pallast (Pitti), wurde auff ein Zeit, und am
Charfreytag, durch anordnen deß Hochverständigen und
Weitberümbten Herren Giullio Parigi, (den ich auch für meinen werthen Patronen, Herren unnd Lehrmeister berühme) als
Ingegnier del Gran Ducca di Toscana, in einem gantz beschlos-
senen finstern großen Saal, ein sehr zierliche Heroische, und
schöne Prospectiva, oder sepoltura santa auffgericht, ihr fazia,
wie nit weniger das gantze Werck mit Wolcken umbgeben,
darob sassen an etlichen Orten Engel, die liessen sich mit gar
lieblicher Musica hören, man sahe in die ferne und sehr weit,
nach wolverstandener Prospektivischer Art, wol einwarts
durch einen Wald die Statt Jerusalem, zur rechten Seitten aber
das castrum doloris, oder sepulchrum Dominicum, welches
bey .8. Spannen lang, und ungefährlich .6. Spañe hoch gar
zierlich, wie ein wolgestalter Sarch gemodulirt, uñ mit
schwartzem Samat gantz uberzogen, darauff dann ein grosse
Sũma lauter der köstlichsten Diamanten, ja das gantze Werck
einig und allein mit Diamanten ubersetzt, dass deren Menge
nicht zu beschreiben. Oben auff dem Sarch lage ein guldene
Kron, auch mit Diamanten besetzt, darzwischen erzeigte sich,
wol dreyer Spannen lang, ein ganz guldener Palmenzweig, der
nicht weniger auch mit Diamanten besetzt, und zu oberst
desselbigen, als an seinem fordersten Zweyg, und im Bogen,
da hangete der gar grosse weitberümbte Diamantstein, dessen
Grösse, Form und Gestalt gibt hie nebenstehender Abriss zu
erkennen, und ist die Vermutung, dass dergleichen gross, uñ
dickes, auch so saubers stuck Diamant in gantz Europa sonsten
nirgends zu finden, welches dann allein auff zwo Thonnen
Golds geschätzt wird. Was aber diß für ein Schatz, und ausse-

hen gewesen, mag der verständige genugsam selber erachten, in indem die verborgene zwischen dem Gewilck stehende Liechter jhren Glantz also scharpff auff diese Diamanten geworffen, derer Splendore oder Schein aber solcher massen zuruckgefallen, dass es nicht anders, sonderlich der gar grosse Diamant, als wie die Sternen am Himmel geleuchtet . . . Ferner sahe man viel andere Vertieffungen, sonderlich etliche Persohnen in den Hellischen Flammen ligen, die also natural gemacht, als ob man die Stromenfewr darzwischen herauß flammen sehen thete, mit sonderbarer Geschicklichkeit unnd Stellung viel hundert Oel Lampen, so bißweilen gezogen wurden, Jedoch jhr Corpus nicht, sondern allein jhr splendore oder Glantz also in den Saal herauß gefallen, dass es Tag zu seyn das Ansehen hatte. Bey disem allem war ein lieblichs Wesen, dass der Mensch darüber verzuckt, und nit anderst als das Irdische Paradeyß anzuschawen gewesen. Hernach wurde es von Ihr Hochfürstl. Durchl. dem Grosshertzog auch besucht, da sahe man ein Heroische Procession, darbey sich hochwolermelter Herr (beneben .74. Cavallieri di sant Steffano, alle in jhrē habito, wie der Ritters Orden vermag, mit langen weissen fast Geistlichen Röcken, jedoch Jeder sein Wehr an der Seitten) als Gran mastro der Ritter Ordens die sant Steffano, sampt dem fürnembsten Florentinischen Adel auch sehen lassen, und dieses Castrum Doloris besucht. Sonsten aber und wann etwan Fürstliche Persohnen, oder Cardinäl nach Florenz zu kommen haben, da hört man auff allen Principal Gassen der Trommeten Schall, darmit anzuzeigen, dass sich der Adel mit jhren schönesten Pferden nach Hoff begeben, da dann die frembde Herren mit entgegen reitten gar stattlich und Heroisch empfangen, und alla corte del Gran Duca begleittet werde, welches abermahlen ein denckwürdige Sachen, dergleichen ansehnlichē Adel und Cavallieri mit solchen köstlichen wol abgerichten Pferden beysammen zu sehen ist. Eben also beschichts, wann ein solcher Herr widerumb verreist, so wird er ingleichem begleitt.

CHARLES DE BROSSES
DIE STADT HAT MIR IM GROSSEN UND GANZEN NICHT BESSER GEFALLEN ALS ANDERE AUCH

1739

Für die Entbehrungen während der Reise wurde ich reichlich entschädigt, als ich auf den Turm des Giotto stieg, von wo aus ich entdeckte, daß der Apenin, dort wo er auf Florenz trifft, sich in zwei Arme teilt und daß die Ebene eine Art Bucht bildet, auf dessen Grund die Stadt liegt. Diese Ebene, die sich von Livorno aus erstreckt, ist – gleich den Meeresküsten – bedeckt von einer unglaublichen Anzahl von Lusthäusern. Rechnen Sie dazu die natürliche Schönheit des Landes und den Fluß Arno, der es durchquert, und Sie werden mit mir übereinstimmen, daß das kein gewöhnlicher Anblick ist. Der Umfang der Stadt schien mir von der Ferne gesehen ungefähr zwei Meilen. Die Straßen sind ziemlich breit und gerade, alle mit Quadersteinen unregelmäßig, nach allen Richtungen hin gepflastert, nach Art der alten römischen Straßen, was für den Fußgänger sehr bequem, für die Pferde jedoch, und für die, welche mit der Kutsche fahren abscheulich ist, da man hier den einmal unbefahrbar gewordenen Weg nicht wieder ausbessert.

Die Paläste in Florenz sind zahlreich und viel gerühmt, trotzdem gefallen sie mir nicht besonders. Fast alle sind grob in ihrer Architektur und sind oben wie unten gleich breit; außerdem bin ich so sehr an Säulen gewöhnt, daß ich sie nicht missen kann, oder zumindest doch Pilaster fordere. Nach all diesen Überlegungen ziehe ich Bologna Florenz vor. Allen bedeutenden Kirchen fehlt hier das Portal, mit Ausnahme der Theatinerkirche, deren Fassade, gestaltet nach einem Entwurf Nigettis, verziert mit ausgezeichneten Statuen, eines der schönsten und edelsten Portale bildet, das ich bisher gesehen habe. Es ist

Carlo de' Medici der sich diesen Aufwand geleistet hat. Das Innere ist ziemlich geschmackvoll, ich habe dort mehrere gute Flachreliefs aus Marmor ausmachen können, ein Bild der Anbetung der Könige des Vannini, eine Geburt Christi von Rossellini und eine Himmelfahrt des Pietro da Cortona. Ich erwähne das, weil ich die Malerei in Florenz weit unter meinen Erwartungen angetroffen habe. Vasari konnte leicht sein Land in dieser Hinsicht beweihräuchern; wenn er sich selbst damit aufwerten wollte, dann müßte er seine Gemälde verstecken, die kaum über dem Mittelmaß liegen. Mit einem Wort, was in dieser Art hier am interessantesten ist, sind die ersten Werke dieser Kunst, die von Cimabue, Giotto, Gaddo Gaddi, Lippi und anderen geschaffen wurden, recht schlechte Werke in der Hauptsache, aber dennoch dazu dienlich zu verfolgen, wie sich die Malkunst nach und nach entwickelt und vervollkommnet hat.

Wenn auch die Malerei hier schwach ist, so triumphiert doch im Gegenzug die Bildhauerei. Es ist die Stadt der Statuen par excellence, sie sind über alle Straßenecken verstreut, ähnlich wie auch die jaspis- und achatfarbenen Säulen. (. . .)

Die überspannte Großartigkeit der Florentiner – was Kutschen, Möbel, Uniformen und Kleidung betrifft – ist unerhört. Wir sahen hier jeden Abend Versammlungen oder Gesellschaften in verschiedenen Häusern, deren Wohnungen Labyrinthen gleichkommen. Diese Versammlungen setzen sich aus ungefähr dreihundert diamantbehängten Damen und fünfhundert Männern zusammen, die Gewänder tragen welche anzulegen der Herzog von Richilieu sich nicht schämen würde. Ich liebe diese Art Ansammlungen von achthundert Personen, wenn man in größerer Zahl ist herrscht erst das rechte Gewühl: ohne Spott gesprochen, ich weiß nicht, wie dieser ungeheure Lärm die Menschen dieses Landes vergnügen kann. Es gefällt ihnen nichtsdestoweniger, aber nicht erst seit heute weiß ich, daß die Italiener es nicht verstehen sich zu amüsieren. Im Übrigen hat man mir zugetragen, daß diese wertvollen Gewänder nur bei wichtigen Anlässen getragen würden und immer die gleichen blieben, und daß dieser Aufwand, diese Bälle, diese zahlreichen außergewöhnlichen Versammlungen, diese so strahlenden Gesellschaften anläßlich zweier verschiedener Hochzeiten stattfanden, welche die ganze Stadt anzogen und deren Zeremonie in diesem Land sehr lange dauert. Diese Konversations-Gesellschaften sind teuer für den der sie gibt, einerseits wegen der Menge an Kerzen, andererseits wegen der ungeheuren Mengen an Eiswasser und an Konfitüre, die unaufhörlich gereicht werden. Man tanzt dabei und musiziert. (. . .)

Literatur und Wissenschaften werden hier eifrig gepflegt, sowohl von Fachleuten als auch von Kennern, und man muß einräumen, daß es keinen Ort gibt, wo man vergleichbar viele Hilfen dafür findet, durch die hohe Anzahl antiker Monumente aller Art, der Bibliotheken und der Handschriften-sammlungen, welche die Medici dort zusammengetragen haben, wie es gleichfalls viele Privatpersonen taten, und unter anderen auch die Griechen, die sich nach dem Fall von Konstantinopel nach Florenz flüchteten und denen Italien die Wiedergeburt des geistigen Lebens verdankt. Die Bibliothek der Medici in San Lorenzo ist ein langer Saal, allein für Handschriften bestimmt, die nicht – wie gewöhnlich – eingestellt sind, sondern auf Holzpulten liegen, an denen jede mit einer Eisenkette festgemacht ist, so daß man sie nicht wegtragen kann. Es wäre schwierig, etwas Selteneres und besser Zusammengestelltes als diese Bibliothek zu finden. Die Hauptstücke sind ein vollständiges Manuskript der »Historia« des Tacitus, ein Vergil in Majuskelschrift aus der Zeit der frühen Antike, den man beabsichtigt, so wie er ist, stechen zu lassen, ein ziemlich leichtfertiges Unterfangen, wenn ich nicht irre . . . Ferner einige sehr seltene Medizinbücher, auf deren Studium ich verzichtete, und eine Sammlung lateinischer Epigramme in priapeischen Versen, die niemals gedruckt ward, und die man mir

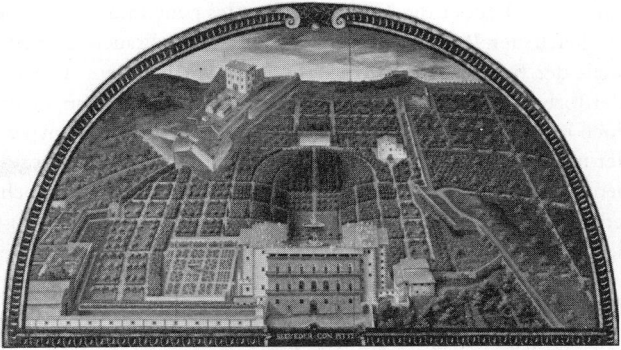

19. *Giusto Utens, Palazzo Pitti. Boboligärten und
das Forte di Belvedere 1590*

als antik ausgab. Ich brachte die Geduld auf, sie von einem zum anderen Ende durchzublättern, um zu sehen, ob es der Mühe wert sei, sie zu drucken, und alles, was ich herausfand war, daß man überaus Recht daran getan hatte, es zu unterlassen. Zur Zeit bearbeitet man den Katalog dieser Bibliothek für den Druck. (. . .)

Wissen Sie übrigens, wenn wir nun schon einmal davon sprechen, daß es zum Totlachen ist, zu sehen, wie wir, gedeckt durch einen akademischen Titel und aufgrund einiger verkommener Handschriften über denen man uns hat in den Bibliotheken schnüffeln sehen, als sehr wissenschaftliche Personen gelten. Das Originellste aber war, daß wir die Schamlosigkeit so weit trieben, bei uns eine Gesellschaft zu geben, zu der die Gebildeten aller Ränge die Güte hatten zu erscheinen. Die Vornehmsten, die sich uns in mannigfachster Weise erkenntlich zeigten, waren der Marchese Riccardi, Monsignore Cerati, Präsident der Universität von Pisa, der Abt Buondelmonti, Neffe des Gouverneurs von Rom, der Graf Lorenzi, der Abt von Craon, Primas von Lothringen und der Abt Nicco-

lini, dessen Bruder die Nichte des Papstes geheiratet hat. (. . .)
Obgleich der Ruf der Florentiner, was ihre Frauen betrifft,
nicht der beste ist, soll man dennoch nicht glauben, daß die
Verdorbenheit unter ihnen so verbreitet sei, daß man nicht
doch einen Gerechten unter dem Volke Israels fände. Entweder man beginnt die Grundlosigkeit dieses Vorurteils einzuse-
hen, oder das schöne Geschlecht gefällt sich sogar darin, ich
jedenfalls sehe, daß die Frauen hier sehr umworben sind. Zudem ist die nicht-sinnliche Liebe nicht derart geduldet wie Sie
es sich vorstellen, denn, abgesehen von der Hadrainsbulle, die
das Gegenteil verordnet, gibt es hier ein genaues Gesetz, das das
andere verbietet, unter Androhung von zehn Sous Strafe gegen die, welche auf frischer Tat erwischt werden, ausgenommen solche, sagt das Gesetz, die es nur um ihrer Gesundheit
willen tun. (. . .)

Ich habe mir auch, zur Unterhaltung, ein Tier-Kampf-
Theater angesehen, dessen hübsche Käfige, aus grauem Stein,
eine Arena umgeben. Die Menagerie befindet sich seitlich
davon. Es gibt dort eine Löwin, die wie ein Pudel apportiert,
einen Tiger, von enormer Größe und schön wie ein Engel, mit
zwei Jungen, die den schlechtesten Charakter haben den man
sich vorstellen kann.

Man sollte sich auch eine andere Art von Menagerie ansehen, nämlich den Saal der Accademia della Crusca, wo die
Sitze der Stühle auf die man sich setzt Körbe sind und die
Lehnen Backofenschieber; der Direktor blickt von einem
Mühlsteinthron herab, der Tisch ist ein Knetbrett, man kleidet
sich in Säcke, die Schriften entnimmt man einem Mühltrich-
ter. Wer sie vorliest steckt mit der Hälfte seines Körpers in
einem Mehlsack . . . und hundert andere Dummheiten verbinden sich mit dem Namen »della Crusca«, der »Kleie« bedeutet.
Denn das Ziel dieser Institution ist es, die italienische Sprache
zu beuteln und zu sieben, um das feinste Mehl der Sprache zu
gewinnen, alles Grobe zurückweisend. Sie wissen, wie sehr

diese Akademie gerühmt wird und es auch verdient; und der kindische Vergleich soll nicht bedeuten, daß man nicht die bizarren Namen, die sich die Mehrzahl der italienischen Akademien gegeben haben, dem schlechten Geschmack anrechnen muß, der zur Zeit ihrer Gründung vorherrschend war. Aber bisher haben wir ja nur geschmeichelt. (...) Die Liebe zu schönen und guten Dingen zeichnet in meinen Augen die Familie der Medici aus. Nichts könnte man zu ihrem Lob besser anführen, als daß sie, nachdem sie die Herrschaft über ein freies Volk usurpiert hatten, es erreicht haben, von diesem geliebt und nun vermißt zu werden. In der Tat hat Florenz, indem es sie verlor, einen furchtbaren Verlust erlitten. Die Toskaner sind von dieser Tatsache derart überzeugt, daß es fast keinen gibt, der nicht ein Drittel seiner Güter hergäbe, um sie wiederzuhaben, und ein weiteres Drittel, um die Lothringer loszuwerden. Ich glaube nicht, daß es etwas gibt, das ihrer Verachtung für diese gleichkommt, wenn nicht der Haß der Mailänder auf die Piemontesen. Zur Zeit des letzten Krieges wurden die Franzosen dort mit offenen Armen empfangen, und die Piemontesen von allem ausgeschlossen. So haben auch wir in Florenz Zugang zu allen Häusern, während die Lothringer nirgends hineinkommen. Schließlich habe ich festgestellt, daß die Florentiner einzig in der Hoffnung leben, den Schwiegersohn des Königs zum Großherzog zu haben, und sie sind erstaunt, daß der König seiner Tochter dieses Geschenk noch immer nicht gemacht hat, ohne sich um die Entschädigung zu kümmern, die man dem Herzog von Lothringen, dessen Interessen ihnen wenig am Herzen liegen, dann zu leisten hätte. Es ist wahr, daß die Lothringer sie mißhandelt haben und, was schlimmer ist, mißachtet. Herr de Raigecourt von Lothringen, der von seinem Herrscher mit aller Macht ausgestattet ist, ist ein Mann von Geist und Talent, darin stimmt man allerorten überein; aber man versichert, daß er in den seltensten Fällen so behutsam vorzugehen versteht, daß die neue Herrschaft anerkannt werden könne. Man könnte sagen, daß die Lothringer die Toskana nur als ein Durchgangsgebiet ansehen, wo man alles nehmen muß was man bekommt, ohne sich um die Zukunft zu bekümmern. Für ein Land, das seine eigenen Souveräne hatte, das seinen Bürgern Ämter und Würden verlieh und das sein Geld in den eigenen Staat investierte gibt es nichts Härteres, als fremde Provinz zu werden. (. . .)

Nichts kam uns gelegener, als einen guten Grund für eine Abreise aus Florenz zu finden, denn die Gasthöfe sind dort so abscheulich wie nur möglich, ich habe dort Schlimmeres vorgefunden, als das, was mir von den italienischen Gasthöfen vorausgesagt worden war. Die Nacht ist dort schlimmer noch als der Tag, kleine Stechmücken, verfluchter noch als die der Bourgogne, ließen es sich angelegen sein, mich verzweifeln zu lassen und bewirkten meine Abreise aus Florenz, die ohne das geringste Bedauern geschah, sei es weil ich dort krank gelegen hatte, sei es weil das schlechte Wetter, das dort herrschte, mich außerordentlich verärgert hatte. Die Stadt hat mir im Großen und Ganzen nicht besser gefallen als andere auch. Es gibt dort allerdings mehr Merkwürdigkeiten einer bestimmten Art, die man woanders nicht findet und ganz sicher mehr verdiente und geistvolle Menschen. Kein anderes Volk Italiens gleicht in dieser Hinsicht dem Florentinischen, ja, oft sind es die Florentiner selbst, die andere Landstriche mit solchen Männern bestücken.

Hinzu kommt, daß ich beim Spiel hier einige hundert Louis gewonnen habe, was mich zudem in gute Stimmung versetzen müßte, aber die erste und wichtigste Voraussetzung der Freude ist doch die Gesundheit.

20. *M. Greuter, Das Brückenspiel auf der Ponte Santa Trinità 1608*

IL NOBIL E ANTICHO GIVOCO DELL COMBATTIMENTO DEL PONTE SOLITO FARSI

ARNO

GIACOMO CASANOVA
DA ICH IN FLORENZ IN RUHE
ZU LEBEN WÜNSCHTE

1761

Ich fand in einem kleinen Zimmer eine recht nette Wohnung, der Wirt war freundlich und vernünftig in seinen Preisen, und da ich nur häßliche und alte Frauen sah, so glaubte ich, sehr ruhig in Florenz leben zu können und vor der Gefahr, verführerische Bekanntschaften zu machen, vollkommen sicher zu sein.

Am nächsten Morgen begab ich mich in schwarzer Kleidung und mit dem Degen an der Seite in den Palazzo Pitti, um mich dem Großherzog vorzustellen. Es war jener Leopold, der vor sieben Jahren als Kaiser starb. Er gewährte jedem, der sich einfand, Audienz, und ich glaubte daher, unmittelbar zu ihm gehen zu können, ohne vorher den Grafen Rosenberg aufzusuchen. Da ich in Toskana in Ruhe zu leben wünsche, so glaubte ich, mich dem Landesherrn selber vorstellen zu müssen, um vor den Unannehmlichkeiten der Spionage und vor dem natürlichen Argwohn der Polizei gesichert zu sein. Ich ging also in das Vorzimmer und schrieb meinen Namen an das Ende der Liste derjenigen, die bereits da waren und auf ihre Audienz warteten.

Ohne mich mit langen Umschweifen aufzuhalten, bat ich den jungen Großherzog, mir in seinen Staaten eine sichere Zuflucht für die Zeit meines Aufenthaltes zu gewähren, und um allen Fragen von seiner Seite zuvorzukommen, beeilte ich mich, ihm zu sagen, aus welchen Gründen die Türen meiner Heimat mir verschlossen wären.

»Was meinen Lebensunterhalt anlangt«, fügte ich hinzu, »so bitte ich Eure Kaiserliche Hoheit, zu glauben, daß ich keines Menschen bedarf, da die Mittel, die ich besitze, mir in dieser

Hinsicht völlige Unabhängigkeit gewähren. Übrigens gedenke ich, meine ganze Zeit nur dem Studium zu widmen.«

»Wenn Sie sich gut aufführen«, antwortete mir der Fürst, »so
genügen die Gesetze meines Landes, um Ihnen ein unabhängi-
ges Dasein zu sichern; immerhin ist es mir sehr angenehm, daß
Sie sich an mich gewandt haben. Was für Bekannte haben Sie
in Florenz?«

»Gnädiger Herr, vor zehn Jahren verkehrte ich hier in mehreren vornehmen Häusern; da ich jedoch die Absicht habe, sehr
zurückgezogen zu leben, so gedenke ich nicht, diese Bekanntschaften zu erneuern.« Hiermit endigte mein Gespräch mit
dem jungen Herrscher. Der Schritt, den ich getan hatte, schien
mir unumgänglich notwendig zu sein, zugleich aber auch
genügend, um mich gegen jedes Unglück zu schützen.

Was mir vor zehn Jahren in Toskana widerfahren war,
mußte vergessen oder doch wenigstens in der Erinnerung stark
abgeblaßt sein, denn die neue Regierung hatte gar keine Beziehung zu der früheren.

Vom großherzoglichen Palast begab ich mich zu einem
Buchhändler, bei dem ich die Bücher kaufte, deren ich be-
durfte. Ein Herr von vornehmem Aussehen bemerkte, daß ich
mich nach griechischer Literatur erkundigte, und redete mich
an. Er gefiel mir, und ich sagte ihm, daß ich an einer Übersetzung
der Ilias arbeitete. Er dankte mir für meine Mitteilung
und vertraute mir an, daß er mit einer Anthologie griechischer
Epigramme beschäftigt sei, die er in lateinischen und italienischen Versen veröffentlichen wolle. Ich sprach ihm den
Wunsch aus, seine Arbeit kennenzulernen, und er fragte mich,
wo ich wohne. Ich beantwortete seine Frage, erkundigte mich
aber später nach seinem Namen und seiner Wohnung, weil ich
seinem Besuche zuvorkommen wollte. Ich ging gleich am
nächsten Tage zu ihm, und den Tag darauf erwiderte er meinen Besuch. Wir zeigten uns unsere wissenschaftlichen Arbeiten, wurden Freunde und blieben es bis zu meiner Abreise von

Florenz. Wir sahen uns jeden Tag entweder in seiner oder in meiner Wohnung, ohne jemals daran zu denken, miteinander zu essen oder auch nur einen Spaziergang zu machen. Eine Freunschaft zwischen zwei Jüngern der Wissenschaft schließt oft alle materiellen Genüsse aus, weil sie sich diesen nur hingeben könnten, wenn sie die für die Literatur bestimmte Zeit darauf verwendeten.

Dieser ehrenwerte Florentiner Edelmann hieß oder heißt, wenn er noch lebt, Everardo de' Medici.

Meine Wohnung bei Giambattista Allegranti war sehr hübsch; ich hatte dort Einsamkeit und die Ruhe, die ich brauchte, um den Homer zu studieren und mich meiner Arbeit hinzugeben; trotzdem entschloß ich mich, eine andere Wohnung zu nehmen. Maddalena, die Nichte meines Wirtes, beinahe noch ein Kind, war so schön, so anmutig, so klug und reizvoll, daß sie mich fortwährend von meinen Studien ablenkte. Sie kam zuweilen in mein Zimmer, wünschte mir guten Tag und fragte mich, wie ich die Nacht verbracht hätte, ob ich irgend etwas nötig hätte. Ihr Anblick, der Klang ihrer Stimme . . . ich konnte nicht widerstehen. Ich fürchtete, von ihr verführt zu werden, und wollte sie nicht verführen, und da fand ich kein anderes Hilfsmittel, als die Flucht zu ergreifen.

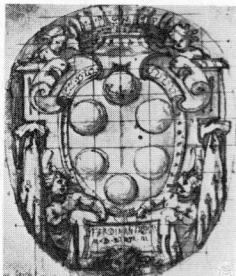

21. *L. Cigoli, Das Wappen der Medici*
1610

CHARLES BURNEY
DAS MUSIKALISCHE FLORENZ

1770

Ich ging heute zu dem kleinen Theater *di via Santa Maria,* die komische Oper *La Pescantrice,* welche Sgr. Piccinni gesetzt hatte, zu hören. Es sind nur vier Personen in diesem Drama, wovon zwei, die Sgra. Giovanna Baglioni und ihre Schwester Costanza, die ich zu Mailand hörte, spielten, die andern beiden wurden von Sgr. Paolo Bonaveri, einem guten Tenoristen, und Sgr. Constantino Ghigo vorgestellt. Giovanna Baglioni erschien hier weit mehr zu ihrem Vorteile als zu Mailand, wo das Theater so groß ist, daß eine Stentorlunge dazugehöret, es zu füllen. Sie sang sehr schön, ihre Stimme ist hell, sie hielt gut Ton, ihr Triller war rein und deutlich, und ihr Geschmack und Ausdruck war bei der Arie, die sie sang, unverbesserlich. Man klatschte ihr sehr; das Theater war ungemein voll, die Instrumente waren gut besetzt und die Musik Piccinnis würdig, voll von dem Feuer und der Einbildungskraft, welche alle Werke dieses geistreichen originalen Komponisten charakterisieren.

In der Domkirche, einer der größten in ganz Italien, ist eine Orgel von so schönem Tone, als ich je eine gehört habe. Ich weiß nicht, ob ihr Ton wie bei der in der Pauluskirche zu London durch die große und geschickte Bauart des Gebäudes verbessert wird, allein sie gefiel mir ungemein. Sie hat außerdem den Vorteil, daß sie von Sgr. Matucci, itzigem Organisten, sehr gut gespielt wird, dessen Spielart nicht nur ernsthaft und der Kirche gemäß, sondern auch kunstreich in dem Gange der Melodie und bei langsamen Sätzen wirklich pathetisch ist. (. . .)

Heute wohnte ich abermals einer Oper, *Le donne Vendicate,* von Piccinni bei. Es waren nur vier Personen in diesem Drama, welche von eben den Sängern, welche die *Pescatrice* aufführten, recht gut vorgestellet wurde. Alle komischen Opern, die ich bisher in Italien gesehen habe, bestehen nur aus zwei Akten, doch kann man die Ballette gleichfalls für zwei rechnen; diese kann man *Balli pantomimi* oder pantomimische Schauspiele nennen, da jedes beinahe so lang ist als ein Akt aus einer Oper. Es sind ein paar reizende Arien in dieser Scherzoper. Constanza Baglioni sang vorzüglich schön, und der Tenorist, welcher ein Favorit hieselbst ist, ward ungemein beklatschet; allein ob er gleich ein guter Sänger ist, so deucht mich doch, daß er weder an Stimme noch an Geschmack Sgr. Lovatini gleichkomme.

Nachahmungen müssen kurz sein, weil sonst die Stücke kein Ende haben würden. Doch tut das Ganze auf die Freunde der Harmonie bewundernswürdige Wirkung. Als diese verschiedenen Kirchenmusiken vorbei waren, sang Sgr. Veroli, ein sehr guter Diskantist, eine ernstvolle *Motette a voce sola*. Er ist gewöhnlich der erste Sänger in der hiesigen Oper und hat eine sehr angenehme Stimme und sehr viel Geschmack. Die Motette war vom Pater Dreyer, *Maestro di Capella* der Kirche *dell' Annunciata,* gesetzt. Er war ehmals ein berühmter Sänger zu Dresden und sang den Diskant; weil er aber einer gewissen vornehmen Person zu sehr ins Auge fiel, so schickte man ihn fort. Er hält sich seit vielen Jahren in dieser Stadt auf und ist gegenwärtig schon bei Jahren. Ich hatte eine lange Unterredung mit ihm und fand einen sehr einsichtsvollen und gefälligen Mann an ihm. Wie er mir sagte, wird die Palestrinische Musik hier alle Tage gemacht, ausgenommen an Festtagen. Als ich ihn bat, mir eine Abschrift von der berühmtesten Komposition zu verschaffen, welche in dieser Kirche aufgeführet würde, so erzählte er mir, daß es das *Miserere* des Allegri sei, welches hier bloß am Karfreitag auf die Art wie in der päpstlichen Kapelle gesungen würde, und daß er es mir gleich wollte abschreiben lassen; allein da ich schon eine Abschrift dieser berühmten Komposition vom Pater Martini, dem sie auf aus-

22. *Ringlspiel in der Via Tornabuoni zu Beginn*
des 17. Jahrhunderts

drücklichen Befehl des vorigen Papstes war mitgeteilt worden, erhalten hatte, so verbat ich sein gütiges Anerbieten.

Des Abends ging ich wieder in die Oper *Le donne Vindicate,* welches ich nur anführe, weil ich dabei Gelegenheit habe, die außerordentliche gute Laune der italienischen Zuschauer zu rühmen. Weil dies der letzte Abend war, da die gegenwärtige Gesellschaft spielte, so war der Zulauf und der Beifall unbeschreiblich. Man warf gedruckte Sonette zum Lobe der Sänger und Tänzer herab, die in großer Menge herumflogen und welche die Zuschauer mit vollem Eifer zu erhaschen suchten, und beim Beschlusse hörte man mehr Freudengeschrei als Klatschen.

FRIEDRICH CLEMENS WERTHES
IN DER TRIBUNA DER UFFIZIEN

1783

Kam es wirklich, wie meine Leute sagen, von meinem unge-
stümen Treiben, oder vielmehr von dem öden höckrigten Weg
zwischen Florenz, und Bologna oder wie am wahrscheinlich-
sten, von beiden zugleich, daß ein Rad an meinem Reisewagen
entzwei gebrochen? Genug, ich wußte meine Ungeduld um
die Zeit, darin er wieder zurecht gemacht werden sollte, nicht
besser zu betrügen, als mit einem Gang in das Heiligtum der
Kunst, welches zu sehen Sie so oft gelüstet hat, in die herrliche
Tribuna. Und nun, da ich noch nicht reisen kann, will ich
solang an Sie schreiben, bis ich abgerufen werde.

Fragen Sie unsre Julie, die in der Liebenswürdigkeit ihres
Herzens an Zeichen Ahndungen glaubt, für welch ein Zeichen
ich es anzusehen habe, daß mir auf meiner Reise nach Rom
überall die Geistlichkeit im Wurf kömmt. Auch hier fand ich
vor der medicäischen Venus einen runden rotköpfigen Mon-
signor, der sie rundum von allen Seiten beschaute. Er, der
seinem Gelübde zufolge das weibliche Nackte nicht so genau
kennen sollte, fand das alles ach! so natürlich, so entzückend;
rollte seine glühenden Augen an den schönen Formen der
Göttin unabläßig auf und ab, und wühlte in dem blendenden
Zauber der wollüstig ausschweifenden Hüften. Das Zauberi-
sche oder Göttliche, das ausser dem Marmor um das Gesicht
und den schönen Leib her zittert, sah er nicht; noch weniger das
Bild selbst, so wie es dem Weisen erscheint: schön ohne Be-
gierde zu erwecken, innre Empörung weder fühlend noch
erregend, das göttliche Bild der Tugend, vollkommne Vernunft, wie vollkommne Schönheit, eine Tochter der ewigen
Harmonie, die über Zufall, Furcht und Begier erhaben, durch
Mitteilung und Genuß des höchsten Gutes selig macht, daß

selbst ein Sterblicher im Bewußtsein seines Sieges über die Leidenschaften sich mit Wohlgefallen ansieht, und unter den glücklichsten keinen glücklichern kennt als sich.

23. *Alinari, Frühere Hängung der*
Selbstporträts in den Uffizien

WILHELM HEINSE
FLORENZ MURRT LAUT

1785

Florenz gefällt mir nicht mehr; ich gehöre nicht zu dem Hasengeschlechte, das nirgends am liebsten ist, als wo es geheckt ward. Unsre großen Männer haben wir gehabt; Tacitus sagt mit Recht, daß nach der Schlacht bei Actium in Rom kein großer Mann mehr aufstand. Wo der Bürger nichts mehr zu sagen hat, da ist es mit der Vaterlandsliebe eitel Ziererei.

Ein so großer Freund ich auch von Geschäftigkeit bin, so ekelt mich doch die bloße Schuster- und Schneider- und Tuchknappengeschäftigkeit an. Romulus, der hohe Geist, verbot aus gutem Grunde jedem Mitgenossen seiner Republik die niedern Handwerke; und dies wurde hernach so zur Sitte, daß noch jetzt im dritten Jahrtausend die Teutschen und Spanier und Franzosen dieselben schier allein noch in den Ruinen der alten Herrlichkeit treiben. Sokrates wollte den nicht zum Gefährten durchs Leben, der auf Geld und Gut erpicht zu nichts Edlerm Muße hätte; und bei den stolzen Ottomanen kann der Überwundne und Sklave noch heutzutag alle Schuld deswegen aufs Schicksal schieben.

Florenz macht einen starken Kontrast mit Rom, alles regt und bewegt sich, und läuft und rennt und arbeitet; und das Volk kömmt einem trotzig und übermütig und ungefällig vor gegen das Stille, Große und Schöne der Römer. Der Römer überhaupt hat gewiß einen höhern Charakter. Die Politiker mögen die menschlichen Ameisenhaufen rühmen und preisen, sosehr sie wollen, und diese selbst auf ihre Arbeitsamkeit sich noch soviel einbilden: Maul und Magen, denn dieserwegen geschieht's doch, ist wahrlich nicht, was den Menschen über das Vieh setzt! Wo nicht gemeinschaftliche Freiheit der Person und des Eigentums und Rang in menschlicher Würde vor seinen Nachbarn der erste Trieb und das Hauptband einer bürgerlichen Gesellschaft ist, veracht ich alles andre, und jedes Verdienst kömmt in kurze Berechnung.

Der Boden trägt freilich auch viel hierzu bei; Rom hat das Mark von dem mittlern Italien und Toskana die Knochen, nach dem alten Sprichwort. Auch erhebt die Gegend nicht so, und Florenz fehlen die majestätischen römischen Fernen. An unserm Hofe herrscht eine unerträgliche Langeweile; alles muß sich in den Ton des Monarchen stimmen.

Der Minister ist geschwind schon ein Chamäleon geworden und nimmt alle Modefarben an. Verschiedne von meinen angegebnen Einrichtungen sind wieder abgeändert, und die andern werden nachlässig betrieben. Alle Heilungsmittel eines Hippokrates sind vergeblich, wo die Natur sich nicht selbst hilft. Ich muß auf und davon, weil ich das Verderben nicht mehr mit Augen ansehen kann. Wenn man nichts Bessers weiß, so mag es sich ertragen lassen; o Griechenland und Rom, wie glücklich macht ihr unsre Phantasie und elend unser wirklich Leben! Aber wo soll ich hin in dem ganzen jetzigen Italien? Da ist keine Ausflucht, keine Sphäre für einen gesunden Kopf und Arm zu handeln. Mut und Geschick schmachtet überall ohne Gegenstand und Ausübung wie im Kerker.

Um noch einmal von dem leidigen Minister zu reden: so hat der Fuchs ein paar bestialische Grundsätze angenommen, von welchen der erste ist: man dürfe nie gescheiter scheinen als der Herr; und der zweite: alle guten Köpfe, denn jeder ist ihm ein Dorn im Auge, besonders Gelehrten, in der Ferne halten.

Für einen, der gern im Trüben fischt, hätte sie kein Machiavell besser ausdenken können. Und bei den meisten Höfen erkennt man gleich daraus, daß da keine Philippe, Alexander, Cäsarn und Mark Antonine herrschen.

Es kann eben keiner höher, als ihm die Flügel gewachsen sind.

Unser Karneval ist mit einer wirklichen ungeheuern Tragi-

komödie beschlossen worden, die mir aber all mein Eingeweide, Galle und Lunge und Leber und Herz empört hat, so
daß ich hier keine bleibende Stätte mehr finde.

Bianca, wie ich Dir schon geschrieben habe, stellte sich die
ganze gehörige Zeit vom Herzoge schwanger an, spielte ihre
Rolle meisterlich und wählte dies festliche Geräusch, weil
zugleich die erkauften Weiber auf dem Lande die Mutterwe-
hen nahe fühlten, niederzukommen. Eine Woche lang trago-
dierte sie die Geburtsschmerzen, und der gute Herr war zit-
ternd und zagend für ihr Leben bange. Endlich trat gegen
Mitternacht die alte abgefäumte Kupplerin von Amme mit
dem eben gebornen Knäblein, welchem der Mund mit Wachs
verklebt und verbunden war, daß es nicht schreien konnte, in
einer Schachtel unter dem Mantel, wie mit Gerät, zur Tür in
einem Nebenzimmer herein und winkte das verabredete Zeichen. Bianca rief alsdenn mit Hand und Mund zum Herzoge,
der mit dem Kopf in Armen am Fenster stand: »Geht, geht, o
Teuerster! o weh! ich fühle mich in der Entbindung.«

Er ging freudig fort mit den eifrigsten Wünschen.

Der Komödie wurde bald ein Ende gemacht. Die Alte tat
das Kind heraus, nachdem sie das übrige der Szene täuschend
zubereitet und die Gebärerin laut genug geächzt hatte, zog ihm
das Wachs aus dem Munde, und dies fing an zu schreien. Sie
eilte zum eingebildeten Papa und zeigte und frohlockte: »Euch
ist ein Löwe, ein Löwe geboren, ganz Euer Gepräge! O seh
Eure Hoheit das derbe gewundne Gemächtchen, wie es den
Heldensamen verkündigt!«

Ich beschreib es Dir aristophanisch, weil es sich geradeso
zugetragen hat. Ihm war es Götterwonne, etwas Lebendiges
von sich zu erblicken, was er noch nie schaute; und er krähte
vor Jubel, gleichsam wie ein Hahn, ohne weiter ein Wort
hervorbringen zu können.

Dies ist eine Posse, welche jedoch große Folgen haben kann,
die wir heiß durch die Kammerjungfer erfuhren. Diese und die

24. *Ansicht der Ponte alle Grazie zu Beginn des 17. Jahrhunderts*

Alte mögen sich vor der Hochstrebenden in acht nehmen, wenn sie nicht bald den Styx und Phlegeton wollen sieden und brausen hören.

Der andre Auftritt aber ist gräßlich.

Don Paolo, der Gemahl der Isabella, kam vor wenig Tagen von Rom und nahm einen gewissen Scherz und Leichtsinn an über ihre vorige Aufführung, bis er sie täuschte und sie froh sich wieder mit ihm versöhnt glaubte.

Gerade dieselbe Nacht, wo Bianca ihre Farce spielte, so wunderbar fügen sich die Begebenheiten! führte er sie nach seinem Schlafgemach; sie hatte zwar Anstand, ihn zu begleiten, und hielt einigemal ein; ihr Geist mochte ihr Schicksal vorausahnden! Doch folgte das ergiebige Geschöpf endlich seinem Händedruck und hielt die racheheißen für liebewarme.

Im Zimmer umarmt er sie und küßt sie und sinkt wie unenthaltsam mit ihr aufs Bett. Als sie auf der Breite desselben so hingestreckt liegt, wird ihr hinten ein Strick um den Hals geworfen von einem gedungnen Mörder und sie mit langer Marter erdrosselt. O du Elender! warum nicht kurz mit Gift, mit einem Dolchstich, wenn du sie doch aus der Welt schaffen wolltest?

Sie wurde die andre Nacht schon zu ihrer Familie in die Kirche San Lorenzo begraben; und man sprengte aus, sie sei plötzlich an einem Steckfluß gestorben. Allein ihr schwarzes Gesicht war jedem, der sie zu sehen bekam, ein unverwerflicher Zeuge der Tat.

Ihre Verwandten schweigen; aber Florenz murrt laut und bejammert das scheußliche Ende ihres noch so blühenden Lebens.*

* Eine gleichzeitige handschriftliche Chronik meldet dabei, jeder habe gesagt: che bisognava aver rimediato prima, che il padre, e il Granduca Francesco, il Cardinale, & altri suoi fratelli si servissero del mezzo suo per cavarsi le lor voglie, e con le altre donne della cità menandola tutta notte fuori vestita da Uomo, e voler poi, ch'ella fusse stata santa senza il marito. Und macht den Beschluß mit ihr, nachdem sie von den andern schier ein gleiches erzählt hat: e questo fu il misero fine delle figliole del Duca Cosmo de Medici.

RIGUCCIO GALLUZZI
DIE HERRSCHAFT DES GIAN GASTONE
DE'MEDICI

1785

Nie ist in Toskana die fürstliche Gewalt von der Geistlichkeit
so sehr angefochten worden, als unter Johann Castos Regierung. Es hat sie aber auch keiner seiner Vorfahren mit solcher
Standhaftigkeit verteidiget, als er. Da die größern Mächte sich
bestrebten, die Staaten und Güter des Hauses Medici zu erbeu-
ten, versäumte der römische Hof diese Gelegenheit nicht, sich
der Patronat- und anderer Rechte derselben zu bemächtigen.
Julius Rucellai, ein florentinischer Edelmann, dem dieser
Zweig der fürstlichen Gewalt anvertraut war, hatte Mut genug, sich diesen Eingriffen auf das lebhafteste zu widersetzen,
und der Papst, der seine Erhöhung dem Hause Medici zu
verdanken hatte, scheuete sich nicht, von Johann Gasto förmlich zu verlangen, daß der getreue Minister seines Amts ent-
setzt würde. Endlich stürmten die päpstlichen so gewaltig auf
den toskanischen Hof los, ihm das seit zweihundert Jahren
besessene Recht, die Bischöffe zu ernennen, mit Gewalt zu
entreißen, daß er sich genötiget sah, den Wiener Hof, und den
Thronfolger um Beistand anzuflehen. Die damalige Unabhängigkeit der Geistlichen, welche ihre Immunität zu einem wesentlichen und weitläuftigen Artikel der Rechtsgelehrsamkeit
gemacht hatten, und die Nachsicht ihrer Obern hatten diesen
Stand in eine unerträgliche Bürde der bürgerlichen Gesellschaft, und der fürstlichen Regierung verwandelt. Weil ihre
Heuchelei, womit sie unter Cosimus III. alles vermochten, in
die größte Verachtung geraten war, und sie hierdurch gezwungen wurden, ein anderes Betragen anzunehmen, so stellten sie ihre lasterhaften Neigungen bloß, und verloren alle die
Achtung, die ihnen ihr übertünchtes Wesen bei dem Volk

verschafft hatte. Ihr Inquisitionsgericht war eben so kraftlos, als ihre heuchlerische Lästersucht. So sehr sich auch die Inquisitoren, unter dem Vorwand, die Freimäurer auszurotten, ihre Gewalt zu vergrößern bestrebten, so blieb doch der Großherzog immer fest entschlossen, ihnen zur Verfolgung der Vernunft und der Menschheit seinen Arm nicht zu leihen.

Das Geld, welches die spanischen Besatzungen, und Don Carlos mit seinen Ministern mit voller Hand verschwendeten, und die Befreiung von den Auflagen, womit Cosimus III. die Untertanen beschwert hatte, gaben dem Ackerbau und Handel neues Leben. Die Freiheit des bürgerlichen Lebens, und die sanfte Regierungsart entwickelten den Geist der Untertanen, welcher sich vor den gefährlichen Nachstellungen der vorigen Regierung in sich selbst verschlossen hatte, zu neuen Unternehmungen. Der Handel mit wollenen Tüchern und Zeugen blieb zwar immer in seinem Verfall in Ansehung auswärtiger Länder, weil andere Nationen die Toskaner an Güte ihrer Tücher übertrafen, und einmal ihre Stelle eingenommen hatten; doch waren noch immer ihre schwarzen Tücher, Zeuge, und Strümpfe, ihrer schönen Schwärze wegen, ein beträchtlicher Zweig des Handels innerhalb Italien; wo die zahlreiche Geistlichkeit die zu Florenz gefärbten Tücher und Zeuge andern vorziehet. Viel wichtiger war der Handel mit seidenen Zeugen. Man war nun zu den Manufakturen keiner fremden Seide mehr benöthiget, und diese wurde sammt den daraus verfertigten Stoffen auch in auswärtigen Ländern gesucht. Der Handel mit toskanischen Weinen und Olivenöl bekam unter Johann Gastos Regierung einen beträchtlichen Zuwachs. Die übrigen Waren, welche aus Toskana in fremde Länder gingen, waren Sardellen, Weinstein, Wacholderbeeren, Citronen und Pomeranzen, Lämmer- und Bockhäute, Schifferröcke, Korallen, allerlei Pomaden, Rossogli, und wohlriechende Essenzen. (. . .)

Unter der Regierung dieses letzten mediceischen Fürsten

*25. J. Callot, Fest am Tag Johannes' des Täufers
auf der Piazza Signoria 1616*

blühten nicht wenige Männer von vorzüglicher Gelehrsamkeit, z. B. Magliabechi, der eine lebende Bibliothek genannt zu werden verdiente, die großen Kenner der Alterthümer Buonaroti, Gori, Sebastian Bianchi, Anton Maria Salvini, Angelo Ricci, Averani, die in der griechischen und lateinischen Literatur sehr geübt waren; Guido Grandi, Lehrer der Mathematik zu Pisa, Soria, der daselbst die Philosophie lehrte, und die berühmten Dichter Menzini, Faggioli, Perfetti, Crudeli, und andere. Dempster hatte unter Cosimus III. durch sein vortreffliches Werk de Etruria regali das Studium der etruskischen Altertümer in Toskana auferweckt, und Philipp Buonaroti, und sein Schüler Franciscus Gori brachten es unter Johann Gasto zu einem hohen Grad der Vollkommenheit. Der Erste veranstaltete die prächtige Herausgabe des Musaeum florentinum. Gori schrieb die lateinischen Erklärungen dieser Altertümer, und Sebastian Bianchi besorgte die Ordnung, und den Stich der Kupfer, welche von Campiglia gezeichnet, und von verschiedenen Meistern gestochen wurden.

Außer dem sehr beträchtlichen Wachstum, welches das Studium der Altertümer unter Johann Gasto erhielt, wurde auch die neue Philosophie, die von Cosimus III. aus der Universität Pisa verwiesen worden war, daselbst feierlich wieder eingeführt.

Die Bibliothek des weltbekannten Magliabechi, die er den Dominikanern des Klosters Santa Maria Novella vermacht hatte, entriß der Großherzog durch einen entscheidenden Befehl den Händen der Mönche, und öffnete sie zu jedermanns Gebrauch. Auf seinen Befehl wurde 1737 in der Kirche S. Croce dem unsterblichen Galileo das Grabmal errichtet, wozu Viviani, sein würdiger Schüler, ein Kapital hinterlassen hatte. Zu Cordona beförderte er die Akademie der etruskischen Altertümer, welche im Jahr 1727 daselbst errichtet wurde, und die großherzogliche Galerie vermehrte er mit 300 antiken Gemmen, die er einem florentinischen Edelmann, Namens Andreini, abkaufte.

Wer wollte alle die Wohlthaten erzählen, welche Johann Gasto den zeichnenden Künsten bewies? Kein Maler oder Bildhauer verfertigte ein beträchtliches Werk, welches er nicht großmütig aufnahm und belohnte. Daher ließ ihm 1733 die florentinische Akademie der zeichnenden Künste eine Denkmünze schlagen, mit der Aufschrift: Acad. Flor. Pict. Sculpt. et Archit. Proem. aucta. Zur Beförderung der zeichnenden Künste verordnete er, daß die Maler, Bildhauer, und Baumeister jährlich einmal ihre Werke im Palazzo Vecchio öffentlich zur Schau ausstellten, und die drei besten in jeder Kunst mit Schaumünzen, die zu diesem Ende geprägt wurden, beschenkt würden. Er starb aber kurz vor der ersten Feierlichkeit. Mit ihm starb das regierende Haus Medici; es verlosch aber nicht. So lang Künste und Wissenschaften, deren Wiederherstellung Europa hauptsächlich ihm zu verdanken hat, einigen Wert behalten werden, wird es unter andern fürstlichen Geschlechtern wie ein Stern der ersten Größe im Andenken der Menschen hervorleuchten.

JOHANN WOLFGANG GOETHE
ICH EILTE SO SCHNELL HERAUS
ALS HINEIN

1786

Den Dreiundzwanzigsten früh, unserer Uhr um zehne, kamen wir aus den Apenninen hervor und sahen Florenz liegen in einem weiten Tal, das unglaublich bebaut und ins Unendliche mit Villen und Häusern besät ist.

Die Stadt hatte ich eiligst durchlaufen, den Dom, das Baptisterium. Hier tut sich wieder eine ganz neue, mir unbekannte Welt auf, an der ich nicht verweilen will. Der Garten Boboli liegt köstlich. Ich eilte so schnell heraus als hinein.

Der Stadt sieht man den Volksreichtum an, der sie erbaut hat; man erkennt, daß sie sich einer Folge von glücklichen Regierungen erfreute. Überhaupt fällt es auf, was in Toskana gleich die öffentlichen Werke, Wege, Brücken für ein schönes grandioses Ansehen haben. Es ist hier alles zugleich tüchtig und reinlich, Gebrauch und Nutzen mit Anmut sind beabsichtigt, überall läßt sich eine belebende Sorgfalt bemerken. Der Staat des Papstes hingegen scheint sich nur zu erhalten, weil ihn die Erde nicht verschlingen will.

JOHANN WILHELM VON ARCHENHOLTZ
DIESES ALSO IST DAS WUNDER
EINER SCHÖNEN STADT

1787

Das Vorurteil, eine außerordentlich schöne Stadt zu sehen, womit ein Reisender gewöhnlich nach Florenz kommt, betrügt diejenigen, die ihre Erwartungen zu hoch gespannt, und andre schöne Städte gesehn haben. Unmöglich kann ein unbefangener Mann, der Europa durch getane Reisen kennt, mit übermäßiger Bewunderung von der Schönheit dieser Stadt reden, die alles Lob verdient, aber doch ihres Gleichen hat. Eine Anzahl schöner Statuen, die in der Stadt zerstreut stehen, und zum Teil sehr unschicklich placirt sind, folglich oft wenig ins Auge fallen, machen doch nicht allein die Schönheit einer Stadt aus. Das so gerühmte Steinpflaster, das aus großen Steinen besteht, ist, gut, hat aber bei weitem nicht die Bequemlichkeit der Fußwege in den Straßen zu London, ja es ist nicht besser, als wie man es in Venedig, Genua und andern Städten in Italien sieht. Hier sind keine große und breite Straßen, keine prächtige Plätze, kurz nichts Auffallendes im Äußern, als einige Paläste und öffentliche Gebäude, die Domkirche, das Batisterio, worin alle Kinder der Stadt getauft werden, verschiedene andere Kirchen und eine schöne Brücke über den Arno; hiezu kommen die vorbesagten Bildsäulen: alles übrige hat nichts Auszeichnendes. Der große Platz, wo der alte großherzogliche Palast *(palazzo vecchio)* steht, ist der unansehnlichste von allen, obgleich verschiedene schöne Statuen und Gruppen hier angebracht sind, die mit dem schlechten gothischen Palast einen widrigen Contrast machen. Sonst ist der Platz mit gemeinen Häusern und der sogenannten Loggia besetzt, die zur Zusammenkunft der Kaufleute bestimmt ist. Unter den Arkaden derselben sind einige der vortrefflichsten Werke des

26. *J. Callot, Umzug auf der Piazza Santa Croce*
vor dem Palazzo degli Antellesi 1616

Meisels aufstellt. Der Anblick von Florenz ist ebenfalls nicht
schön, von welcher Seite man sich auch nähert, so wenig als
von den Terrassen des großherzoglichen Gartens, Boboli, wo
man die Stadt übersehen kann. Der Prospekt aber von hier in
die umliegenden Gegenden, und besonders ins Arnotal ist sehr
reizend, wo man eine Menge kleiner Hügel und Weingärten
sieht; allein Florenz selbst hat an dieser schönen Aussicht nur
geringen Anteil. Dieses also ist das Wunder einer schönen
Stadt, von welcher einer ihrer Großherzoge zu sagen pflegte,
daß man sie den Fremden nur des Sonntags zeigen sollte.
Vielleicht mochte diese Pralerei im sechzehnten Jahrhunderte
wohl einigen Grund haben, da außer Italien allenthalben die
Künste noch in der Wiege lagen, und selbst die vornehmsten
Städte in Europa mit hölzernen Häusern angefüllt waren.
Allein die Zeiten haben sich sehr verändert.

Der florentinische Adel ist arm, so reich er auch zu den
Zeiten der ersten Medicis war. Damals beschäftigte er sich aber
auch noch mit der Handlung, die allein den Staat so empor
gebracht hatte. Seit langer Zeit hingegen hat man diese Quelle

des Reichtums verachtet, so daß ein florentinischer Edelmann sich zu entehren glauben würde, wenn er das Gewerbe des großen Cosimus treiben sollte, wodurch auch noch der letzte Beherrscher von Toskana sich so ansehnliche Schätze erwarb. Man könnte glauben, daß der reichere Teil dieses Adels wenigstens Gelder zum Handel in Livorno hergeben würde, der so große Vorteile darbietet; allein ein solcher Fall war jedoch vor einigen Jahren noch unerhört, dagegen assoziiert man sich mit Krämern in Florenz und ist so herablassend, den Wein selbst in Palästen Bouteillenweise zu verkaufen. Die Armut so vieler edler Geschlechter verursacht, daß der Aufwand des Adels nicht besonders glänzend ist, dennoch steht er mit den Einkünften in keinem Verhältnis. Es sind daher schon lange Prachtgesetze auf dem Tapet gewesen, und wenn der Grundsatz richtig ist, daß der Luxus einen großen Staat bereichere, aber einen kleinen zu Grunde richte, so kann es nicht fehlen, daß die Abstellung desselben in diesem Lande die vorteilhaftesten Wirkungen hervorbringen müsse. (. . .)

Die Hauptleidenschaft der Florentiner aber ist, so wie in ganz Italien, vorzüglich Gesang und Buffonerien. Sie hassen jede Art von Schauspiel, wobei man denken muß, und nehmen dagegen mit allem vorlieb, was nur ihre groben Sinne rührt. Während meines Aufenthalts allhier sollte die verlassene Dido von Metastasio gegeben werden: allein die erste Sängerin, welche die Rolle der Dido spielen sollte, erkrankte plötzlich; demungeachtet ward diese Oper, wo die Dido als Heldin des Stücks, um welche sich die ganze Maschine wie um den Mittelpunkt herumdreht, ganz unentbehrlich ist, aufgeführt, und zwar viele Tage hintereinander: die Rolle der Dido blieb ganz weg, man sah also die Dido ohne die Dido. Wenn der Satz jenes Philosophen wahr ist, der behauptete, um ein Volk kennen zu lernen, dürfte man nur dessen Schauspiele beobachten; so kann man wohl keine vorteilhafte Meinung von den Italienern haben.

Zu der Charakteristik der Toscaner gehört ihre Liebe zur Dichtkunst, die schon in den ältesten Zeiten diesem Volke eigen war; auch findet man hier mehr Improvisatoren, oder Steigreifreimer, als in irgend einer andern Provinz Italiens. Das Gedicht des Dante wurde selbst zu Lebzeiten dieses Dichters von dem gemeinen Volke zu Florenz in den Straßen gesungen. Zur Ehre der Toscaner kann man auch sagen, daß sie im Ackerbau größere Fortschritte als alle übrige Italiener gemacht haben.

Die toscanische Sprache, vorzüglich die in Siena, wird für die beste in Italien gehalten. Da diese Provinz die besten Schriftsteller hervorbrachte, und sich am meisten mit Verbesserung der Sprache beschäftigte, so gaben sie bei allen ihren Nachbarn den Ton an. Obgleich man aber den Toscanern in Ansehung der Schreibart gefolgt ist, und sie hierin für die besten Meister hält, so hat man doch ihre affektierte Aussprache ihnen überlassen. Es ist merkwürdig, daß diese eingebildete Schönheit von keiner andern italienischen Provinz nachgeahmt worden ist. Im Gegentheil ist das Sprüchwort bekannt: Lingua Toscana in bocca romana (die toscanische Sprache in einem römischen Munde). Unter andern Abweichungen in Betracht der Aussprache, sprechen die Toscaner niemals das c aus, sondern verändern es in ein h, z. B. casa, hasa; cavallo, havallo; chiesa, hiesa; u.s.w. Der Ton klingt, als ob der Redende den Zapfen verloren hätte. Diese Affektation ist sehr alt; schon zu Dante's Zeiten war sie bei den Florentinern im Gebrauch, der in seinem berühmten Gedicht sagt, daß die Seelen in der andern Welt hieran sein Vaterland erkannt haben.

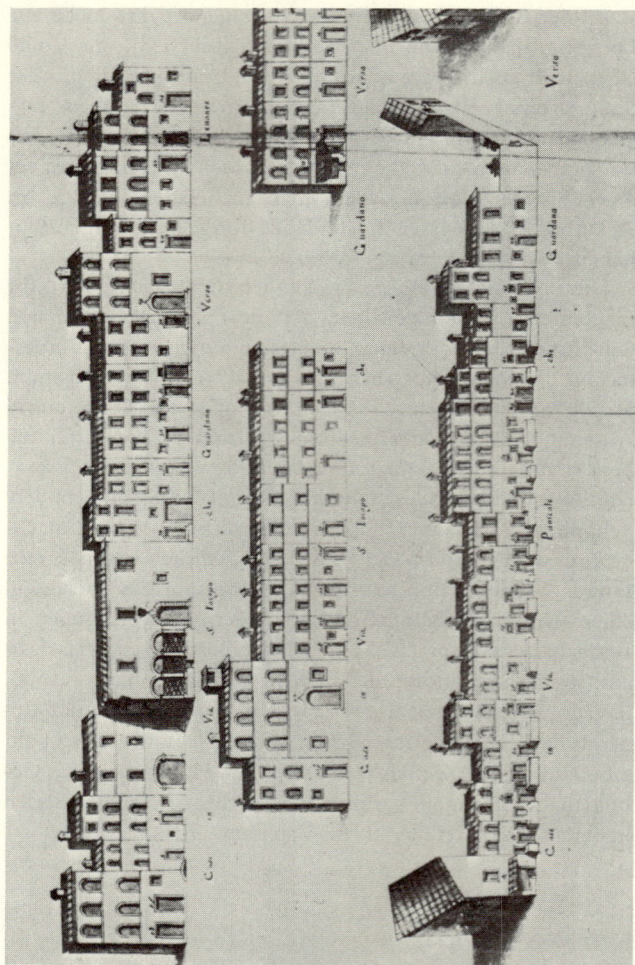

27. *Häuserfronten 1729*

JOHANN GOTTFRIED HERDER
EINE AUDIENZ
BEI GROSSHERZOG LEOPOLD

1789

Sehr interessante Stunden waren es für mich, da ich nach so vielem Merkwürdigen, das ich in Florenz gesehen hatte, die Ehre und das Glück genoß, den Großherzog selbst zu sprechen, ohne daß ich darum angehalten hatte. Er hatte durch den Grafen Hohenwart von mir gehört, und als er an einem seiner gewöhnlichen Tage in die Stadt kam, um die Klagen oder Bitten seiner Untertanen anzuhören, war ich um 11. Uhr bestellt, da er denn sogleich mich vor sich ließ und bis fast zwei Uhr sich über eine Menge Dinge mit mir so gedrängt und lebhaft unterhielt, daß während dieser ganzen Zeit kein leerer Augenblick sich zwischen ein zu schleichen Raum hatte. Das Gespräch betraf fast mit keinem Worte die Gelehrsamkeit, und noch weniger die gemeinen Trivialitäten, von denen man mit Reisenden reden zu müßen glaubt, wenn man nichts bessers weiß: sondern, wenn ich so sagen darf, allgemeine Bedürfniße der Menschheit, Anstalten für dieselbe, den Zustand der und jener Nation, Grundsätze dieser oder jener Regierung, mit so Manchem, was davon abhängt oder sich daran bindet. Der Großherzog selbst leitete das Gespräch; er fragte, und sagte seine Meinung; das letzte allemal mit der Energie, die ihn ganz charakterisiret, und die bei jedem Wort zeigte, daß er in diesen Sachen zu Hause ist, daß er sie oft durchdacht hat, und darin, wie in einem Geschäft, wie in einer Kunst lebt. Ich glaube nicht, daß er sich von einer bloßen Wort-Theorie nur einen Begriff machen kann, ob er gleich viel und täglich lieset, die besten Schriften der aufgeklärten Nationen Europa's kennet und sein System daraus gebildet hat; es ist aber ein praktisches System, sein Geist ist ganz energisch und tätig, wie es auch

seine Gestalt und seine tägliche Lebensart zeiget ... Nichts
drückte er so Augenscheinlich in seinem Gespräch ab, als daß
er den Kriegsgeist wilder Eroberung nicht liebe, und die Re-
gierungskunst in ganz etwas anders setze, als in eine unruhige,
oder eigennützige, oder eitle Erweiterung der Länder. Natürlich hat ihn seine Situation in Italien, in welche er frühe kam,
und in der er solange fortgewirkt hat, in dieser Denkart befestigt; sie ist aber auf etwas Tieferes und Edleres, als auf diese
seine jetzige Lage gegründet, nämlich auf Einsicht in das Wohl
eines Landes und den Zweck aller menschlichen Regierung. Er
hat seit einer Reihe von Jahren bessere Beschäftigungen eines
Regenten kennen lernen, als zu Friedenszeiten ein einfältiges
Puppenspiel mit menschlichen Maschinen treiben, die man zu
Kriegszeiten oft für- oder wider nichts aufopfert. Er sprach
vom Eroberungsgeiste als von einem Rest voriger roher u.
barbarischer Zeiten so bestimmt, hat es auch sowohl durch die
Grundsätze, nach denen er regiert u. die Stände seines Landes
betrachtet, als auch durch die Grundsätze, in denen seine Prinzen erzogen werden, wie mich dünkt, genugsam erwiesen, daß
der Geist seiner Regierung *bürgerlich,* nicht militarisch sei. Und
eben hiedurch, glaube ich, wird er, falls das Schicksal ihn doch
zum Nachfolger seines Bruders bestimmt hätte, den Staaten
desselben sehr aufhelfen, indem er in solchem Fall gewiß zeigen würde, was durch Ordnung, Klugheit u. feste Verträge
der Friede über den Krieg vermag.

ERNST MORITZ ARNDT
HIER LERNTE ICH ZUM
ERSTENMAL MÜCKEN UND FLÖHE
FÜRCHTEN

1798

Man mache sich aber um des Himmels willen, nach allem dem Schönen, was ich beschrieben habe, keine zu reizende Idee von Florenz. Der Italiener sagt im Sprichworte: Jede Erbse hat ihr Auge und jedes Haus seinen Abtritt. Auch in dieser Stadt, die so schöne Plätze, Gassen und Paläste hat, sind enge, finstere und schmutzige Gassen, sind elende, räuchrige Häuser, wo man nicht einmal Glasfenster, sondern bloßes zusammengeklebtes und mit Öl getränktes Papier dafür sieht. Es sind Quartiere, wie um den alten Markt, wo man mit seiner Nase bei aller Übung nicht zu bleiben weiß. Denn hier, wo es nicht Sitte ist, für Monate und halbe Jahre einzukaufen, sondern wo alles frisch vom Markt geholt wird, hier muß immer eine ungeheure Menge eßbarer Dinge zusammengeschleppt werden, und zum Glück ist die Gegend, wo man damit aussteht, äußerst enge. An diese schmutzigen Unlieblichkeiten der Stadt stößt das Judenquartier *(il ghetto),* wohin man die armen Hebräer verbannt hat, obgleich sie hier lange nicht so verächtlich, als in anderen Städten Italiens behandelt werden. Diese armen Teufel, die einmal den Schmutz lieben, haben in Italien doppelten Beruf dazu, wo man sich der Reinlichkeit so wenig befleißigt. Hier heißt recht, man kann einen Juden schon riechen. Wenn einer stirbt, so wird er gewöhnlich mit Wache zur Erde begleitet, weil der Pöbel sonst das arme Gefolge so sehr entehrt. Als der König von Sardinien mit seinem Hofstaat hier einzog, um einige Monate zu Villa Imperiale im Exil zu leben, begegnete er auf der Dreifaltigkeitsbrücke einem jüdischen Leichenzuge und mußte halten. Da lief das Volk, das nicht wußte warum,

28. *Giuseppe Zocchi, Der Arno bei der Porta alla Croce, 1744*

zusammen und schrie endlich: *oimé! portano via un Ebreo ed un Re.*

Wie das Äußere der schönsten Gebäude in Florenz weit ungeschmückter und einfacher ist, als bei uns die kleinsten, so ist es gleichfalls das Innere. Man sieht wenige Möbel, und selbst in den herrlichsten Palästen sind oft nur wenige Zimmer austapeziert und möbliert. Das nördliche Klima erfordert für den Körper und für die Bequemlichkeit desselben weit mehr, als das südliche, und so wie man gewohnt wird, dem Lebendigen mehr anzuhängen und es fleißiger zu zieren, weil diese Verzierung öfter in Unordnung gebracht wird, so trägt man es auch auf das Tote über. Der Italiener erkennt und will das Schöne und Anmutige durch die Gewohnheit seines Himmels und die Natur seines Gemütes, er bleibt also mehr bei dem Rechten stehen, weil er aus Gefühl handelt. Zu dem Nordländer kommt dies alles mehr durch Räsonnement und durch Beispiel dessen, was er bei anderen gesehen, und man weiß, daß das Räsonnement ein blinder stolpernder Gaul gegen das sicher tretende Gefühl ist. Daher erklärt es sich, warum in Hamburg und Petersburg der Geschmack am Schönen leicht mit dem südlichen Extrem, mit Bagdad und Ispahan zusammenfallen kann. Der Geschmack aus Räsonnement wird leicht das einzelne sehen, während ihm die Seele des Ganzen entflieht, der natürliche (oder zur Natur gewordene) wird über dem Ganzen leicht einzelne Mängel übersehen. Der Italiener sieht nur den Herkules oder Apoll, der den Vorhof oder die Treppe eines Palastes verziert, der Deutsche und Pole sieht nur den Schmutz, womit sein Stand und sein Fußgestell bedeckt sind. Dies will er erst wegräumen und sich so zum Anschauen des Schönen fertig machen, der andere ist immer fertig dazu. Dieser äußere Schmutz, der in Italien zuweilen selbst bis in das Innere eindringt, ist noch eine Folge des Klimas, so wie manche Erscheinungen des italienischen Charakters, die wir geradehin Unverschämtheit nennen; sie sind Kinder des Klimas und also der Gewohnheit. Es ließen sich überall mehr Rubriken aus dem Register der Tugenden ausstreichen, wenn man sehr physisch (klimatisch) und nicht immer moralisch richten wollte. Auch hier in Florenz ist die Reinlichkeit und Sauberkeit nicht, welche man bei uns so sehr liebt, doch soll es in Rom und Napoli viel ärger sein; es ist schon in Venedig. Unsere Städte und Häuser können auch aus dem Grunde sauberer sein, weil unser Klima uns zwingt, mehr die Stuben zu hüten, und unser Wohlbehagen, diese Stuben nicht voll Schmutz und Gestank sein zu lassen. Hier ist dies ganz anders. Selbst der Große und Reiche, oft ein geborener Müßiggänger, ist wenig zwischen den vier Wänden und bewohnt sein Haus etwa acht bis zehn Stunden, so viel er zum Schlafen und Essen bedarf. Der erwerbende Mittelstand vollends und die niedere Klasse haben ihr Leben und Wesen mehr auf der Straße als drinnen. Alles, was irgend im Freien arbeiten kann, setzt sich vor seiner Tür auf die Gasse, oder geht auch zu einem heiteren Platze unter eine Loggie und Arkade, in einen Vorhof und treibt dort sein

Handwerk, und mit der sinkenden Sonne sucht es seine Freuden und seinen Schlaf und findet sie leicht. So ist es mit den kleinen Krämern und Kaufleuten; auch sie stehen Sommer und Winter unter bedeckten Gewölben im Freien und haben höchstens ein einziges Zimmer, oft nur ein Kriechloch, wo hinein sie ihr ganzes Warenlager und ihre eigene Person packen.

Hier ein Wörtchen von den Kaffeehäusern und Gasthäusern in Florenz, welches mehr oder weniger für Italien gelten mag. Der Kaffeehäuser gibt es wohl in keinem Lande mehr, als in Italien, und sie sind ein Bedürfnis eines Volkes, das eben nicht geschwätzig ist, aber gern oft seine Stelle verändert, nicht viel auf einmal, aber gern wenig zu vielen Malen nascht. In ihnen herrscht der Geist der horazischen Römer, die auch nicht ganz mehr die alten tapfern Kamillen und strengen Katonen waren. Ja selbst die Barbierstuben, die Hökerladen sitzen häufig voll Menschen, die nicht zu einem stundenlangen deutschen Gespräch, sondern zu dem Geschwätz einiger Minuten sich hinsetzen und dann weiter gehen. Diese Kaffeehäuser richten sich nun nach den lebhaftesten Gegenden der Stadt. Die elegantesten sind am Dom, am großherzoglichen Platze und jenseits am Ponte vecchio. Dort sind niedliche hölzerne, auch wohl marmorne Tische hingestellt, die immer sauber erhalten werden, und auf welchen die besten Zeitungsblätter liegen, die Markeurs selbst sind nett gekleidet und geben, was man verlangt, in ebenso nettem Porzellan. Wenn man auch mal kommt und geht, ohne etwas anzurühren, so sehen sie darum nicht scheel. Es sind ja die Konversationen des Mittelstandes, und ein jeder muß also seine Freiheit haben. Diese hält sich indessen immer in den Grenzen der Dezenz, und nicht einmal ein lautes Wort hört man, und so einmal ein deutscher Baron, oder ein englischer und schwedischer Schiffer eintritt und ein halbes Dutzend Gläser Punsch trinkt, oder ein halbes Dutzend Worte zu laut sagt, so ist das eine Erscheinung, die in Erstaunen setzt. Man hat in diesen Kaffeehäusern alles zu sehr billigem

Preise; eine Tasse Kaffee eine Grazie (5 Pfennig), eine große Tasse zwei Grazien, ein Glas Punsch, eine Portion Gefrorenes, eine Orzata (ein liebliches Getränk aus Gerste bereitet), ein großes Glas Limonade ebenso viel, und so das übrige nach Verhältnis. Von 7 Uhr morgens bis 2 Uhr nachts kann man in den besseren auf Gesellschaft rechnen. Die meisten Familien nehmen des Morgens dort ihr Frühstück ein, und es lohnt die Mühe, um die Zeit in den verschiedenen besuchtesten umzugehen, um die Weiber der Stadt zu beantlitzen. Des Abends ist wieder die lebhafteste Zeit um den Anfang und das Ende der Schauspiele. Die Vornehmsten halten nur vor den Türen still und lassen sich von der Dienerschaft etwas bringen, oder, wenn sie eintreten, nehmen sie es schnell im Stehen ein und fahren weiter. Jeder Schuhputzer, jeder Arbeitsmann fast würde sich doch sehr unglücklich glauben, wenn er nicht in so einem Loche des letzten Ranges sitzen, ein Wörtchen plaudern und für eine Grazie wie die Eminenzen und Principi leben könnte.

Die Gasthäuser und die Wirte sind in Italien durchgängig bei den Fremden übel berüchtigt, und ich meine doch, daß es in Italien nicht ärger ist, als in jenem kultivierten und viel durchreisten Lande. Kann der Fremde in Naumburg und Meißen in einem guten Gasthause zu Mittage seine 16 und 24 Groschen verzehren, ohne daß er weiß wofür, wie sollte er es nicht in Florenz und Genua auch können? Bei den meisten Reisenden rühren die Klagen sicher aus Unkunde der Sitten, des Gebrauchs und des italienischen Charakters, der von den meisten Nordländern nicht ehrlich genommen wird. Diese, besonders wenn sie Geld haben, setzen was darin, nicht bloß von rechtlichen Leuten, sondern von jedem Sackträger und Lakai gepriesen und ausgeschröpft zu werden, und die wenigsten haben die Stärke und das Entsagen, auf sich selbst zu ruhen. So lassen sie sich auftragen und bedienen aufs äußerste und klagen endlich, wenn sie das Doppelte und Dreifache bezahlen müssen. Weil dieses die Reichern tun von Engländern, Deutschen und Schweden, so meint der Italiener, es müsse einmal so sein, und wenn er sechs Gerichte, die besten Desserts und Weine gibt, sollte er da nicht zwei Reichstaler fordern können, wo er sonst einen halben nimmt? Wir sind solche gute Seelen, daß wir gutwillig und stolz hingeben und hinterher schimpfen; bei den Franzosen wird es der Italiener schon nicht leicht so machen; der setzt keine Ehre in solche Großmut. Der Wolf zerreißt den, der sich zum Schafe macht, sagt ein italienisches Sprichwort, und, wenn man ehrlich sein soll: es ist hier kein Kampf der Großmut und der Niederträchtigkeit, sondern der Stärke und der Schwäche. Wer wie ein Italiener behandelt sein will, lebe auch so. Ich habe für einen halben Reichstaler oder sechzehn Groschen die Mahlzeit immer gut leben können, aber man muß es dann vorher sagen, daß man mit guten Hausgerichten und gutem Wein zufrieden ist, sonst tischen sie einem auf und dienen, als ob man täglich Hunderte aus seiner Tasche schütteln könnte. Wenn jene Schreier doch bedächten, wie sie in Hamburg und Berlin würden bezahlen müssen, wenn sie da auch so leben wollten. Da das Bedingen hier einmal allgemein ist, warum sollte man es nicht tun? Man macht aus, was man haben und geben soll, und der Kontrakt wird ehrlich gehalten. Man erhält drei gute Gerichte, gutes Nachessen, Wein und bezahlt 12, 14 und 16 Groschen. – Eine Plage indessen, der man durch keine Vorsicht entgehen kann, sind die Wanzen, Mücken und Flöhe. Wenn man die erstern Ungeheuer gleich nicht allenthalben findet, so sind doch die beiden letzten immer da und fehlen höchstens einen oder zwei Monate. Hier lernte ich zum erstenmal Mücken und Flöhe fürchten, die, wie die italienischen Wirte, giftigere Stacheln haben, als die kalten nördlichen, die auch mit dem Herbst vergehen.

Ich habe hier während meines Aufenthalts gewöhnlich an einer Table d'Hôte gegessen, und mich wohl dabei befunden. Die Mittagszeit ist zwischen 3 und 4 Uhr, und man ißt dann für

29. *Giuseppe Zocchi, Der Lungarno*
und der Palazzo Corsini, 1744

den ganzen Tag, weil man des Abends gewöhnlich nur ein
Gläschen Wein, Früchte und Sächelchen des Limonadiers genießt. Die Speisen sind auch hier derb und nahrhaft. Man hat
schönes Rindfleisch, Hühnerbraten fast alle Tage, und herrlichen Schinken, Mettwürste, Käse und Früchte; der florentiner
Wein ist gut, und die Gesellschaft so eines Gasttisches frei und
menschlich und durch manchen Fremden interessant. Für drei
Paoli oder zehn Groschen habe ich besser gegessen, als ich es in
den besseren Städten von Norddeutschland würde haben tun
können. Ich schimpfte also nicht auf italienische Filzigkeit,
sondern auf nordische Verzagtheit, die mit sich machen läßt,
was man will.

UGO FOSCOLO
EIN BRIEF DES JACOPO ORTIS

1799

Jetzt eben hab' ich an Galilei's, Macchiavelli's und Michelangelo's Grabe gekniet, und als ich mich denselben nahete, schüttelte es mich wie Fieberschauer. Die, welche ihnen diese Mausoleen errichteten, hoffen vielleicht die Schuld zu sühnen, die ihre Väter auf sich luden, indem sie jenen göttlichen Geistern die Leiden der Armut schmecken und sie in Kerkern schmachten ließen; o, so werden viele in unsrer Zeit Verfolgte von den Nachkommen geehrt werden! Aber die Verfolgung der Lebenden sowohl, als die den Toten erwiesene Achtung zeugen klar von des Ehrgeizes Bosheit, von der das Menschenvolk angesteckt ist.

Als ich neben jenen Marmorsteinen stand, war es mir, als würde ich zurückversetzt in jene blühenden Jahre meines Lebens, wo ich, in den Stunden der Nacht über den Schriften der großen Sterblichen wachend, mich mit meiner Einbildungskraft unter das Beifallgejauchz künftiger Geschlechter hindachte. Aber jetzt sind das zu hohe Dinge für mich! – und vielleicht auch nur Torheiten. Mein Geist ist blind, meine Glieder wanken, und das Herz hier ist in seinen tiefsten Tiefen ausgezehrt.

CHRISTIAN JOSEPH JAGEMANN
ÜBER DEN GURGELLAUT
UND ANDERE EIGENTÜMLICHKEITEN
DER FLORENTINISCHEN SPRACHE

1800

Unüberwindliche Schwierigkeiten haben von jeher unter der
Klasse derer, welche sich zu schwach fühlen, die Toskanische
Richtigkeit und Eleganz in ihren Schriften zu erreichen, einen
unversöhnlichen Neid und Groll wider diesen Dialekt erregt,
welcher sie zu allerlei feindseligen Angriffen verleitet. Da sie
desselben innern Wert ohne Verdacht einer groben Unwissenheit nicht öffentlich leugnen dürfen, so feinden sie ihn von der
Seite der Aussprache an, und beschuldigen ihn eines unange-
nehmen Gurgellauts. In Ansehung der Florentiner übertreiben
sie diese Eigenheit über alles Maß und Ziel. Es macht unserm
gelehrten Deutschland keine Ehre, daß man in den so oft
wiederholten Auflagen der Sprachlehre des Veneroni, welche
eigentlich dazu bestimmt zu sein scheint, die offenbarsten
Fehler, besonders wider die Aussprache, unter fremden Nationen zu verewigen, folgende übertriebene und schimpfliche
Ausdrücke weder gemäßigt, noch ausgestrichen hat. *»Man irrt
sehr,* sagt er Seite 406. der letzten Auflage, *wenn man meint, daß
man zu Florenz gut italienisch rede; vielmehr wird man allda die
gröbste und schlimmste Aussprache antreffen. Der Hof redet zwar
daselbst ziemlich wohl, allein alle die andern haben einen schlimmen
Accent, reden durch die Gurgel und durch die Nase.«* Welcher
Ausländer sollte beim Lesen dieser Worte nicht glauben, die
Florentiner seien die Hottentotten unter den Italienern, besonders da ihre Aussprache gröber und schlimmer sein soll, als in
irgend einer andern Stadt und Provinz Italiens? Folglich ärger
als in der Lombardei, zu Bologna und Genua. Wer hat sie je
eines tadelhaften Nasenlauts, (was an dem Vorwurf des Gur-

gellauts wahr ist, werde ich in der Folge erklären) oder eines schlimmen Accents, wenn er sonst hier vom eigentlichen Accent spricht, beschuldiget? Den Hof allein nimmt er von diesem häßlichen Vorwurf aus, eben als wenn der prachtliebende und geschmackvolle Mediceische Hof so von allen übrigen Klassen der Bewohner isoliert lebte, daß sich seine *ziemlich gute* Aussprache auf keine derselben erstreckte, nicht auf den zahlreichen Adel, nicht auf die kultiviertesten Bürger, nicht auf die Mitglieder der Akademie del cimento, und della crusca, obgleich diese sich damals mehr, als je, durch ihren Eifer auf die Verfeinerung der Sprache auszeichnete. *»Kurz, alle Florentiner, außer dem Hof, haben einen schlimmen Accent, reden durch die Gurgel und Nase.«* So mißhandelt Veneroni die Stifter und Verwahrer des schönsten Sprachbaues und des echten Geschmacks im Ausdruck, unter welchen Tasso selbst, der Lieblingsdichter aller Nationen, sich ehedem zu seinem verewigten Gedicht, von dem befreiten Jerusalem, vorbereitete. Kein Wunder, wenn ein Fremder, von dergleichen Vorurteilen geblendet, kein Bedenken trägt, sie in seiner Reisebeschreibung mit den röchelnden Schweizern zu vergleichen. Ein längerer Aufenthalt in diesem Sitz der Musen, und ein fleißiger Besuch kultivierter Gesellschaften würden ihn eines bessern belehrt haben.

Daß unter allen Völkern der Erde nichts so dauerhaft sei, als die charakteristischen Sprachtöne ihrer Vorfahren, bestätiget sich sehr auffallend in den Toskanern, Nachkommen der Etrusker, deren Sprache ein uralter Aeolischer Dialekt Griechenlands gewesen zu sein scheint. Sie verstatten ihren Sprachorganen einen offenen und sehr freien Spielraum, wodurch die Laute aus ihrem Munde wie die Töne aus einem wohlgebauten Saiteninstrument mit ausnehmender Deutlichkeit und Energie hervorströmen. Ihre Lippen und Zunge äußern eine unnachahmliche Gewandtheit; eine ganz eigene Elastizität, den Mitlautern, besonders wenn sie gedoppelt sind, das gehörige Maß des Ausdrucks zu geben, welches sie »scolpire le parole« nennen. Diese angeborene Stimmung zur offenen und vollen Aussprache ist eigentlich die Ursache, warum sie die Gurgellaute, besonders das G und Q, in vielen Fällen nicht so geschlossen und hart, wie in andern Provinzen, aussprechen.

Es ist nicht zu leugnen, daß die Florentiner zum Teil das rechte Maß hierin überschreiten, indem sie zu dem Gurgellaute auch den Lungenlaut gesellen, und z. B. *charanta, chattro, chardate,* statt *quaranta, quattro, guardate* etc. sagen. Allein dieser so sehr verschriene Fehler, welchen man allen Florentinern in gleichem Maße vorwirft, ist eigentlich nur in der nördlichsten und nordöstlichsten Gegend der Stadt, welche den Ruinen der uralten Etruskischen Stadt Fiesole am nächsten liegt, zu Hause. (. . .) Die Fesulaner, stolz auf die Vorzüge ihres hohen Altertums und auf den Ruhm ihrer Vorfahren, beharrten eben so fest auf ihren Etruskischen Sprachtönen, als die ungeheuern Steinmassen ihrer Ruinen und unterirdischen Gewölbe auf den Stellen, wo sie, ohne Mörtel und Kitt, durch ihrer eigenen Last befestigt, der Ewigkeit trotzen. Jemehr sich die Stadt Florenz gegen Süden und Südwest dem Fluß Arno nähert, je mehr scheidet sich der Lungenlaut von dem Gurgellaute, bis er jenseits des Arno gegen Porta Romana und Porta Prato, in dem ursprünglichen Sitz der Florentiner, sogar im Munde des Pöbels, weit seltener gehört wird. Indessen wird es in feinern Gesellschaften sowohl dies- als jenseits des Arno zur Schande gerechnet, mit dem gröbern Hauchlaut zu sprechen. Jedoch bleibt ihnen der gemilderte Gurgellaut des ga, go, gu, gua, guo, gui etc. mit allen übrigen Toskanern gemein. Weil sie ihn als das Mittel betrachten, den härtern Laut des K, besonders in der Mitte der Wörter zu vermeiden, und in jenem etwas anmutiges finden, so verwandeln sie oft nicht nur das näher verwandte härtere C oder K, sondern auch verschiedene andere Laute in denselben. Sie sagen und schreiben nicht nur *aguto, ago, lagrima, aguglia, agulino,* statt *acuto, aco, lacrima, aquila, aquilino,* sondern auch *ragunare, veggo,* statt *radunare, vedo; pagone, nugolo,* statt *pavone, nuvolo* etc. Wenn dieser etwas offenere Gurgellaut mit gehöriger Delikatesse ausgesprochen wird, so ist er weit annehmlicher, als das in verschlossener Kehle erstickte *ga, go, gu* der übrigen Provinzen, welches sich im Laut gegen jenes, wie das plattdeutsche K in Kunst, *künsteln,* gegen das weiche G in Gunst und *begünstigen,* verhält. (. . .)

Wenn, dem Sprichwort – Lingua toscana in bocca romana (Toskanische Sprache in römischem Munde) – gemäß, die echte Sprache nur in dem Munde der Römer Statt fände, so würden die aus den Provinzen daselbst ankommenden Kandidaten von jeher töricht gehandelt haben, sie ausschließlich aus dem Munde der Toskaner zu lernen. Also muß die Sprache der Römer, mit der Toskanischen verglichen, nichts vorzügliches haben, und die Aussprache der Toskaner, ob sie gleich bei den Eigenheiten ihres Dialekts beharren, besonders ihr gemäßigter eigentümlicher Gurgellaut keinen andern Tadel verdienen, als etwa diesen, daß den Bewohnern anderer Provinzen, wo das G vor a, o, u wie das plattdeutsche K lautet, die Natur selbst diese beneidenswürdige Grazie versagt hat.

JOHANN GOTTFRIED SEUME
VON DEN HIESIGEN
MERKWÜRDIGKEITEN IST DAS
BESTE IN PALERMO

1802

Von Siena nach Florenz ist ein schöner, herrlicher Weg, und sowie man Florenz näher kommt, wird die Kultur immer besser und endlich vortrefflich. Von Monte Cassiano, dem letzten Ort vor Florenz, ist die schönste Abwechslung von Berg und Tal bis in die Hauptstadt. Was Leopold für Toskana getan hat, wird nun eilig alles wieder zerstört, und die Mönche fangen hier ihr Regiment ebenso wieder an wie in Rom. Der allgemeine große Wohlstand, der durch die österreichische, hier sehr liberale Regierung erzeugt worden war, wird indes nicht sogleich vertilgt. Hier sind Segen und Fleiß zusammen. Der neue König wird nicht geachtet; jedermann sieht ihn als nicht existierend an; bloß der römische Hof gewinnt durch seine Schwachheit Stärke. »Dieser Leopold«, sagt der Nuntius, »hat vieles getan als ein ungehorsamer Sohn, das durch den Willen des Heiligen Vaters und das Ansehen der Kirche ipso jure null ist.« Du kannst denken, wie stark man sich am Vatikan fühlen und wie schwach man die am Arno halten muß, daß man eine solche Sprache wagt. Aber sie wissen, daß sie mit dem Herrn in Paris zusammengehen; das erklärt und rechtfertigt vielleicht ihre Kühnheit. Die größte Anzahl seufzt hier nach der alten Regierung; Neuerungssüchtige hoffen auf Verbindung mit den Herrn jenseit des Berges oder gar mit den Franzosen; die jetzige Regierung hat den kleinsten Anhang. Der König ist nicht gemacht, ihn zu vergrößern: das hat man sehr wohl gewußt, sonst hätte man ihn nicht zum Schattenspiel brauchen können. In der Stadt läuft die Anekdote sehr laut herum, daß er in seinem Privattheater den Balordo vortrefflich

30. *Giuseppe Zocchi, Die Badia Fiorentina*
und die Piazza dell'Oratorio, 1744

macht, und niemand wundert sich darüber. (...) Von den hiesigen Merkwürdigkeiten ist das Beste in Palermo: die Mediceerin, die Familie der Niobe und die besten Bilder; wenigstens hat man mich in dem leeren Saale so berichtet; doch hat die Galerie immer noch sehr interessante Sachen, vorzüglich für die Deutschen. Mit der Mediceischen Venus ist es mir sonderbar genug gegangen. Ich wünschte vorzüglich auf meiner Pilgerschaft auch dieses Wunderbild zu sehen, und es ist mir nicht gelungen. In Palermo habe ich mit Sterzinger in dem nämlichen Hause gegessen, wo oben die Schätze unter Schloß und Siegel und Wache standen. Sie waren durchaus nicht zu sehen. Der Inspektor von Florenz, der mit in Palermo war, hatte Hoffnung gemacht, ehe alles wieder zurückginge, würde er die Stücke zeigen. In Rom und Neapel wußte man öffentlich gar nicht recht, wo sie waren; denn man hatte absichtlich ausgesprengt, das Schiff, welches alles aus Livorno nach Portici und weiter nach Palermo schaffen sollte, sei zugrunde gegangen, um die Aufmerksamkeit der Franzosen abzuziehen. Es steht aber zu befürchten, sie werden eine gute Nase haben und sich die Dame mit ihrer Gesellschaft nachholen. So viel ich Abgüsse davon gesehen habe, keiner hat mich befriedigt. Sie ist nach meiner Meinung wohl keine himmlische Venus, sondern ein gewöhnliches Menschenwesen, das die Begierden vielleicht mehr reizen als beschwichtigen kann. Mir kommt es vor, ein Künstler hat seine schöne Geliebte zu einer Anadyomene gemacht; das Werk ist ihm ungewöhnlich gelungen, das ist das Ganze. Ueber die Stellung sind alle Künstler, welche Erfahrung haben, einig, daß es die gewöhnlichste ist, in welche sich die Weiblichkeit setzt, sobald das letzte Stückchen Gewand fällt, ohne je etwas von der Kunst gehört zu haben. Ich selbst hatte einst ein eignes ganz naives Beispiel davon, das ich Dir ganz schlicht erzählen will. Der russische Hauptmann Graf Dessessarts – Gott tröste seine Seele! er ist, wie ich höre, an dem Versuche in Quiberon gestorben, den ich ihm nicht geraten habe – er und ich, wir gingen einst in Warschau in ein Bad an der Weichsel. Dort fanden sich, wie es zu gehen pflegt, gefällige Mädchen ein, und eine junge, allerliebste, niedliche Sünderin von ungefähr sechzehn Jahren brachte uns den Tee, um wahrscheinlich auch gelegentlich zu sehen, ob Geschäfte zu machen wären. Wir waren beide etwas zu ernsthaft. »Das arme artige Geschöpfchen dauert mich«, sagte der Graf; aber der Franzose konnte seinen Charakter nicht ganz verleugnen. *»Je voudrais pourtant la voir toute entiere«*, sagte er und machte ihr den Vorschlag und bot viel dafür. Das Mädchen war verlegen und bekannte, daß sie für einen Dukaten in der letzten Instanz gefällig sein würde; aber zur Schau wollte sie sich nicht verstehen. Mein Kamerad verstand seine Logik, brachte mit seiner Schmeichelei ihre Eitelkeit ins Spiel, und sie gab endlich für die doppelte Summe mit einigem Widerwillen ihr Modell. Sobald die letzte Falte fiel, warf sie sich in die nämliche Stellung. *»Voilà la coçuine de Medicis!«* sagte der Graf. Es war ein gewisses polnisches Mädchen mit den Geschenken der Natur, die für ihren Hetärensold sich nur etwas reizend gekleidet hatte; eine Wissenschaft, in der die Polinnen vielleicht den Pariserinnen noch Unterricht geben könnten. Allemal ist mir bei einem Bilde der Aphrodite Medicis die Polin eingefallen, und meine Konjektur kam zurück, und mancher Künstler war nicht übel willens meiner Meinung beizutreten. Urania könnte in der Glorie ihrer hohen siegenden Unschuld keinen Gedanken an die bedeckten Kleinigkeiten haben, die nur ein Satyr bemerken könnte. Ihr Postament war jetzt hier leer.

Es ist vielleicht doch auch jetzt noch keine unnütze Frage, ob Moralität und reiner Geschmack nicht leiden durch die Ausstellung des ganz Nackten an öffentlichen Orten. Der Künstler mag es zu seiner Vollendung brauchen, muß es brauchen; aber mir deucht, daß Sokrates sodann seine Grazien mit Recht bekleidete. Kabinette und Museen sind in dieser Rücksicht keine öffentlichen Orte; denn es geht nur hin, wer Beruf hat und wer sich schon etwas über das Gewöhnliche hebt. Sonst bin ich dem Nackten in Gärten und auf Spaziergängen eben nicht hold, ob mir gleich die Feigenblätter noch weniger gefallen. Empörend aber ist es für Geschmack und Feinheit des Gefühls, wenn man in unserm Vaterlande in der schönsten Gegend das häßlichste Bild der Aphrodite Pandemos mit den häßlichsten Attributen zuweilen aufgestellt sieht. Das heißt die Sittenlosigkeit auf der Straße predigen, und bloß ein tiefes Gefühl für Freiheit und Gerechtigkeit hat mich gehindert, die schändlichen Mißgeburten zu zertrümmern oder in die Tiefe des nahen Flusses zu stürzen.

Auf der Ambrosischen Bibliothek zu studieren, hatte ich nicht Zeit. Die Philologen müssen in die Bibliothek des Grafen Riccardi gehen, wo sie für ihr Fach die besten Schätze finden. Mir war es jetzt wichtiger, in der Kirche Santa Croce die Monumente einiger großer Männer aufzusuchen, die sich zu Bürgern des ganzen Menschengeschlechts gemacht haben.

Rechts ist vorn das Grabmal Buonarottis, und weiter hinunter auf der nämlichen Seite Machiavellis, und links der Denkstein Galileis. Es verwahrt wohl kaum ein Plätzchen der Erde die Asche so vortrefflicher Männer nahe beisammen.

Für den Antiquar und den Gelehrten ist von unsrer Nation jetzt in Florenz noch ein wichtiger Mann, der preußische Geheimrat, Baron von Schellersheim, ein Mann von offenem, rechtlichem Charakter und vielen feinen Kenntnissen, dem sein Vermögen erlaubt, seiner Neigung für Kunst und Wissenschaft mehr zu opfern als ein andrer. Er besitzt vielleicht mehr antike Schätze als irgendein andrer Privatmann. Was ich bei ihm gesehen habe, war vorzüglich eine komplette alte römische Toilette von Silber; ein großes, altes, silbernes, ziemlich kubisches Gefäß, welches ein Hochzeitsgeschenk gewesen zu sein und Hochzeitsgeschenke enthalten zu haben scheint. Auf den vier Seiten sind von der ersten Bewerbung bis zur Nachhauseführung die Szenen der römischen Hochzeitgebräuche abgebildet. Dieses ist vielleicht das größte silberne Monument der alten Kunst, das man noch hat. Ferner hat er vier silberne Sinnbilder der vier Hauptstädte des römischen Reichs: Rom, Byzanz, Antiochia und Alexandria, welche die Konsuln, oder vielleicht auch die andern kurulischen Magistraturen, an den Enden der Stangen ihrer Tragsessel führten. Diese müssen, der Geschichte nach, etwas neuer sein. Weiter besitzt er einige alte komplette silberne Pferdegeschirre mit Stirnstücken und Bruststücken. Aber das Wichtigste sind seine geschnittenen Steine, unter welchen sich mehrere von seltenem Wert finden, und seine römischen Goldmünzen; mehrere konsularische von Pompejus an, und fast die ganze Folge der Kaisermünzen von Julius Cäsar bis Augustulus. Hier fehlen nur wenige wichtige Stücke. Du siehst, daß dieses eine Liebhaberei nicht für jedermann ist. Ich schreibe Dir dieses etwas umständlicher, weil es Dich vielleicht interessiert und Du es noch nicht in Büchern findest; denn seine Sammlung ist noch nicht alt, und sie konnte nur in den Verhältnissen des Besitzers so bald so reich gemacht werden.

Die schönen Gegenden von Florenz zwischen den Bergen an dem Flusse auf und ab sind bekannt genug, und Du erwartest gewiß nicht, daß ich als Spaziergänger Dir alle die andern Merkwürdigkeiten aufführe. Das hiesige Militär kam mir traurig vor; schöne Leute, aber ohne Wendung und Geschicklichkeit! Zum Abschied sah ich den Morgen noch die amalfischen Pandekten, und die Franzosen haben sich etwas bei mir in Kredit gesetzt, daß sie diesen Kodex nicht genommen haben, und gegen Abend wohnte ich auf dem alten Schlosse noch einer Akademie der Georgophilen bei. Hier hielt man eine Vorlesung über die vorteilhafteste Mischung der Erdarten zur besten Vegetation, und sodann las einer der Herren eine Einleitung zu einem chemisch-physischen System. Zum Ende zeigte man einige seltene neue Naturprodukte. Neben meinem Zimmer im Bären wohnte eine französische Familie, nur durch eine dünne Wand getrennt; diese betete den Abend über eine ganze Stunde ununterbrochen so inbrünstig und laut, daß mir über der Andacht bange ward. Seit Ostern ist, wie ich höre, überall das Religionswesen wieder Mode, und in Frankreich scheint alles durchaus nur als Mode behandelt zu werden.

31. *Eugène Viollet-le-Duc, Kleiner Palast in der Via Larga, 1836*

LUDWIG TIECK
ANBLICK VON FLORENZ

1809

Endlich den letzten Hügel hinauf,
Und unter mir
Das weite, blühende Tal,
Rings die Gebirge,
Die herrliche Stadt
Im Glanz der scheidenden Sonne.
Das Abendrot erglänzt
Im vielfachen Purpur
An den Felsen, und die Gebäude
Brennen im Strahl,
Und hundert Villen
Erglänzen fern und ferner.

Der Himmel spielt mit Grün und Blau,
Und hüpfende Lichter
Lachen auf dem Strom.
Süße Dämmrung

Tritt aus dem Äther
Die Welt umfassend,
Und in schweigender Rührung
Empfängt uns die dunkelnde Stadt.

AUF DER PIAZZA SIGNORIA

So seh' ich dich, du altes Haus,
In dem Saal und Zimmer und Hof,
Ja, jeder Stein

Uns Geschichte lehrt:
Du alter Palast,
Zeuge so vieler Taten,
So vieler Gräuel;
In dessem Zirk
Die edlen Bürger,
Die feinen Fürsten
Gewandelt und gesprochen.

Und Buonarotti's Werk
Mit Bandinellis Riesen
Hält draußen Wacht.
Dort in der Halle
Prahlet der Perseus
Des wunderlichen Abenteurers,
Des Fechters und Künstlers
Benvenuto Cellini.

Die vielbewandelte Gasse
An San Michel del Orto vorüber
Führt mich zum weltberühmten Dom,
Des Brunelleschi Denkmal!
Dort die erznen Tore
Wundervoller Kunst! –

In welcher Gasse,
Vor welchem Kloster,
In welcher Villa
Ist es stumm,
Daß nicht laut die Kunst
Mit allen Stimmen riefe? –
Wohin ich blicke
Tritt die Erinn'rung auf mich zu,
Holden und ernsten Angesichts: –

Und wie ich den Kreis der Taten und Männer,
Der geliebten Künstler
Sinnend überschaue,
Reiht sich der große Dante
Dem Zuge an –
Und alle blicken voll Ehrfurcht
Auf den greisen Alten,
Der alle belehrte,
Der sie alle entzückte,
Und die Begeist'rung vom Himmel rief
In Beatrice's Gestalt zu wandeln!

DER TAUBENMARKT

Führt mich an des Morgens Frühe
Durch die sonnenhellen Gassen
Über die zierlichen ebenen Steine
Der Genius der Neugier durch das Volksgedränge: –
Welche Fülle von Blumen und Früchten
Bunt und lockend ausgelegt!
Welch Geschrei von Verkäufern und Käufern,
Wie lustig ist dieses Marktes Getümmel! –
    Fortgeschoben
Seh' ich bloß in hohen Körben
der sanften Tauben Geschlechter,
Ruhig liegend, an Füßen gebunden,
Hoch aufeinander gepackt. –
Und aufgehoben
Eine nach der andern,
Nimmt sie behende der Alte,
Öffnet leicht den Schnabel,
Streut einige feine Körner hinein;
Ein zweiter empfängt sie:

Ein kleiner Trichter
Wird ihr in den zarten Schnabel getan
Und einige Wassertropfen eingeflößt.
Dann wirft er sie neben sich in den Korb,
Und so eine nach der andern,
Bis jede genossen
Was sie in der Hitze bedarf. –
   Noch stand ich lächelnd,
Und die beiden Fütterer lächelten mir entgegen,
Weil sie meine Unwissenheit merkten,
Daß ich nie dergleichen gesehn.
Doch sinnend ging ich weiter,
Tiefer Gedanken voll,
Und meine Seele weilte
Heimatlicher Gefühle schwanger
Im lieben Vaterlande:
Dachte der Lesezirkel,
Der Journal-Gesellschaften,
Wo den Aufeinandergepackten,
Nach Bildung Lüsternen,
Auch so das Mäulchen geöffnet wird,
Und wenig zarte Körner
Und einige Tröpflein Wasser
Ihnen zufließt von geschickten Fingern!

O armes Florenz,
Das du nur bildlich
Von unsrer Bildung
Die schwache Ahndung hegst! –

GERMAINE DE STAEL
DAS LEBEN, WELCHES MAN
HEUTE IN FLORENZ FÜHRT, IST
WUNDERBAR EINFÖRMIG

1807

Das heutige Florenz erinnert am meisten an den Abschnitt seiner Geschichte, welcher der Thronerhebung der Medici vorausging. Die Paläste der vornehmsten Familien sind gewissermaßen nur Festungen, die auf nachdrückliche Verteidigung vorbereitet standen; außen sieht man noch die eisernen Ringe, bestimmt die Standarten der Parteien zu tragen. Genug, Alles war dort viel mehr darauf eingerichtet, die Gewalt des Einzelnen, eine jede für sich, zur Geltung zu bringen, als sie für das allgemeine Wohl zu konzentrieren. Die Stadt scheint für den Bürgerkrieg gebaut. Der Justizpalast hat Türme, von welchen aus man den nahenden Feind erspähen und zugleich sich gegen ihn verteidigen konnte. Man sieht hier Paläste von wunderlichster Gestalt, welche daraus entstand, daß ihre Erbauer sie nicht über einen Boden ausdehnen wollten, auf welchem feindliche Häuser geschleift worden. Derartig war der Haß der Familien unter einander. Hier verschworen sich die Pazzi gegen die Medici; dort ermordeten die Guelfen die Ghibellinen, die Spuren des Kampfes und der Rivalität finden sich eben überall. Jetzt aber liegt das Alles wieder im Todesschlaf und nur die Steine haben noch einige Physiognomie behalten. Man haßt sich nicht mehr, weil es nichts mehr zu behaupten gibt, weil die Einwohner sich um die Lenkerschaft eines ruhm- und machtlosen Staates nicht mehr streiten. Das Leben, welches man heutzutage in Florenz führt, ist wunderbar einförmig: Nachmittags geht man am Ufer des Arno spazieren, und Abends fragt man sich, ob man dort gewesen ist. (. . .)

Eines Tages beschloß Corinna die Kirchen von Florenz zu

32. *Eugène Viollet-le-Duc, Die Fassade von San Miniato, 1836*

besichtigen; sie gereichen der Stadt zu großer Zierde. In Rom, erinnerte sie sich, hatten ein paar im Dom von St. Peter verbrachte Stunden ihrer Seele, wenn sie schwankte, stets das Gleichgewicht zurückgegeben; jetzt hoffte sie von den florentinischen Kirchen eine ähnliche Wohltat zu empfangen. Ihr Weg zur Stadt führte durch ein Gehölz, das sich anmutig an dem Ufer des Arno entlang zieht. Es war ein köstlicher Juni-Abend. Rosen in unglaublichem Überfluß erfüllten die Luft mit Wohlgeruch, und die Mienen der Lustwandelnden sprachen von Glück und frohem Genießen.

Von dieser Lebensfreudigkeit, wie die Vorsehung sie den meisten Geschöpfen verleiht, fühlte sie sich grausam ausgeschlossen; aber sie dankte dieser Vorsehung doch und segnete sie für ihre Güte gegen den Menschen. »Ich bin vielleicht nur eine Ausnahme von der allgemeinen Regel«, sagte sie sich, »es gibt ein Glück für Alle sonst, und diese entsetzliche, diese mich tötende Fähigkeit zu leiden ist nur meine eigene Art, ist ein

Zufall in meinem Sein. Allmächtiger Gott, weshalb aber mußte ich zum Dulden solcher Schmerzen ausersehen werden? Darf ich denn nicht bitten, gleich deinem göttlichen Sohn, daß dieser Kelch an mir vorübergehe?«

Das tätige, lebhafte Treiben der Stadtbewohner setzte sie in Verwunderung. Seit sie keinen Teil mehr hatte am Leben, begriff sie nicht, was die Menschen gehen, kommen, eilen macht. Langsam schlich sie über die großen Steine des florentinischen Pflasters hin; sie hatte die Idee verloren: irgendwo anzukommen, weil sie sich nicht mehr erinnerte, wohin sie gehen wollte. Endlich fand sie sich vor dem berühmten Werk Ghiberti's, den ehernen Türen der Taufkapelle von St. Johann, welche neben der Kathedrale von Florenz liegt.

Sie bewunderte eine Zeit lang diese unermeßliche Arbeit; ganze Völkerschaften von Bronze, in sehr kleinem Maßstabe, aber in den schärfsten Umrissen ausgeführt, liefern eine Menge der verschiedenartigsten Physiognomien, von denen jede eine Absicht, einen Gedanken des Künstlers ausdrückt. »Welche Geduld!« rief Corinna, »welche Hochachtung für die Nachwelt! Und dennoch: wie Wenige betrachten auch nur mit einiger Aufmerksamkeit diese Türen, durch welche die unwissende Menge mit Zerstreuung , wenn nicht gar mit Geringschätzung drängt. O, was ist es dem Menschen schwer, der Vergessenheit zu entrinnen, und wie mächtig ist der Tod!« (. . .)

Der Antrieb zu einer gewissen Gedankentätigkeit, in welchem Corinna für einige Augenblicke Erleichterung gefunden hatte, führte sie am folgenden Tage nach der Bildergalerie. Sie hoffte so ihre alte Liebe zur Kunst wieder zu erwecken, um dann vielleicht auch an ihren früheren Beschäftigungen wieder Interesse zu gewinnen. In Florenz hat die Kunst noch sehr republikanische Institutionen: Statuen und Gemälde werden zu jeder Zeit mit der größten Bereitwilligkeit gezeigt; unterrichtete, von der Regierung besoldete Männer sind als öffentliche Beamte zur Erklärung der Kunstwerke angestellt. Dies ist noch ein Recht jener Ehrfurcht für die Talente aller Gattungen, wie sie in Italien immer da war. Besonders noch ist sie in Florenz heimisch, wo die Mediceer sich ihre Macht durch ihren Geist verzeihen lassen wollten, ihren Einfluß auf das Geschehende durch den freien Aufschwung, den sie wenigstens dem Gedanken gewährten. Das florentinische Volk hat ungemein viel Sinn für die schönen Künste, und zieht diese Neigung in seine Frömmigkeit hinein, die in Toscana eine geregeltere ist, als im ganzen übrigen Italien. Nicht selten verwirrt es die Gestalten der Mythologie mit denen der biblischen Geschichte. Ein Florentiner kann dem Fremden eine Minerva zeigen und sie Judith nennen, einen Apollo rühmen und ihn David heißen, und kann allenfalls auch noch bei der Erklärung eines Basreliefs, das die Einnahme von Troja vorstellt, versichern, daß Cassandra eine gute Christin war.

Die florentinische Galerie ist eine ungeheure Sammlung; man könnte dort viele Tage zubringen, ohne schließlich sonderlich mit ihr vertraut zu sein. Corinna schritt prüfend durch alle diese Reichtümer, aber zu ihrem Kummer fand sie sich zerstreut und gleichgültig. Die Statue der Niobe erregte ihre Aufmerksamkeit: diese Ruhe, diese Würde, inmitten des tiefsten Schmerzes schienen ihr bewundernswert. Ohne Frage würde die Gestalt einer lebenden Mutter in ähnlicher Situation gänzlich zusammengebrochen sein; aber das Ideal der Kunst bewahrt auch noch in der Verzweiflung die Schönheit und die Anmut. Nicht das geschilderte Unglück ist's, was in den Werken des genialen Künstlers so tief erschüttert, sondern die Kraft, welche sich die Seele in diesem Unglück bewahrte. Unweit der Statue der Niobe ist der Kopf des sterbenden Alexander; diese beiden höchst verschiedenen Physiognomien geben viel zu denken. In der des Alexander liegt Staunen und Entrüstung, die Natur nicht besiegt zu haben. Die Todesqual der sorgenden Mutterliebe malt sich in den Zügen der Niobe;

sie zieht die Tochter mit herzzerreißender Angst an ihre Brust, und der Schmerz, welcher aus diesem wundervollen Angesichte spricht, drückt den Charakter jenes Verhängnisses aus, das bei den Alten auch einer frommen Seele nirgend eine Zuflucht übrig ließ. Niobe richtet den Blick gen Himmel, aber hoffnungslos, denn die Götter selbst sind ihre Feinde.

UGO FOSCOLO
DIE GRÄBER VON SANTA CROCE

1807

Die Urnen edler Geister fachen hell das Feuer
in einer starken Seele an, o Pindemonte,
und schön und heilig dünkt den Wandrer dann die Erde,
die einst ihn birgt. Als ich am Denkmal jenes Großen[1]
verweilte, der den Szeptern herrscherlicher Willkür
ihr Maß gewiesen und dem Volk den Grund gezeigt,
warum es stets von Blut und Tränen triefe;
als ich am Sarge jenes stand, der einen neuen
Olymp zu Rom den Himmlischen errichtet[2],
und jenes, der am ewigen Gewölb die Welten
um eine unbewegte Sonne kreisen sah[3]
und so zuerst die Bahn dem Briten[4] aufgerissen,
die dieser weiten Flügelschwungs durchmessen
   durfte –:
»Glückselige Stadt«, rief ich, »um Deiner lebensträchtgen
beschwingten Lüfte und um der Gewässer willen,
die Dir der Apennin von seinen Höhen zuträgt!
Von Deinem Atem trunken, gießt der Mond sein klarstes
Geleucht aus über Deine Hügel, die der Jubel
der Winzerfeste füllt, und über Deine Täler,
mit Häusern und Olivenhainen dicht besät,
die tausenfache Blumendüfte hold verspenden!
Du hast zuerst, Florenz, den Sang vernommen, der
des flüchtgen Ghibellinen[5] Zürnen stillte. Du
erzogst das Elternpaar und bildetest die Sprache
des süßen Liedermundes der Kalliope[6],
der aus dem reinen Schoß der Himmelsaphrodite
den Eros, nackt in Griechenland und nackt in Rom,
in geistig strahlendem Gewand heraufbeschworen.

Glückselger bist Du noch, daß Du in *einem* Tempel
Italiens Ruhm bewahrst, vielleicht den einzgen Ruhm
seit jener Zeit, da von den schlechtbewachten Alpen
die Übermacht der andern Völker waffenklirrend
einbrach in Dein Gefild zur bösen Stunde und
Altäre Dir und Vaterland und Alles raubte.«
Daher, wenn je die Hoffnung künftgen Ruhms in hohen
und kühnen Geistern aufflammt –: *dieser* Ort ist ihnen
Stätte der Weissagung und der Verheißung. Hier
in diesen Marmorhallen fand Vittorio[7] oft
Erleuchtung. Wenn er, mit den Vätergöttern zürnend,
die Arnoflur durchirrt und sehnend seine Augen
zum Himmel aufgehoben hatte und kein Anblick
die Sorgen ihm benommen – kam der strenge Dichter
hierher um auszuruhn; und in der Totenblässe
des Angesichtes glänzte wieder Hoffnung auf.
In jenen Toten lebt das Ewge Heil. Aus ihrem
Gebein ruft Liebe für das heilge Vaterland
zur Tat uns auf. Die gleiche Gottheit spricht zu uns,
die einst bei Marathon (als der Gefallnen Gräber
Athene selbst am Meeresstrand geweiht) der Griechen
zornmütge Tugend angespornt zum Perserkriege.
Ein Schiffer auf dem Meere bei Euböa sah
ein Funkeln in der ungeheuren Finsternis,
ein Aufblitzen von Helmen und geschwungnen
    Schwertern,
den Feuerrauch von Scheiterhaufen, des Geglitzer
von Eisenpanzern und, gleich Masken, die Gesichter
von wilden Kämpfern. Langes Kriegsgeschrei
    durchheulte
schrecklich das nächtge Schweigen auf den Feldern.
Und Tuben dröhnten gell. Und donnernd scholl der
    Hufschlag
wiehernder Pferde auf, die über Leichenhaufen

und Waffentrümmer vorwärts stürmten. Und ein
   Klagen
hub an. Und Hymnen tönten und der Sang der Parzen.

1 *Machiavelli.* 2 *Michelangelo.* 3 *Galilei.* 4 *Newton.* 5 *Dante.*
6 *Petrarca.* 7 *Alfieri.*

LUDWIG EMIL GRIMM
ACH WAS IST DAS EIN
REIZENDER ORT

1816

In das reizende Florenz kamen wir um zwölf Uhr. Ach, was ist
das ein reizender Ort! Die Berge waren mit Landhäusern besät.
Ich habe oft auf der schönen Brücke gestanden und den dahinfließenden, sanften Arno betrachtet. Die schönste Aussicht ist
auf der Anhöhe im Garten hinter dem Palast Pitti. Alle Galerien und Kirchen wurden aufgesucht. Im Palast Pitti sind
kostbare Schätze, da sah ich die Madonna della Sedia, die
Venus von Tizian, einen Sturm von Claude Lorrain, Bildnisse
von Päpsten von Raffael usw. Da erlebten wir auch die prachtvolle Fronleichnamsprozession. Die Straßen waren schon
frühmorgens mit Blumen bestreut, im zweiten Stock der Häuser bunte Teppiche von einem Fenster zum andern gegenüber
gezogen, so daß der große Zug wie unter einem Tor vorüber-
zog. Zuerst kam der Bischof mit der Geistlichkeit unter einem
Thronhimmel, alles reich in Gold, unter dem zweiten Thronhimmel der Großherzog mit seinem Hofstaat und Pagen im
reichsten Anzug. Dann die vielen geistlichen Orden, Mönche,
Kartäuser usw., der Zug wollte kein Ende nehmen. Dann
Bürger, Weiber, alte Männer, Mädchen, Bucklige, Lahme, alle
Wachskerzen in der Hand. Die ganze Garnison stand unter
Gewehr. Alle Fenster, Balkone, Kopf an Kopf, die Straße,
Treppen und Türen voller Menschen. Da rief einen einer an
und hatte Zuckerwerk, da einen ein Mädchen und hatte Blu-
menbuketts zu verkaufen, und was für herrliche Blumen!
Nelken, wie ich sie in Farbe und Größe nie wieder gesehn habe.
Das Gedränge wurde nachher groß. Ich und ein Kartäuser sind
so zusammengerannt, daß der fromme Mann beinahe am
Boden lag. Wo man ausweichen wollte, kamen einem andre

entgegen, und das Rufen der Verkaufenden dazwischen! Es war an den Fenstern und auf der Straße eine große Anzahl ausnehmend schöner Mädchen, schlank, klar von Farbe, und da waren wieder Augen der Felice ihren ähnlich, madonnenartig, sanft, nicht stechend schwarz. Es war wieder so viel zu sehn, daß mir abends die Füße brannten. Immer auf dem heißen Pflaster! Da sagte dann Brentano: »Lassen Sie uns noch die schönen Arbeiten in der Alabasterfabrik sehn und noch dies und das.« Wir gingen auch in die Akademie, da wurde nach Gips gezeichnet, und was ich so von den Schülern sah, hatte französische Richtung, die Skizzen und Kompositionen Davids Nachahmung. Den berühmten Raphael Morghen besuchten wir in seiner Kupferstecherwerkstatt. Schon ein ältlicher Herr, nicht groß, hatte einen Ministerbauch, ein italienisches, aber weder schön noch angenehmes Gesicht. Er kramte alle seine großen Blätter aus, das Abendmahl von da Vinci, die Transfiguration usw. Er glaubte gewiß, der Brentano würde davon kaufen, er ließ es aber bleiben. Da hieß es dann: »Das sind die besten Abdrücke meiner Platte. Dieses Blatt lasse ich für dreißig, dieses für vierzig usw. Dukaten.« Er selbst soll einen förmlichen Handel mit seinen Arbeiten getrieben haben – wie unkünstlerisch!

Dann gingen wir in ein altes berühmtes Mönchskloster. Die Mönche verfertigten ein weitberühmtes Öl oder wohlriechendes Wasser in kleinen Fläschchen. Ich nahm auch einige, und es ist mir schwer angekommen, das viele Geld dafür auszugeben. Ich dachte aber an die Schwester Lotte und an die Thekla. Die guten geistlichen Herrn lobten und priesen den Inhalt der Fläschchen ohne Ende und packten sie uns außerordentlich sorgfältig ein mit der Bemerkung, der edele Inhalt halte sich Jahr und Tag. Ich freute mich, so was Seltenes mitbringen zu können. Meine Schwester hat zwei Fläschchen lange aufbewahrt und wollte immer nicht daran, die köstlichen Fläschchen zu öffnen, bis wir auf irgendeinen feierlichen Tag Hand daran legten, sorgfältig aufmachten. Die Nasen waren schon in Bereitschaft, den Götterduft einzuschnuffeln. Endlich wurde der kleine Stöpsel abgemacht. Sie roch zuerst und fing gleich darauf sehr an zu lachen. Der Geruch war nicht zu verteidigen; es war, als wenn man an einer alten, verfaulten Rose riecht. Wieviele fromme Nasen mögen noch all angeführt werden. Ob das berühmte Kloster mit seinen Mönchen auch mit der Zeit in einen üblen Geruch kommt, glaube ich nicht; denn der Glaube ist bei den Leuten ohne weiteres die Hauptsache.

33. *V. Simoncini, Die Via Calzaioli nach 1844*

DER FLORENTINER BÜRGER VON HEUTE
HAT KEINE LEIDENSCHAFT

1817

Als ich vorgestern den Apennin hinunterfuhr und mich Florenz näherte, hatte ich starkes Herzklopfen. Wie kindisch! An einer Wegbiegung tauchte mein Blick schließlich in die Ebene, und ich sah in der Ferne die dunkle Masse von Santa Maria del Fiore mit der berühmten Kuppel, dem Meisterwerk Brunelleschis. – Dort haben Dante, Michelangelo, Leonardo da Vinci gelebt! sagte ich mir. Das ist also die edle Stadt, die Königin des Mittelalters! In ihren Mauern wurde die Kultur wiedergeboren; dort hat Lorenzo de' Medici so gut die Rolle des Königs gespielt; an seinem Hofe hatte zum ersten Male seit Augustus das militärische Verdienst nicht den Vorrang. Schließlich drängten sich die Erinnerungen in meinem Herzen allzusehr; ich fühlte mich außerstande, klare Gedanken zu fassen, und überließ mich deshalb meinem Wahn, wie an der Seite einer geliebten Frau. Als ich mich der Porta San Gallo, diesem häßlichen Triumphbogen näherte, hätte ich am liebsten den ersten besten Einwohner von Florenz, der mir begegnete, in die Arme geschlossen.

Selbst auf die Gefahr hin, mein ganzes Kleingepäck einzubüßen, das man auf der Reise immer bei sich hat, verließ ich fluchtartig den Wagen, sobald die Paßformalitäten überstanden waren. Ich habe mir so oft Bilder von Florenz angesehen, daß ich es schon im voraus kannte; so konnte ich mich ohne Führer zurechtfinden. Ich wandte mich nach links, kam bei einem Buchhändler vorbei, der mir zwei Stadtführer verkaufte. (. . .)

Ich war froh, niemanden zu kennen, denn so brauchte ich nicht zu befürchten, reden zu müssen. Diese mittelalterliche

Architektur hat meine Seele ganz und gar erobert; ich glaubte mit Dante zu leben. Mir sind heute vielleicht keine zehn Gedanken gekommen, die ich nicht durch einen Vers dieses großen Mannes hätte ausdrücken können. Ich schäme mich meines Berichtes, denn man wird mich, wenn man ihn gelesen hat, für einen Egotisten halten.

An den festgefügten Palästen, die aus riesigen, nach der Straße zu unbehauenen Steinblöcken erbaut sind, kann man gut erkennen, daß diesen Straßen oft Gefahr drohte! Heutzutage ist es in den Straßen nicht mehr gefährlich, und das macht uns so klein. Ich habe mich eine Stunde lang allein in dem kleinen dunklen Hof jenes Palastes in der Via Larga aufgehalten, der von Cosimo de' Medizi, dem »Vater des Vaterlands«, wie ihn die Dummköpfe nennen, erbaut wurde. Je weniger diese Architektur den griechischen Tempel nachzuahmen sucht, je mehr sie an ihre Erbauer und deren Bedürfnisse erinnert, um so mehr nimmt sie mich für sich ein. Aber um mich weiter in diesen düsteren Illusionen zu wiegen, die mich den ganzen Tag von Castruccio Castracani, Uguccione della Fagiola und so weiter träumen ließen, als könnte ich ihnen an jeder Straßenbiegung begegnen, vermeide ich es, auf die kleinen schattenhaften Menschengestalten herabzublicken, die die großartigen, noch von den Leidenschaften des Mittelalters geprägten Straßen bevölkern. Ach, der Florentiner Bürger von heute hat keine Leidenschaft; denn nicht einmal sein Geiz ist eine Leidenschaft, sondern nur ein Zusammenspiel von maßloser Eitelkeit verbunden mit äußerster Armut.

In den Straßen atmet man einen eigenartigen Duft. Abgesehen von einigen holländischen Marktflecken, ist Florenz vielleicht die sauberste Stadt der Welt und bestimmt eine der elegantesten. Ihre griechisch-gotische Architektur ist so sauber und vollendet wie eine schöne Miniatur. Es ist ein Glück für die architektonische Schönheit der Stadt Florenz, daß ihre Einwohner mit der Freiheit auch die Energie verloren, die nötig

34. *Alinari, Piazza San Firenze*

ist, um große Gebäude zu schaffen. Hier wird das Auge nicht
durch unwürdige Fassaden im Stile des Palazzo Marino beleidigt, und nichts stört die schöne Harmonie dieser Straßen, in
denen sich das Schönheitsideal des Mittelalters offenbart. Ein
Reisender fühlt sich an zwanzig Stellen von Florenz ins Jahr
1500 zurückversetzt, zum Beispiel beim Verlassen der Ponte
della Trinità, oder wenn er am Palazzo Strozzi vorübergeht.

In Florenz wirkt der Palazzo Vecchio inmitten der Meisterwerke der Kunst und der Bedeutungslosigkeit der heutigen
marchesini, die im krassen Gegensatz zu der strengen Wirklichkeit des Mittelalters stehen, besonders großartig und wahr.
Man sieht, wie durch die Kraft der Leidenschaften Meisterwerke der Kunst entstehen und wie später dann alles unbedeu-

tend, klein und eingeengt wird, wenn der Sturm der Leidenschaften nicht mehr das Segel schwellt, das die menschliche Seele vorwärts treibt; denn ohne Leidenschaften, das heißt ohne Laster und Tugenden ist die Seele ohnmächtig.

Heute abend saß ich auf einem Korbstuhl vor dem Café mitten auf dem großen Platz, gegenüber dem Palazzo Vecchio. Weder die Menschenmenge noch die Kälte – beide gleich unbedeutend – hinderten mich daran, alles zu sehen, was auf diesem Platz geschehen war. Hier hat Florenz zwanzigmal versucht, frei zu werden, hier ist Blut geflossen für eine Verfassung, die nicht zu verwirklichen war. Unmerklich begann der aufgehende Mond den großen Schatten des Palazzo Vecchio auf diesen so sauberen Platz zu zeichnen und den Kolonnaden der Galleria, über denen man die erleuchteten Häuser jenseits des Arno erblickt, einen geheimnisvollen Reiz zu geben.

Es schlug sieben Uhr vom Glockenstuhl des Turmes; die Furcht, keinen Platz mehr im Theater zu finden, zwang mich, dieses grausige Schauspiel zu verlassen, wo ich gleichsam Augenzeuge der Tragödie der Geschichte geworden war. Ich eile ins Teatro Hohomero, so spricht man hier das Wort Cocomero aus. Ich bin maßlos empört über diese vielgelobte Florentiner Sprache. Im ersten Augenblick glaubte ich, Arabisch zu hören; schnell sprechen kann man hier überhaupt nicht.

Sehr ungünstig für das Glück dieser Gesellschaft ist meiner Meinung nach die ungeheure Macht der Priesterschaft. Früher oder später wird hier niemand mehr ohne einen Beichtzettel auskommen. Die Scharfsinnigen in diesem Lande wundern sich heute noch über gewisse Kühnheiten, die sich Dante vor fünfhundertzehn Jahren gegen das Papsttum herausnahm. Die Liberalen von Florenz möchte ich mit gewissen, im übrigen sehr ehrenwerten englischen Peers vergleichen, die ernsthaft glauben, sie hätten das Recht, die übrige Nation beherrschen zu können, und zwar zu ihrem eigenen Vorteil. Ich hätte diesen Irrtum verstanden, wenn Amerika noch nicht bewiesen hätte, daß man auch ohne Aristokratie glücklich sein kann. Im übrigen maße ich mir nicht an, zu leugnen, daß sie sehr angenehm ist; denn was gibt es Schöneres, als die Vorteile des Egoismus mit den Freuden des Edelmutes zu verknüpfen?

Die Liberalen von Florenz glauben, wie mir scheint, ein Adliger habe andere Rechte als ein einfacher Bürger, und sie würden gern, wie unsere Minister, Gesetze zum Schutz der Mächtigen fordern. Ein junger Russe – natürlich war er auch von Adel – sagte heute zu mir, Cimabue, Michelangelo, Dante, Petrarca, Galilei und Machiavelli seien Patrizier gewesen: Wenn das wahr ist, dann hat er recht, stolz auf sie zu sein. Es sind die sechs größten Männer, die dieses Industrieland hervorgebracht hat, und zwei von ihnen gehören zu den acht oder zehn größten Genies, deren sich das Menschengeschlecht rühmen kann. Michelangelo genießt den Ruhm eines hervorragenden Dichters, ausgezeichneten Bildhauers, Malers und Architekten.

Vor dem Livorno-Tor, wo ich oft stundenlang sitze, sah ich viele Frauen, die vom Lande kamen, und ich bemerkte, daß sie sehr schöne Augen hatten; aber diese Gesichter verraten nichts von der süßen Wollust und dem leidenschaftlichen Wesen der Lombardinnen. Erhitzte Gemüter wird man in Toskana niemals finden, dafür aber Geist, Stolz, Vernunft und etwas leise Herausforderndes. Nichts ist so schön wie der Blick dieser hübschen Bäuerinnen mit der wippenden schwarzen Feder auf ihrem Männerhütchen, das ihnen so wohl zu Gesicht steht. Aber diese lebhaften, durchdringenden Augen scheinen eher geneigt, euch abzuschätzen als euch zu lieben. Ich sehe in ihnen stets nur den Gedanken an etwas Vernünftiges, niemals aber die Möglichkeit, Liebestorheiten zu begehen. Diese schönen Augen glänzen mehr vor funkelndem Witz als vor Liebesglut.

FRANZ GRILLPARZER
FLORENZ

1819

Endlich Florenz von weitem – näher und näher – nun fahren
wir in die Stadt ein. Das Schloß ist schon voll, uns wird unsere
Wohnung im englischen Gasthof al pelicano angewiesen.

Nach dem Essen sogleich die Stadt besehen. Florenz hat das
mit Venedig gemein, daß der Anblick der Stadt die ganze
Vergangenheit derselben lebhaft in die Erinnerung bringt.
Überall, wo man in die Stadt geht, kommen einem die Mediceer und ihr edler, großer, grandioser Geist entgegen. Man hat
Florenz das italienische Athen genannt; ich finde nichts Passen-
deres, wenigstens was die zuerst auffallende Oberfläche betrifft.

Wenn man vor dem alten palazzo ducale steht mit seinen
Denkmalen und Bildwerken, in der davor liegenden Halle, in
dem ehrwürdigen Umfang der Akademie, so fühlt man recht
das Treffende dieser Vergleichung. Abends im Theater della
Pergola. Man gab Rossinis Cenerentola. Eine Madame Mom-
belli sang, zwar manieriert, aber sonst brav. Das übrige so
unbedeutend als die Komposition. Das Ballett sehr schlecht.
Das Theater ist weder besonders groß, noch schön. Dagegen
aber nimmt sich Gesang und Musik recht gut darin aus.

Am 10. Juli abends, nach 6 Uhr, von Florenz fort. Am Tore,
durch das man hinausfährt, steht eine Art Triumphbogen.

Vom Berge außer der Stadt warf ich noch einmal den Blick
zurück nach der herrlichen Stadt, die, im Strahl der Abend-
sonne glühend, zauberhaft in ihrem Tale, einem der schönsten,
die es geben kann, dalag.

HEINRICH EDUARD SCHMIEDER
ICH BESCHAUTE UND BEWUNDERTE
PFLICHTMÄSSIG

1819

Ich beschaute und bewunderte pflichtmäßig alles Schöne, was mir gezeigt wurde oder meinen Blicken von selbst sich darbot, behielt mir aber doch im Stillen mein eigenes Urteil vor. So schien mir der hohe Dom mit seiner Kuppel an Majestät zu verlieren durch die damenbrettartige Abwechselung von gleichgroßen schwarzen und weißen Marmorquadraten, die ihn schmücken sollten. Dagegen fesselten mich die herrlichen Bronzetüren von Ghiberti auf den drei Seiten des Baptisteriums, das wie ein Hündchen neben dem Hirten zur Seite des Domes steht. Mit Andacht beschaute ich an der einen Türe die Szenen aus dem A. T., an der anderen Johannes den Täufer, an der dritten die Geschichten aus Jesu Leben, lauter Darstellungen, die in näherer oder entfernterer Beziehung zur christlichen Taufe stehen. In der ausgewählten Galerie von Antiken und Gemälden, die der großherzogliche Palast enthält, machte den tiefsten Eindruck auf mich ein Bild, dem die Künstler wohl nur einen geringen Wert zuschreiben werden. Es ist Jesus als Knabe, umgeben von Engeln, welche die Werkzeuge seiner künftigen Leiden, Kreuz, Nägel, Lanze, Ysopstengel und Schwamm ihm vom Himmel herab zeigen. Hier sah ich, daß auch ein anderer Mensch schon sich in das Herz des aufwachsenden Weltheilandes hineingefühlt hatte, wie der Vater ihm seine künftige Aufgabe zu schauen gibt. Das Bild tauchte als ein Lichtbild in meine Seele ein, das ohne Kunstmittel darin befestigt bleibt, weil es mit dem Leben des Herzens in tätiger Wechselwirkung zusammenschmilzt.

Unter den Deutschen, mit denen ich in Florenz zusammen traf, war auch ein Kranker, der in Italien Heilung seiner Brustleiden suchte; es war dies Professor Rühß, der in Begleitung seiner Gattin reiste und ein Paar zarte Kinder, Knaben und Mädchen, daheim unter guter Obhut zurückgelassen. Er hatte verdienstliche Werke über die Geschichte des Mittelalters geschrieben und war eine rechte Professor-Natur, von hastigem Wissensdurst getrieben, erregt im Gespräch, schnell im Urteil, ein Mann in der Mitte der dreißiger Jahre, von höchst beweglichem Geiste, der aber bedenkliche Zeichen eines hektischen Leidens an sich trug, und die Hast und Reizbarkeit seines ganzen Wesens war selbst ein bedenkliches Zeichen. Ich verabredete mit ihm, daß wir die Reise nach Rom gemeinschaftlich über Perugia machen wollten; dieser Weg ist um eine Tagereise länger als über Siena, aber um vieles anziehender. Am 17. Juni verließen wir Florenz und fuhren mit einem Vetturin; mein kranker Begleiter fühlte mit Verdruß alle die kleinen Beschwerden, die damals ein Fremder in den Gasthöfen und in Berührung mit dem Volke, das von den Fremden überall Gewinn zu ziehen sucht, zu bestehen hatte, und er machte seinem Unmut in witzigen Spottreden und Spottgedichten Luft, die zuletzt doch einen erheiternden Eindruck machten. Ich suchte den Unmut zu beschwichtigen und alles zum Besten zu kehren, machte mich auch zum Reisemarschall, wo ich Gelegenheit hatte das anzubringen, was ich in Schimpfen und Schelten von der Venezianerin gelernt, die von München bis Bologna meine oft lästige Reisegenossin gewesen. Das Lied der heimwehkranken Mignon »Kennst Du das Land«, das damals alle gefühlvollen ästhetischen Seelen nach Italien zog, hatte der liebe brustkranke Rühß unbarmherzig travestiert, indem er an die Stelle der Myrte den Knoblauch setzte, und eine Strophe mit den Worten begann: »Kennst Du das Volk mit immer offner Hand, das selbst für nichts sich einen Lohn erfand!« So hetzte er immer erregt, häufig leidend, in Rom, in Neapel sich ab und bestieg auf der Rückreise in Florenz einen hohen Turm, um auch das schöne Panorama der Stadt nicht

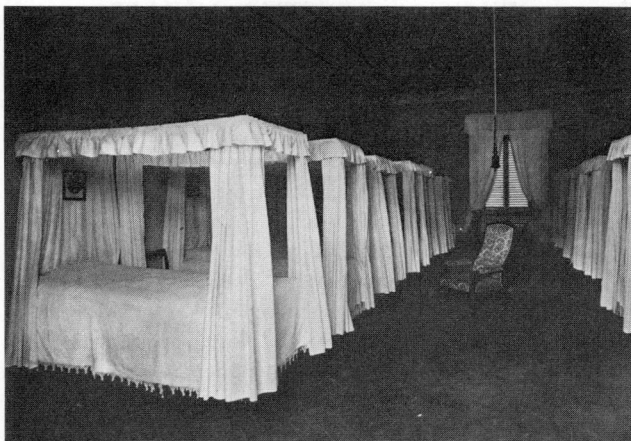

35. *Alinari, Schlafräume eines Mädchenstifts*
in Florenz

ungesehen zu lassen. Das war zu viel; Blutstürze folgten, und er fand in Florenz sein Grab, ohne Deutschland wieder zu betreten. Hektische erregbare Leute sollte man nicht auf Reisen, am wenigsten nach Italien schicken: aber fette Phlegmatiker lasse man reisen und suche sie so von ihrem Fett und Phlegma zu befreien.

WILHELM CHRISTIAN MÜLLER
KARNEVAL

1820

Obschon Sie das leichtfüßige Volk in Paris und das schwerfü-
ßige in London gesehn haben, können Sie sich doch schwerlich
eine Vorstellung vom italienischen Karnevalsleben machen.
Vorgestern, als am Feste der heil. 3 Könige, ist es hier angegan-
gen. Vorspiele begannen schon am zweiten Weihnachtstage,
wo alle 6 Schauspielhäuser aufsprangen. Wer noch 2 Crazie,
etwa 1 Groschen, übrig hat (so viel kostet der Eingang zum
Stentorello) verläßt gewiß seinen Keller oder das Dachstübchen,
um bei Ersparung des Lichts in behaglicher Wärme den langen
Abend zu verleben, und das menschliche Elend zu verlachen.
Sie werden sich vielleicht noch erinnern, daß vor der Franzosen Zeit am Vorabend des Erscheinungsfestes auch bei uns des
Abends, Müllerknechte oder Butenthorer in lange Hemden
vermummt und die Gesichter mit Mehl bestäubt, mit einem
papiernen Sterne, auf unsern Hausfluren, zur schauerlichen
Erbauung der Jugend, herumzogen, singend:
>»Die heiligen 3 König mit ihrem Stern,
>sie soffen und fraßen, bezahlten nicht gern.«
Diesen erbärmlichen Rest einer alten katholischen Fröhlichkeit
haben die ernsten Tage des französischen Drucks vollends
vernichtet. In Italien, wo der Druck entweder nicht so hart
war, oder wo der leichtherzigere Charakter sich durch das
Elend wieder durchgearbeitet hat, ist die alte Lustigkeit wieder
erschienen. Doch so ausgelassen, wie sie Arndt vor 22 Jahren
sah, und in den Bruchstücken seiner ital. Reise vortrefflich
schilderte, sind sie nicht mehr.

Am Vorabende laufen Knaben mit langen gläsernen Trompeten, welche einen gellenden einförmigen schlechten Post-
hornton geben, durch die Straßen, und necken mit den ab-

scheulichen Tönen die geputzte bei Erleuchtung auf den Straßen wandernde Menge. Maskierte und verkleidete junge Leute beiderlei Geschlechts treiben mutwillige Späße, besonders an erhellten Plätzen macht mancher närrische Trupp, in bunte Harlekinskleidung und veraltete Hofkleider gesteckt, abscheuliche Musik mit einer schlecht gespielten Geige, Trommel, einem Triangel, und schlecht geblasenem Horn – Witziges und Dummes, kurz, was nur Lachen erweckt, kömmt ans Licht. Es erscheint ein Triumphwagen, worauf die Königin der Nacht mit flitterndem Behängsel geschmückt ist – ein bizarr altfranzösisch gekleideter Anbeter sitzt zu ihren Füßen und trompetet die Ankunft der Beherrscherin der Nacht – mit einer gläsernen Tuba aus. Ein Dutzend Buben ziehen den alten römischen Karren, Knaben reiten zur Seite auf Eseln mit Fahnen, oder rennen mit Fackeln nebenher. – Um Mitternacht wird alles zusammen auf einem Haufen, Fackeln, Strohwische, und Fahnen bei Trommel- und Jubelgetöse verbrannt, und die tolle Brut der Buben mit maskierten Erwachsenen tanzt um die hohen Flammen.

Das lautere, aber ganz ausgelassene Leben soll eigentlich erst beim Karnevalstaumel eintreten, besonders in den 3 letzten Tagen des Karnevals, wo nach Arndt, in den *Loggien* des Uffizipalastes die vornehme und schöne Welt in zierlichen Buden erscheint, und Chokolade, Liköre, Konfekte und unzählige Leckereien genießt; der Janhagel indes auf dem *piazza grande* vor diesem Bogengang seine gröberen Genüsse und Späße findet. Käufer, Verkäufer, Gaukler, Taschenspieler, Lahme und Blinde, Marionettenspieler, Marktschreier, Bänkelsänger brüllen und singen dann dazwischen, und Nachmittags gehen Wagen und verkleidete Reuter, geputzte Nobili, und Bauern, die Großh. Familie und Eseltreiber – Karossen und Mauleselkarren, und Wägelchen mit Bären bespannt und von Eseln kutschiert – alle unter und hinter einander – in altrepublikanischem Stil – in Freiheit und Gleichheit, von einer

tollen Volksmasse begleitet, ohne alles Beleidigen und Übel-
nehmen des Mutwillens, den *Corso* entlang, drängen sich auf
dem großen mit Menschen überfüllten Platz vor der Kreuzkir-
che, und werfen sich mit Kastanien, Nüssen, Bonbons ec.

Frauenzimmer von Stande gehen sonst in kein Parterre, aber
in der Karnevalszeit können sie mit Masken oder nur mit
kleinen vorgebundenen schwarzen Brillen im ganzen Theater
herumgehn und Bekannte und Unbekannte necken.

WILHELM CHRISTIAN MÜLLER
DIE SCHAUSPIELHÄUSER

1820

Die großen Schauspielhäuser in Triest, Padua, Rovigo ec. sind neu, und stehen auf freien Plätzen. In Florenz sind sie alt und stehen mitten in der Reihe der Bürgerwohnungen, ohne Auszeichnung, ja sie sind eigentlich Hintergebäude von Privathäusern und die Schauspiele Familienunternehmungen – unter dem Titel einer Akademie – durch ehemalige Vereine zu wissenschaftlichen oder poetischen oder andern Kunst-Zwecken gestiftet. Jetzt halten diese Societäten – statt selbsttätiger, sich selbst bildender Anstrengungen – Schauspieler-Gesellschaften, auf eigene Kosten und unter eigener Direktion, oder sie vermieten auch ihre Häuser solchen Gesellschaften.

Das Haus der ernsten Oper La Pergola, ist das größte, mit 5 Logenreihen, welche alle mit Schiebern und Vorhängen verschlossen werden können. Ins Parterre gehn Männer und Frauen. Das Publikum kömmt aber nicht, um eine Scene mit Musik zu sehn. Man behorcht nur eine beliebte Arie oder Sängerin. – Die erste oder höchstens die zweite Aufführung ist man ruhig. – Bei allen folgenden ist ein unerträglicher Lärm. Nur bei dem Ballet ist man stets aufmerksam. Die Wiederholung derselben Oper dauert 3-4 Wochen. Wenn das Haus beginnt leer zu werden, wird der zweite Teil vor dem ersten gespielt, damit die, welche nach dem Ballet, welches immer zwischen den beiden Akten eintritt, das Haus verlassen, doch auch den zweiten Teil hören können. Dann wird der Preis sehr herabgesetzt, damit ärmere Schaulustige auch das Stück kennen lernen können. (. . .)

Da außer der Oper fast jeden Abend noch 4 Theater geöffnet werden, wo man kleine Opern, Lustspiele ec. gibt, so hört in der Zeit, wo nicht durch religiöse Feste die Theater geschlossen sind, alles gesellige Familienleben auf. Man kann wohlfeil 3-4

Stunden in den ziemlich erwärmten Häusern verweilen, sich ergötzen, Stoff zur morgenden Unterhaltung gewinnen, seine Freunde finden, und das Licht obendrein sparen.

Eins der besuchtesten ist del Cocomero, wo vorzüglich Übersetzungen gespielt, also die Zuschauer mit ausländischen Produkten bekannt werden. Wir gehen am liebsten ins kleine Theater Santa Maria, wo vorzüglich Goldonische Lustspiele gespielt werden – mit einer Lebendigkeit, wovon wir in Deutschland keine Ahndung haben.

Alles ist auf Ersparung eingerichtet. Die Gesellschaft besteht aus 12 Personen, das Orchester aus 10 Musikern, welche leichte sinfonienartige Stücke spielen, und nie durch zu frühes Aufziehn des Vorhangs unterbrochen werden. Alles ist bestimmt und geht Schlag auf Schlag. Der Kronleuchter hat nur 8 archantische Lampen. Im Parterre bezahlt man 3 Ggr., in den Logen das doppelte, die Abonnements ein drittel weniger. Das Publikum ist ruhiger als in Deutschland – denn die Schauspieler sind wahre Künstler im Sprechen und Handeln – mit einer Wahrheit – daß man ihre Darstellungen für Wirklichkeiten hält. Sie sprechen schön, rein toskanisch, und höchst deutlich; daher dies Theater zugleich unsere Sprachschule wird. (. . .)

Nur der Seltsamkeit wegen haben wir auch einmal das kleine Theater Sta. Maria novella besucht. Es faßt kaum 400 Zuschauer. Nur kleine leichte und alte Operetten, z. B. von Guglielmi, werden aufgeführt. Hier war eine gute prima donna – mit einer schönen und sicheren Stimme. Dreißig adelige Familien halten es, daher sind nur wenige Logen für andere Zuschauer. Der Eintritt wird nur mit 2 Ggl. bezahlt. So kann man in Florenz jeden Abend nach Belieben alte und neue poetische und prosaische, edle und gemeine Stücke mit und ohne Musik hören und sehn – für wenig Geld. (Die alten einfachen Operetten werden hier mit Vollendung gegeben. Und ich glaube nicht, daß ein jetziger Komponist solche einfache echtkomische Musik setzen kann.) Dieser theatralischen Mannigfaltigkeit wegen hört aber auch alles häuslich gesellige Leben, während der Schauspielzeit, auf. Man findet des Abends keinen Menschen zu Hause.

Das gesellige Leben hat in Italien seine Perioden. Vor Weihnachten gibt es eine Art freundschaftlicher Zusammenkünfte. Einzelne vermögende Familien, welche Platz in ihren Häusern haben, öffnen ihre Säle, laden Bekannte und Freunde nach der Weinlese-Zeit, wo man wieder in die Stadt zieht, zu sich ein. Nach Tisch – 7-8 Uhr geht man hin, setzt sich ums Kamin, spricht über Neuigkeiten des Tages – dann spielt man Karten oder Lotto, ohne etwas zu genießen – höchstens Zuckerwasser – und geht um 11-12 nach Hause. In einigen Familien ist auch wohl eine Art Konzert, wo kleine Sinfonien und Arien gemacht werden – doch im Konversationston – unter dem Titel einer musikalischen Akademie.

Dies Assembleewesen hört mit Weihnachten auf. Am ersten Festtage traktirt man zu Mittage Freunde; am zweiten beginnen Opern, Schauspiele, Oratorien, Marionetten; nun fängt ein neues Leben an. Alles ist gespannt auf die neu einstudierten Werke des Genies. Die Reichen und Vornehmen bezahlen eine Loge (Palco) auf einige Monate, gehn das erstemal, um die Neuheit zu sehn oder zu hören – so lang das Stück wiederholt wird, konversiert man in der Oper, geht von einer Loge zur andern, plaudert, scherzt laut, spielt in offenen Logen Karten, und speist auch wohl in geschlossenen. Nach Neujahr bekommt dies Wesen eine neue Farbe. Junge Männer und Frauenzimmer nehmen Masken vor, und letztere gehn nun auch ins Parterre, um freier ihre Späße treiben zu können. Man kann wohl unmaskiert sein, muß aber dann einen Scherz der Maskierten dulden können. Doch bei ernsten Stücken ist man ernsthaft und unablässig aufmerksam auf die Schönheiten der Sprache, z. B. bei Alfieri's Filippo. Ja ich glaube kaum, daß unser Publikum bei aller deutschen Geduldsamkeit in einem so langweiligen Stück, mit so breiten Reden ohne Knoten und ohne Handlung – so ruhig bleiben würde.

1820

Nachts 10 Uhr rollten unsere Wagen durch die schönsten
Straßen der Welt, d. i. in Florenz; trunken betrachte ich im
Vorüberflug einige der gewaltigen Paläste, die herrlichsten, die
es gibt; hinweg geht's über die stolze Brücke und zehn Schritte
von unserem Gasthof am Arno stürzen die sechs Pferde vor
unserem Wagen, wie vom Blitze getroffen, zugleich zu Boden. Ohne Beschädigung stunden sie alle wieder auf und keine
üble Vorbedeutung soll es uns sein; vielmehr sehen wir darin
eine höchst ehrfurchtsvolle Verbeugung, welche die stolzen
Tiere machten dem Kronprinzen von Bayern und seiner würdigen Reisegesellschaft.

Himmlisches Licht, das die schönste der Städte vor meinem
Blick entfaltet! Und im Glanze dieses Lichtes, kühn und gewaltig dahinrauschender Arno! Ihr schönen Brücken, ihr
hohen Bogen, und ihr, stolzeste, ungeheuerste aller Paläste,
unsterbliche Zeugen einer stärkeren, kühneren, riesenhaften
Vergangenheit! . . .

Vor Palast Pitti, der jetzigen Residenz. O welch ein Werk,
o welch ein Werk! das Herz schlägt mir gewaltig und ich
möchte vergehen vor Scham, Wehmut und unaussprechli-
chem Verlangen, aus unserer Zeit heraus auf diese Werke
hinblickend! – Sehet des Palastes Vorderseite 3- bis 400 Fuß
lang, 150 Fuß hoch, aus 1 bis 2 Klafter großen, roh behauenen
Steinen wie aus übereinandergesetzten Felsen aufgerichtet;
über dem ersten Stock die ganze Breite des Palastes hinlaufend,
eine steinerne Galerie; in großen Entfernungen von einander
die Fenster wie Palasttore; im Innern gegen die Gartenseite 3
Bogengänge in ebensovielen Säulenordnungen übereinander,
so heiter und freundlich, als es der erstaunende Ernst und die

36. *Alinari, Mit dem Vertiefen des Flußbetts
beschäftigte Männer auf dem Arno*

außerordentliche Würde des Ganzen gestattet. Alle Verhältnisse des Gebäudes sind ungeheuer, sein Anblick erdrückt und
erhebt in wechselnden Augenblicken; kein anderes Werk aus
der alten und neuen Zeit, sei sein Umfang auch viel bedeutender, erscheint mir in so großen Verhältnissen; auf mich hat
keines den Eindruck gemacht, keines in Rom, in Sicilien, in
Pästum. Und hört es, dieses außerordentliche Werk war das
Haus eines florentinischen Bürgers! – In ähnlichem Stil sind
gebaut die Paläste Strozzi, Riccardi, Ruccellai, Medici, lauter
Paläste aus den großen Zeiten des Freistaates und des Krieges
zwischen den mächtigen Bürgerfamilien, alle gleich Festungen, so tüchtig, so gediegen, so trotzig, nicht wie aus einzelnen
beweglichen Steinen errichtet, nein, wie im Ganzen aus dem
Urfels der Erde gehauen, aus einem Stücke Metall gegossen.

Es verdrießt mich schier und ich muß einen Anlauf nehmen,

um die übrigen Herrlichkeiten von Florenz zu sehen und von ihnen zu erzählen; denn mein Gemüt ist zu voll von den Wundern der Baukunst, von denen ich gestern geredet, daß ich erst zu mir kommen, mich von dem gewaltigen Eindruck erholen, ruhiger und gelassener werden muß.

Aber unsere Zeit kömmt mir trefflich zu Hilfe, meine Hitze abzukühlen.

Diese erhabenen Paläste, einst die Behausungen eines Halbgöttergeschlechtes, sind den bescheidenen Bedürfnissen der Lebenden angepaßt worden: Jene Prachttore, jene Himmelsfenster, jene stolzen Bogen sind nun durch teilweise Ausfüllung kleiner, enger, somit netter und wohnlicher gemacht; die alten Löwen und Adler mochten hiedurch nicht aus- und eingehen, aber für die Spatzen und Mäuse sind sie noch weit genug.

Es ist traurig, den Verfall der Kunst in Italien zu sehen. Mit dem Untergang der Freiheit, der großen Geschlechter und des Reichtums ging auch jene zu Grab. Es wird nicht bloß nichts neues gebaut, sondern auch das alte, was bei dem Sinken der großen Zeit unvollendet war, ist es bis heute geblieben, z. B. die meisten Vorderseiten der Kirchen. In kleineren Arbeiten fand ich viel Geschmack; was ich aber von größeren neuen sah, war meiner Empfindung nach weniger als mittelmäßig, z. B. die Fresken im Palast Pitti.

Florenz ist mir so merkwürdig, weil es in seiner religiösen, politischen und Kunstgeschichte als ein Ganzes, aus Einem Stück Gegossenes, Zusammengehöriges erscheint, der neuen Zeit geistig näher, verwandter als − wenigstens bezüglich der Antiken − Rom es ist, das zwar der Summe nach an merkwürdigen Dingen viel reicher, aber aus so verschiedenen Elementen zusammengesetzt. Ein Florenz könnte auch bei uns in Deutschland sich bilden, unter günstigen Umständen, bei der Aufeinanderfolge mehrerer Kunst und Wissenschaften liebender Regierungen, bei zunehmendem Wohlstand der Familien

u. s. w. Sollte bei uns dieser mächtige Baustil nicht anwendbar sein, diese großen Verhältnisse, diese gewaltigen Fenster, diese offenen Hallen? Wegen stärkerer Kälte, wegen Mangel an Bausteinen, wegen trüberem Sonnenlichte? O alle diese Hindernisse lassen sich besiegen und man kann so bauen, daß kleine Gebäude wahrhaft großartig erscheinen, wie eben auch in Florenz . . .

Dem Kronprinzen gefiel es nicht sehr dahier, teils weil ihm die Witterung nicht mild genug war, teils weil er bei Hofe nicht höflich genug aufgenommen wurde. Man lud ihn nur zweimal zu Tisch und bat ihn nicht zu dem Feste, das während der Anwesenheit des Prinzen Maximilian von Sachsen gegeben wurde, und zu welchem er unvermutet und ohne davon zu wissen kam, als er nämlich Abends 7 Uhr (zur selben Stunde, in welcher der Prinz Max ihn besucht hatte) schon den Gegenbesuch abstattete. Außer dem Palast Pitti, dem schönen gothischen Kirchlein Or San Michele und der »wunderschönen« Kirche S. Miniato, hat ihn sehr Weniges angesprochen. Bei dem Kronprinzen hängt gar viel von seiner Stimmung ab. Auch kostet jeder Tag Aufenthalt fast dreimal soviel als in Rom. – Wir verließen Florenz am 30. Morgens. Eine halbe Stunde vor den Toren stiegen wir ein wenig ab in der Villa unseres Landsmannes Baron Rumohr, wo manches freundschaftlich hin- und hergesprochen wurde.

ARTHUR SCHOPENHAUER
AM AUFFALLENDSTEN IST DIE
HEITERKEIT DER MIENEN

1822

Wieder steht jetzt der große Bär niedrig am Horizont, – wieder steht in unbewegter Luft dunkelgrünes Laub, scharf abgeschnitten auf dem dunkelblauen Himmel, ernst u. melancholisch, – wieder machen Oliven, Reben, Pinien u. Cypreßen die Landschaft, in der zahllose kleine Villen zu schwimmen scheinen, – wieder bin ich in der Stadt, deren Pflaster eine Art Mosaik ist; auf dem Hauptplatz stehn 3 enorme, bunte, marmorne, polierte Bijous, vom Regen rein gewaschen glänzen sie in der Sonne, der Dom, Kampanil, Battistero: u. wieder gehe ich täglich über den wunderlichen, von Statuen bevölkerten Platz, von dem Sie einen sehr ähnlichen Kupferstich haben: – wieder lebe ich unter der verrufenen Nation, die so schöne Gesichter u. so schlechte Gemüter hat: am auffallendsten ist die unendliche Heiterkeit u. Fröhlichkeit aller Mienen: sie kommt von ihrer Gesundheit u. diese vom Klima: dabei sehn viele so geistreich aus, als ob etwas dahinter stäcke: sie sind fein u. schlau u. wißen sogar sobald sie wollen brav u. ehrlich auszusehn, u. sind dennoch so treulos, ehrlos, schamlos, daß die Verwunderung uns den Zorn vergeßen läßt. Fürchterlich sind ihre Stimmen: wenn in Berlin ein einziger auf der Gaße so gellend u. nachhallend brüllte, wie hier Tausende, so liefe die ganze Stadt zusammen: aber auf den Theatern trillern sie vortrefflich.

Wieder sind die Zimmer hoch; oben Gebälk, unten Steinpflaster, alles Eisen u. Stein, Möbeln schlecht, Türen u. Fenster albern eingerichtet: ich schreibe am Licht der hohen messingnen dreiflammigen Lampe, die der Bediente soeben mit Schwefelschilfhalmen anzündete u. nachdem er es mühsam zu

37. *Alinari, Die Porta San Frediano*

Stande gebracht, ein feierliches felicissima notte a Vossignoria
aussprach: Feigen, Trauben u. Citronen, mit vielen Blättern
am Stil, stehn gehäuft vor mir. – Mein Schatz, war das vor 3
Jahren nicht alles auch so? Sie haben einen Hauch dieser Exi-
stenz hinüber verlangt: Ecco la servito! – . . .

Mit Italien lebt man wie mit einer Geliebten, heute im
heftigen Zank, Morgen in Anbetung: – mit Teutschland wie
mit einer Hausfrau, ohne großen Zorn u. ohne große Liebe.

AUGUST VON PLATEN
FLORENZ

1828

Dich hat, Florenz, dein altes Etruskervolk
Mit wahrem Fug die blühende Stadt genannt,
    Nicht weil der Arno nagt an Hügeln,
      Deren der kahlste von Wein und Öl tieft;

Nicht weil die Saat aus wucherndem Boden keimt;
Nicht weil des Lustparks hohe Cypressen und
    Steineichen, samt Oliv' und Lorbeer,
      Neben der Pinie verwelken;

Nicht weil Gewerbfleiß oder Verkehr dir blüht,
Den andre Städte missen, indes du stolz
    Freiheit genießest, Ruhm genießest
      Unter der milden Gesetze Weisheit! – –

Nicht weil im Prunksaal Schätze der Kunst du häufst,
Vor denen jetzt stumm gaffende Menschen stehn;
    Wie manches Denkmal ist, Florenz, Dir
      Fremder geworden als selbst dem Fremdling:

Nie wieder tritt die Sonne der Medicis,
Was auch geschehn mag, über den Horizont,
    Längst schläft Da Vinci, Buonarotti,
      Machiavell und der alte Dante: –

Allein du blühst durch deine Gestalten fort;
Und jener Kunst Vorbilder, sie wandeln am
    Lungarno heut' wie sonst, – sie füllen
      Deine Theater noch an wie vormals!

Kaum hat der Blick, vor zögerndem Unbestand
Sich scheuend, freudvoll eine Gestalt erwählt,
    Als höchste Schönheit kaum gefeiert –
        Wandelt die schönere schon vorüber!

Und hat das florentinische Mädchen nicht
Von frühster Jugend liebend emporgestaunt
    Zur Venus Tizians und tausend
        Reize der Reizenden weggelauschet? –

Und deiner Söhne Mütter, o sprich, Florenz!
Ob nie die sehnsuchtsvolleren Blicke sie
    Gesenkt vor Benvenutos Perseus
        Oder dem himmlischen Apollino? –

Wohl mag der Neid auch zeihen der Üppigkeit:
Frei spricht die Lieb euch! Liebt und genießt, und stets
    An seiner Göttin Busen kühle,
        Kühle die leuchtende Stirne Adonis! –

Hier tändle Glück und Jugend, den Dichter nur,
Zum strengsten Ernst anfeuert die Zeit nur ihn,
    Und ihm zerbricht sein frühres Leben
        Unter den Händen, wie Knabenspielzeug.

Er rafft sich auf, dem reifere Stunden graun,
Ihm naht der Wahrheit wehender Flügelschlag,
    Und mehr und mehr Zukunft im Herzen,
        Lernt er entsagen der kalten Mitwelt.

Du aber blühe, glückliche Stadt, hinfort
In solcher Schönheit, in solchem Gefühl der Kraft,
    Wie auf dem Springquell hier der Meergott
        Jenes unsterblichen Ammanati.

AUGUST VON PLATEN
DAS WAPPEN DER MEDICI

Wo nur einmal ich euch, mediceische Kugeln,
erblicke,
Garten und Tempel und Haus zierend in Rom und
Florenz, –
Weckt ihr Haß mir und Furcht, heillose Symbole
der Knechtschaft,
Denen der edelste Staat, lange sich sträubend, erlag.

HEINRICH HEINE
DIE SEELE IST MIR SO VOLL

1828

Diesen Morgen um sieben Uhr bin ich hier angelangt, und mein erstes war, nach der Post zu eilen – und da finde ich keinen Brief von meinem lieben Schenk. Zum Glück ist die Post hier auf dem Markt, und der Markt von Florenz ist der herrlichste und interessanteste Anblick, den nur ein Mensch finden kann. Die Altertümlichkeit, die bedeutungsvollen Statuen, die hohen Arkaden, die Großartigkeit, dabei dennoch überall der Hauch altflorentinischer Grazie, überall Blüte des Mediceertums, und gar oben im Palast Uffizi die griechischen Götterwohnungen! Ich will Ihnen freimütig gestehen, im Boudoir der Mediceischen Venus vergaß ich Schenk und seinen Brief. Es war aber doch nicht die uralte zusammengeflickte Göttin der Liebe, die mich so gewaltig erhob, vielmehr waren's die Augen einer Italienerin, die gar andächtig an sie hinaufsah – ich glaube, die alten Götter werden in Italien noch immer angebetet.

Ach Schenk! die Seele ist mir so voll, so überfließend, daß ich mir nicht anders zu helfen weiß, als indem ich einige enthusiastische Bücher schreibe.

EUGÈNE VIOLLET-LE-DUC
DIE GEBÄUDE VON FLORENZ

1836

Die Gebäude von Florenz haben im Übrigen einen tiefen
Eindruck auf mich gemacht; ihr wildes, grandioses Aussehen,
die Schönheit ihrer Struktur und ihre bewundernswerten Proportionen regen in mir das Verlangen sie zu studieren, wenngleich sie schwer zu sehen und zu zeichnen sind. Ich habe
dennoch eine Menge Zeichnungen davon, die ein hilfreiches
Material darstellen und ihrem wahren Charakter nahekom-
men. Ich weiß nicht, warum man sie so wenig studiert, aber
fast alle Architekten besuchen Florenz, um sich dort architektonischen Grübeleien hinzugeben, die sie mit leeren Händen
nachhause zurückkehren lassen. Es ist wirklich amüsant, diese
Sorte von Künstlern zu beobachten, die nach Italien kommt,
um dort die Philosophie ihrer Kunst zu studieren – vor allem
trifft man sie unter den Architekten an. Daumendicke Alben
unter den Arm geklemmt, ausgerüstet mit einem silbernen
Federhalter, durchschreiten sie die Gebäude mit heroischer
Gebärde, die Seele angefüllt mit Erinnerungen und Gedanken
an die Antike und das Mittelalter. Zurückzugreifen auf das
Mittel der Zeichnung, um diese Zeugen so zahlreicher historischer Begebenheiten zu reproduzieren, das hieße für sie, jeden
Stein zu entheiligen, jeden Schritt des Poeten oder Kriegers,
der noch immer aus den Gewölben dieser Reste der Vergangenheit heraufschallt, zu entstellen. Sie begnügen sich mit dem
reinen Schauen.

Zeichnen! Zeichnen bedeutet nicht studieren, sondern vielmehr selbst einem durchschnittlichen Werk eine Seele zu geben, bevor man selbst von der Inspiration, die von diesen
weiten Palästen ausgeht, durchdrungen wird. Zeichnen! . . .
Manchmal landet auf dem Skizzenblock ein brennender, le-

38. *Alinari, Piazza Goldoni*

bendiger Eindruck, der der Wahrheit nicht immer nahe-
kommt, aber Regeln, Winkelmaß und Zirkel, das sind kalte
und dumme Fesseln, die die Einbildungskraft hemmen und
erstarren lassen und jeden Gedanken begrenzen.

So gibt es nichts schöneres und nichts, was die Einbildungskraft weiter reisen ließe, als den großherzoglichen Palast, die
Ufer des Arno, den Pitti-Palast und die herrliche, viel zu wenig
gerühmte Kathedrale von Florenz, Santa Maria del Fiore.

Der Platz des Großherzogs verursacht mir immer wenn ich
ihn sehe, starkes Herzklopfen, was mich jedoch, so hoffe ich,
nicht davon abhalten wird ihn zu zeichnen. Im Hintergrund
erhebt sich der gewaltige Palazzo Vecchio, der, bekrönt von
einem hohen Zinnenturm, durchbrochen nur von kleinen
Fenstern und verziert von einigen unregelmäßigen Steinvor-
sprüngen, einen gewissen mit Schrecken vermischten Respekt
einflößt. Rechts von ihm steht die große Loggia, in der es
scheint, als sähe man noch die Medici, die Strozzi und die Schar
ihrer Anhänger darin umhergehen, in jene kostbaren Gewän-

der gekleidet, die so gut mit der etwas republikanischen Würde dieser Gebäude harmonieren. Diese schöne Loggia von so geschickter Proportion, eingefaßt von Meisterwerken der Antike und des Mittelalters, läßt staunen und macht betroffen. Ihre Marmorlöwen, ihr Perseus des Benvenuto Cellini, ihre antiken Sabinerinnen, ihre Statuengruppe des Gianbologna, verleihen ihr den Charakter eines Asyls der Meisterwerke, ein Asyl, das von allen still und ruhig respektiert wird, so daß es scheint, als verbringe man in ihr Stunden eingetaucht in die Vergangenheit. Zwischen dieser Loggia und dem Palazzo Vecchio erstreckt sich zum Arno hin ein gewaltiges Gebäude mit zwei Stockwerken, von schöner, schlichter und geschlossener Architektur, das gegen den Fluß hin mit einem offenen Portikus abschließt. Von hier hat man die herrlichste Aussicht: auf der einen Seite auf den imposanten, schwer und ruhig dahinfließenden Arno, auf der anderen auf den Platz des Großherzogs.

Ja, ich gestehe ein, daß diese so geglückte Architektur mich bewegt, mein Herz erhebt, daß es mir hier unmöglich ist, den Rest der Welt nicht zu vergessen, denn was gibt es nicht in dieser Ecke der Welt, in diesem Florenz.

NIKOLAUS LENAU
SAVONAROLA

1837

In Florenz kann nur *einer* halten
Sein Herz in klarer Heldenruh;
Nur *einer* sieht dem Todeswalten
Mit unerschrockner Seele zu.

Girolamo, noch unermattet,
Einsam in seiner Zelle wacht;
Gepflegt, getröstet und bestattet
Hat er von früh bis Mitternacht.

So mancher Bettler auf dem Wege,
Den alles nun verstieß und floh,
Ward in das Kloster mild zur Pflege
Genommen von Girolamo.

Wenn auch der Bettler mußte sterben,
War doch des Priors Wort vielleicht
Das Freundlichste, was seinem herben,
Freudlosen Leben ward gereicht.

Als sich sein Geist hinweggeschwungen
Aus diesem dumpfen Jammerort,
Ist ihm versöhnend nachgeklungen
Des Priors liebevolles Wort.

Girolamo in seiner Zelle
Bei später Lampe sinnt und schafft;
Denn unversiegbar ist die Quelle,
Woraus er tränket seine Kraft.

Er widmet seinen Tag den Kranken;
Ein Arzt zu sein der Christenheit,
Dem großen heiligen Gedanken
Ist seine stille Nacht geweiht.

Nun schreibt er Briefe, mächtge Briefe,
Er schildert dringend, heiß und wahr
Des Abgrunds unheilvolle Tiefe,
Der Kirche dringende Gefahr.

Daß Gott die Kirche will erneuern,
Sein Schreiben an den Kaiser spricht;
Er sucht den Kaiser anzufeuern
Zu seiner Schutz- und Schirmespflicht.

Den König Frankreichs will er wecken
Mit einem Briefe kühn und frei;
Wird ihn nicht rühren und erschrecken
Der Kirche Not und Hülfeschrei?

Den Königen von Spanien schreibt er,
Wozu der Herr die Throne schuf;
Den König Ungarns, Englands treibt er
Zu seiner Pflicht mit scharfem Ruf.

Er mahnt sie alle, zu vereinen
Ein christliches Konzilium,
Auf dem er selber will erscheinen
Und streiten für das Heiligtum;

Wo er die Stimme will erheben,
Anklagen laut der Kirche Haupt,
Den Papst mit seinem Lasterleben,
Den Sünder, der an Gott nicht glaubt;

Den frechen Borgia, der als Ware
Für schnödes Geld mit Trug und List
Erkauft die heilige Tiare,
Der sie nun trägt als Antichrist.

VICTOR HEHN
SPAZIERGÄNGE VOR DEN TOREN
DER STADT

1839

Die Hitze ist furchtbar, mein Zimmer nach Süden gelegen und rings von Gewerben umgeben, die mit Tagesanbruch hämmern und zischen, reiben und brechen. Man kann kaum ausgehen, oder tut man es, so sucht man alsbald in einem Kaffeehause Zuflucht. Um dieselbe Stunde, wo einige Kühlung eintritt, ist auch die Nacht eingebrochen: dann kann man zwar unzählige weiße Frauen vorüberschweben sehen, ihnen sehnsüchtig nachblicken und mit süßer Träumerei über dem Rätsel ihrer verhüllten Schönheit sinnen, aber von der Natur, ihren Bäumen, Blumen und Bergen, von der Stadt und ihrer Kunst erfährt eine solche Lebensart nichts. Meine Kleidung ist wenig mit dem Klima in Übereinstimmung. Die Italiener tragen leichte Strohhüte, ein leichtes Tüchlein, das den Hals frei läßt, weiße Beinkleider, Schuhe von seidenem Zeuge. Alles ist auf Abwehr der Sonnenglut des Sommers berechnet. Überall das kälteste Wasser in Bereitschaft, es gehört zu den Bedürfnissen des Geringsten und jeder schafft es dir schnell. Sowie der Abend dunkelt, füllen sich alle Kaffeehäuser, denn dies ist die Zeit, wo das Eis fertig geworden; dann sieht man unzählige Volksscharen kommen und gehen, ihr Glas hinabschlürfen und ein paar Gläser Wasser dazu trinken. Die größeren Kaffeehäuser besitzen vielleicht ein Dutzend verschiedener Arten von Eis, eine köstlicher als die andre und zu geringem Preise.

Am Tage wird kein Eis, sondern nur Kaffee genossen, den man gewöhnlich schwarz und zu jeder Stunde trinkt. Auf jeder Straßenecke hausen überdies Verkäufer von kühlem Getränk, Citronen und Flaschen aller Art bedecken ihre Tische. Andre

39. *Alinari, Die Lungarni*

durchziehen damit die Straßen, indem sie unaufhörlich
schreien: »*Aqua fresca!*«

Zwei Abende habe ich indes doch, die beiden letzten Stunden der Neige des Tages benutzend, Spaziergänge zu den
Toren hinaus gemacht. Das erste Mal fiel mir das häufige
Vorüberrasseln zierlicher, mit Frauen gefüllter Wagen auf, die
alle eine Richtung nahmen. Ich folgte dem Zuge durch unbekannte Straßen, gelangte zum Tor und in dichte Baumgänge,
die sich über die Gegend wie ein dichter Park fortsetzten. Dort
unter dem Schatten, bei der mildesten Luft, die aber bei schnel-
lerer Bewegung sogleich drückend wurde, war mir wunderbar weich zu Mute. Die untergehende Sonne hüllte den halben
Himmel in goldenen Staub, sie verbarg sich in dem Dampf
ihres eigenen Lichtes. Wenn ich vor ihren Strahlen flüchtete
und in die dunkle Einsamkeit des Laubes trat, dann blitzte sie
mit tausend Augen durch das Grün, ein magisches Netz um
meine Augen ziehend; zur Seite aber öffnete sich auf einzelnen
günstigen Standpunkten die reiche Landschaft, fruchttragend

und mit weißen Landhäusern besät, an den Fuß der Apeninnen ihre Pflanzungen, ihre Maulbeerbäume, ihre Weingärten lehnend. Warum macht mich eine reizende Natur, ein glücklicher Himmel, eine herrliche Aussicht nicht bloß selig, sondern auch traurig zugleich? Warum jauchze ich nicht, warum versinke ich immer in milde, schweigsame Wehmut? Der Wein, der andre aufgeräumt macht, gießt mir Schwermut ins Herz. Die Natur aber findet mich trübe, weil ich sie nicht ganz, nicht auf immer, nicht in einem sättigenden Zuge in mich aufnehmen kann, weil ich nicht Organe genug habe, ihre Sprache vollständig zu lösen. Denn die Natur ist verzaubert, wie die Prinzessinnen arabischer Märchen; sie ist gedankenvoll, aber stumm, sie ist vernunftvoll, aber bewußtlos. Sie ist eine Bilderschrift, sie ist der stumme Körper einer schlafenden Seele. Wie rührend sie mich bittet, sie zu erlösen! Wie allmächtig sie ringt, die Banden zu sprengen, wie sie von Stufe zu Stufe mühsam sich hebt, um zu Bewußtsein, zu Freiheit zu gelangen. Der Mensch aber ist es, durch den sie Erlösung hofft, er ist frei, er ist selbstbewußt, und nur dann ist er vollkommen, wenn er diese Bestimmung erreichte, wenn er fähig ist, in höchstem Maße durch Erkenntnis und Sitte in sich die Natur zu befreien. Darum blicke ich traurig in den Sonnenuntergang, in den Kelch der Blume, in die Adern des Gesteins, denn wie vieles ist auch in mir nicht frei! So schweifte ich in mich gekehrt die vielen Straßen fort, und Wagen auf Wagen rollte an mir vorüber. Ich bin nur ein armer unbekannter Fußgänger, unbeachtet von jener prangenden Welt der Heiterkeit, man bemerkte mich nicht einmal, gleichgültig ist mein Dasein – seltsames Gefühl! Die neuen Wege sind geradlinig, das gefällt mir, ich liebe in der Form der Gefäße und Gebäude die einfache geometrische Konstruktion. Aber die Frauen, die hoch oben mit Fächern und Blumen, unter Scherz und Rosen, durch die Bäume fortrollen – auch diese auf ewig von mir geschieden zu sehen, nicht durch Haß oder Entfernung oder menschliche

Tyrannei, nein durch Verachtung – das schmerzt den Fußgän-
ger in staubigem Kleide und brauner Hand, er hat auch ein
Herz voll Sehnsucht, auch eine Seele voll Träumen. Ja die
Armen und Niederen bereiten schon in manchem Lande den
Kampf gegen die irdischen Götter vor, es wird eine Zeit der
Drangsal kommen, aber jene können doch kämpfen, doch
hoffen: der Unglückliche, den die Liebe, das höchste der Lei-
den, verzehrt und der von der Natur mißbildet, von der
Gesellschaft des hohen Zieles seiner Wünsche unwert gemacht
ist – für ihn ist keine Hoffnung, kein Kampf, kein Recht! Wenn
meine Sitte, mein Anzug, meine Sprache nicht fein genug ist,
kann ich verlangen oder erwarten, daß sie mich liebt? O,
Quasimodo, deine Schmerzen sind oft die meinigen. Der
zweite Abend, den ich meine, führte mich aus dem Tor des
Gartens Boboli in das daran stoßende Stadttor und von dort ins
Freie. Ein immer aufwärts steigender Weg links, dem ich
folgte, war von den herrlichsten, dichtesten, dunkelsten Steineichen und Cypressen beschattet; zur Seite stieg der Berg mit
seinen Bäumen noch höher und auf seinem Rande standen
weiße Villen, die bisweilen durch die Wipfel blickten, und die
Gegend aufs schönste beherrschen müssen. Die Straße, vortrefflich unterhalten, mit gemauerten Rändern, bedeckte sich
von Zeit zu Zeit, wenn Wagen vorüberrollten, mit jenem
feinen Staube, der von den zermalmten Kalksteinchen übrig
bleibt – und durch Staub und Hitze oft in das schwarze Blätter-
dach der leccj (ilices, Steineichen) und die Spitzsäulen der
Cypressen hinaufblickend, gelangte ich zu einem halbrunden
Hof, den Mauerwerk umfaßte und dessen Grund eine prächtige Villa einnahm. Bei der Heimkehr, da ich durch eine
glänzende Straße ging – zu beiden Seiten strahlten erleuchtete
Warenmagazine, schöne Damen, am Arm der Herren, gingen
auf und ab, vornehme Herrschaften hielten im Wagen vor den
Läden und ließen sich seidene Stoffe herausreichen, ein buntes
Leben, fröhlicher Reichtum drängte sich an mir vorüber.

CHARLES DICKENS
DIE STRASSEN VON FLORENZ

1845

Einen sehr ernsten, fast düsteren Eindruck machen die Straßen
von Florenz, und die mächtigen alten Pfeiler der Bauten werfen so viel Schatten auf den Boden und in den Fluß, daß
beständig eine zweite, ganz andersartige Stadt von mannig-
fachsten Formen und Gebilden zu unseren Füßen liegt. Ungeheure Paläste, mit ihren kleinen, mißtrauisch äugenden Fenstern und dicken Mauern aus großen unbehauenen Steinen
bestens zur Verteidigung eingerichtet, schauen in ihrer alten,
trotzigen Pracht finster auf jede Straße hinab. In der Mitte der
Stadt, auf der Piazza della Signoria, die mit schönen Statuen
und dem Neptunsbrunnen geschmückt ist, erhebt sich der
Palazzo Vecchio mit seinen großen, überhängenden Zinnen
und dem hohen, die ganze Stadt beschirmenden Turm. Im
Schloßhof, der in seiner düsteren Schwermut mit dem Kastell
von Otranto wetteifern könnte, befindet sich eine so massive
Auffahrt, daß der schwerste Lastwagen mit dem kräftigsten
Pferdegespann sie getrost benutzen könnte. Drinnen gibt es
einen großen Saal, dessen reiche Verzierungen verblichen und
verstaubt sind und der allmählich vermodert, doch in seinen
Wandgemälden erinnert er immer noch an die Blütezeit der
Medici und an die Kriege der alten Florentiner. Ganz nahe
dabei, in einem Nebenhof, ist das Gefängnis untergebracht, ein
übelriechender, unheimlicher Ort. Einige Gefangene sind in
Zellen, klein wie Backöfen, eingeschlossen, andere schauen
durch die Gitter und betteln, während wieder andere Dame
spielen oder sich mit ihren Freunden unterhalten, die dabei
rauchen, wahrscheinlich um die Luft zu verbessern; ein paar
der Sträflinge kaufen sich bei alten Händlerinnen Wein und
Früchte, und die meisten machen einen schmutzigen, verkom-

40. *Alinari, Ponte Vecchio*

menen und widerlichen Eindruck. »Sie sind alle recht vergnügt«, sagt der Kerkermeister, »und haben sich fast ausnahmslos mit Blut befleckt«, fügt er hinzu und weist mit der Hand auf drei Viertel des Gebäudes. Ehe noch eine Stunde vergangen ist, wird ein achtzigjähriger Greis als Gefangener hereingebracht. Er war bei einem Handel mit einem siebzehnjährigen Mädchen in Streit geraten und hatte sie auf dem mit leuchtenden Blumen angefüllten Marktplatz erstochen.

Unter den vier alten, über den Arno führenden Brücken ist der Ponte Vecchio – jene mit den Buden der Juweliere und Goldschmiede bedeckte Brücke – die weitaus malerischste. In der Mitte ist ein Raum so groß wie ein Haus freigelassen, so daß man die sich bietende Aussicht wie in einem Rahmen erblickt; ganz entzückend nimmt sich das zwischen den dichtgedrängten Dächern und Giebeln der Brücke erscheinende Bild von Himmel, Wasser und prächtigen Gebäuden aus. Weiter oben spannt sich die Galerie des Großherzogs von Toskana über den Fluß. Sie wurde gebaut, um die beiden großen Paläste durch einen geheimen Gang miteinander zu verbinden, und sie verfolgt argwöhnisch ihren Weg durch Straßen und Häuser mit despotischer Willkür; denn sie verläuft dort, wo es ihr beliebt, und stößt, was sich ihr in den Weg stellt, rücksichtslos beiseite.

Überdies geht der Großherzog auf eine weit würdigere und noch viel geheimere Weise durch die Straßen, nämlich in schwarzer Kutte und schwarzer Kapuze als Mitglied der Compagnia della Misericordia, der Männer aus allen Ständen angehören. Wenn sich ein Unfall ereignet, so ist es ihre Pflicht, den Verletzten aufzuheben und nach dem Hospital zu schaffen. Bricht ein Feuer aus, so müssen sie sich an Ort und Stelle begeben und Hilfe und Beistand leisten. Auch gehört es zu ihren Obliegenheiten, Kranke zu besuchen und zu trösten. Für ihre Dienste empfangen sie nirgends Geld, Speisen oder Getränke. Diejenigen, die gerade Dienst haben, können jeden Augenblick durch das Läuten der großen Turmglocke zusam-

mengerufen werden, und man erzählt sich, daß auch der Großherzog einst von der Tafel aufstand und sich unauffällig ent-
fernte, um seiner Pflicht nachzukommen.

Auf der anderen großen Piazza, wo ständig eine Art Markt
gehalten wird und altes Eisen und alles mögliche Gerümpel in
Buden ausgestellt ist oder auf dem Boden herumliegt, stehen in
einer Gruppe der Dom mit seiner großen Kuppel, der schöne
italienisch-gotische Campanile und das Baptisterium mit seinen durchbrochenen Bronzetüren. Und dieses kleine, nicht zu
betretende Viereck hier auf dem Pflaster ist der Stein Dantes;
hierhin pflegte der Dichter der Überlieferung nach seinen
Stuhl zu stellen und in Betrachtungen versunken zu sitzen. Ich
frage mich, ob er sich wohl in seiner so bitteren Verbannung
durch die Erinnerung an diesen besinnlichen, mit zärtlichen
Gedanken an Beatrice verbundenen Platz davon abhalten ließ,
die Steine des undankbaren Florenz zu verfluchen.

Die Kapelle der Medici, der guten und bösen Engel von
Florenz; die Kirche von Santa Croce, wo Michelangelo begraben liegt und jeder Stein in den Kreuzgängen von dem Tod
eines großes Mannes Kunde gibt; die unzähligen Kirchen, in
ihrem Äußeren oft nur plumpe, unvollendete Backsteinbau-
ten, aber innen von feierlicher Klarheit – all diese Kirchen
halten, wenn wir durch die Straßen schlendern, unsere zögern-
den Schritte auf.

In einem gewissen Einklang mit den Gräbern unter den
Kreuzgängen steht das Museum der Naturwissenschaften mit
seinen weltberühmten anatomischen Wachspräparaten, diese
beginnen mit Nachbildungen von Blättern, Samen, Pflanzen
und Tieren niederer Art, steigen dann durch die verschiedenen
Organe des menschlichen Körpers den ganzen Bau dieser
wunderbaren Schöpfung hinauf und stellen dabei alles so ge-
treulich dar, als wäre der Tod soeben erst eingetreten. Schwerlich kann es etwas geben, was unser Herz in so erschütternder,
ernster und wehmütiger Weise an unsere Gebrechlichkeit und

41. *Alinari, Die Veranda eines Patrizierhauses*

Sterblichkeit gemahnt wie diese Abbilder von Jugend und Schönheit, die hier in ihrem letzten Schlaf auf den Kissen liegen.

Jenseits der Stadtmauer breitet sich das liebliche Tal des Arno aus mit dem Kloster Fiesole, dem Turm des Galilei, dem Haus Boccaccios, alten Villen und Landhäusern, zahllosen anziehenden Stellen, die, überglänzt von einer Flut von Licht, in einer wunderschönen Landschaft vor uns liegen. Und wendet man sich von diesem leuchtenden Bild wieder ab, so erscheinen einem die Straßen noch großartiger und feierlicher mit ihren hohen, düsteren, schwermütigen Palästen mit allen davon wachgerufenen Erinnerungen, und zwar nicht nur an Krieg, Eroberung, Macht und Tyrannei, sondern auch an ein ruhmvolles Gedeihen friedlicher Künste und Wissenschaften.

Wieviel Licht ergießt sich noch heute aus diesen grauen florentinischen Palästen über die Welt! Hier in den jedermann zugänglichen Gebäuden – einer Zuflucht, wie sie nicht schöner und ruhiger gedacht werden kann – wird den alten Bildhauern Unsterblichkeit zuteil, Seite an Seite mit Michelangelo, Canova, Tizian, Rembrandt, Raffael, mit Dichtern, Historikern und Philosophen – all jenen berühmten Männern der Geschichte, neben denen sich gekrönte Häupter und geharnischte Krieger recht armselig ausnehmen und sehr schnell in Vergessenheit geraten. Hier lebt das Unvergängliche edler Geister friedlich und würdig fort, ob auch mächtige Bollwerke längst in Trümmern liegen, ob auch die Gewaltherrschaft vieler oder weniger nur noch eine ferne Sage ist, ob auch Stolz und Macht in Staub gesunken sind. Das Feuer, das in den düsteren Straßen und zwischen den mächtigen Palästen durch die Strahlen des Himmels angezündet worden ist, leuchtet noch im alten Glanz, wenn auch die Lohe des Krieges erloschen und der Herd ganzer Generationen erkaltet ist. Während tausend und abertausend Gesichter, geprägt von den Kämpfen und Leidenschaften der Stunde, von den Märkten und Plätzen verschwunden sind, lebt eine unbekannte Florentinerin, von eines Malers Hand vor der Vergessenheit bewahrt, in ewiger Schönheit und Jugend fort.

AUGUST WILHELM VON SCHLEGEL
LIONARDO

1846

Florentiner, Florentiner!
  Was muß euren Sinn verkehren,
Daß ihr eure großen Männer
  Fremden überlaßt zu ehren.

Dante, welcher göttlich heißet,
  Klagt daß ihn sein Land verstoße;
Sein verbannter Leib ruht ferne
  Von der zarten Mutter Schoße.

Und der alte Leonardo
  Weilte bei euch halb vergessen,
Der an euren Kriegestaten
  Jung des Pinsels Kraft gemessen.

Zwar ein Stern, der hoch und herrlich
  An der Künste Himmel funkelt:
Michel Angel Buonarotti
  Hatte seinen Ruhm verdunkelt.

Dieser strebt in wildem Trotze
  Die Natur zu unterjochen;
Jener bildet, sinnig forschend,
  Was sie leis ihm ausgesprochen.

Nicht den Stolzen duldend, muß er
  Noch zu fremdem Volk und andern
Menschen, aus Florenz, der schönen,
  Ein bejahrter Pilger, wandern.

Ritter Franz, der edle König,
   Rief den weisesten der Maler,
Gab ihm Raum nach Lust zu schaffen,
   Hoch zu ehren ihn befahl er.

Zur Vollbringung der Entwürfe
   Scheint ihn neuer Mut zu stärken,
Aber bald hört man ihn klagen
   Über angefang'nen Werken:

»Sieh, mein Leben ist am Ziele,
   Und die Kunst noch kaum begonnen,
Haben gleich mir gute Parzen
   Lang den Faden ausgesponnen.

»Weit in unentdeckte Fluren
   Breiten Klarheit die Gedanken;
Doch das Nächste zu vollenden
   Fühl' ich meine Hand erkranken.«

Und er mußte wider Willen
   Hin sich strecken auf das Lager;
Würdig schön in siechem Alter,
   Weiß von Bart und still und hager. –

Als der König dies vernommen,
   'Füllt es ihn mit bangen Schmerzen;
Denn er hielt ihn wie ein Kleinod
   Seinem Reich und seinem Herzen.

Eilig, wie zu einem Vater,
   Tritt er in des Kranken Zimmer;
Kommen sieht ihn Leonardo
   Mit des Aug's erlosch'nem Schimmer

Und er will empor sich richten,
    Seinen jungen Freund zu segnen,
Dessen Arme, dessen Hände
    Liebreich stützend ihm begegnen.

Heiter lächelt noch sein Antlitz,
    Schon erblaßt wie einem Toten:
Aber halb im Mund erstorben
    Ist der Gruß, sein letzter Odem. –

Lange harrt der König schweigend,
    Ob er nicht erwachen werde: –
»Ruh' der kunstbegabten Seele!
    Und dem Leib sei leicht die Erde!

»Keine Weisheit, keine Tugend
    Kann das herbe Schicksal wenden! –
Was der Tod ihm störte, wird es
    Je ein geist'ger Sohn vollenden? –

»Darum, weil *dies* Leben dauert,
    Laßt den Heldentrieb entbrennen!
Wie dein ernster Spruch mich lehrte:
    Was ich soll, das will ich können!«

HECTOR BERLIOZ
ANGENEHME ERINNERUNGEN

1848

Der Anblick von Florenz, das ich zum vierten Male betrat, wirkte besonders niederdrückend auf mich. Während der zwei Tage, die ich in dieser Königin der Kunststädte verbrachte, teilte mir jemand mit, daß der Maler Chenavard, dieser bedeutende, von Intelligenz explodierende Kopf, mich eifrig suche, ohne mich treffen zu können. Er hatte mich in den Galerien des Palazzo Pitti zweimal verfehlt, er hatte im Hotel nach mir gefragt, er wollte mich unbedingt sehen. Ich war für diesen Beweis der Sympathie von seiten eines so hervorragenden Künstlers sehr empfänglich; ich suchte ihn meinerseits ohne Erfolg und reiste ab, ohne seine Bekanntschaft gemacht zu haben. Erst fünf Jahre später sahen wir uns endlich in Paris, und ich konnte bewundern, wie erstaunlich durchdringend, scharf und klar sein Verstand ist, wenn er ihn auf das Studium der Lebensfragen selbst solcher Künste anwenden will, die, wie z. B. die Musik und die Dichtung, von der Kunst, die er ausübt, durchaus verschieden sind.

Eines Abends war ich auf der Suche nach ihm eben durch den Dom gegangen und hatte mich nahe bei einer Säule hingesetzt, um zuzusehen, wie im Strahl der untergehenden Sonne, welcher die Dunkelheit der Kirche durchbrach, die Staubpartikelchen tanzten, als mehrere Priester und Kerzenträger zu einer Trauerfeier in die Kirche kamen.

Ich näherte mich ihnen und fragte einen Florentiner, wer da begraben werde.

»E una sposina, morta al mezzo giorno«, antwortete er vergnügt. Die Gebete waren erstaunlich kurz; die Priester schienen bereits bei Beginn große Eile zu haben, an den Schluß zu gelangen. Dann wurde die Leiche auf eine Art bedeckter Bahre ge-

42. *Alinari, Der Borgognissanti*

legt, und der Zug bewegte sich nach dem Ort, wo die Tote bis zum nächsten Tage ruhen sollte, bevor sie endgültig begraben wurde. Ich folgte ihm. Während des Gehens murmelten die Kerzenträger einige undeutliche Gebete zwischen den Zähnen; doch ihre Hauptbeschäftigung war, von den Kerzen, mit denen die Familie der Verstorbenen sie versehen hatte, soviel Wachs wie möglich schmelzen und abtropfen zu lassen. Und zwar aus folgendem Grunde: einen Teil des Wachses wollte die Kirche für sich behalten, aber da man sich nicht traute, ganze Kerzen zu entwenden, bog man alle Augenblicke den Docht nach unten, um das schmelzende Wachs auf das Pflaster fließen zu lassen. Eine Schar von Gassenjungen, offenbar in die Prozedur einge-weiht, löste das Wachs und formte eine Kugel daraus, die be-ständig wuchs, so daß am Ende der ziemlich langen Strecke (die Leichenhalle liegt in einem der entferntesten Viertel von Flo-renz) schließlich ein beträchtlicher Vorrat an Trauerwachs ein-gesammelt war. So also sah es um das fromme Amt derer aus, die die arme *sposina* zur letzten Ruhestätte geleiteten.

Als wir an der Tür der Leichenhalle ankamen, sah der oben erwähnte Florentiner, daß ich ängstlich den Fortgang dieser Szene beobachtete; er näherte sich mir und fragte in einer Art Französisch:

– Wollen Sie hineingehen?

– Ja, aber wie?

– Geben Sie mir drei Paoli.

Ich schiebe ihm die drei Geldstücke, die er verlangte, in die Hand; er unterhält sich einen Augenblick mit der Türhüterin des Trauerraumes, und ich werde eingelassen. Die Tote war bereits auf einen Tisch gelegt worden. Ein langes weißes Kleid aus Baumwollzeug, um den Hals und unter den Füßen gekno-tet, bedeckte sie fast gänzlich. Ihre lose geflochtenen Haare wallten auf ihre Schultern herab; große, halb geschlossene, blaue Augen, kleiner Mund, trauriges Lächeln, Marmor-nacken, edler und unschuldiger Ausdruck . . . jung! . . .

43. *Alinari, Mitglieder der Misericordia tragen einen Kranken*

jung! . . . tot! . . . Der Italiener, immer lächelnd, rief aus: *»E bella!«* Um mich ihre Züge besser bewundern zu lassen, hob er das Haupt der armen, jungen, schönen Toten, strich mit seiner schmutzigen Hand die Haare beiseite, die scheinbar nicht davon lassen wollten, Stirn und Wangen, auf denen noch eine unaussprechliche Anmut lag, schamhaft zu bedecken, und ließ dann den Kopf hart auf das Holz zurückfallen. Der Saal widerhallte von dem Stoß . . . ich glaubte, mir müsse bei diesem gottlosen, rauhen Klang die Brust zerspringen . . . Ich konnte nicht länger an mich halten, ich fiel auf die Knie, ergriff die Hand dieser entweihten Schönheit, bedeckte sie mit sühnenden Küssen, im Herzen die heißeste Pein, die ich je in meinem Leben empfunden habe. Der Florentiner lachte noch immer . . .

Aber plötzlich kam mir der Gedanke: was würde der Gatte sagen, wenn er sehen könnte, wie die keusche Hand, die ihm so teuer und vorhin noch kalt war, nun erwärmt wird von den Küssen eines unbekannten jungen Mannes; hätte er in seinem Schreck, in seiner Entrüstung nicht das Recht, zu glauben, ich sei der heimliche Liebhaber seiner Frau gewesen und gebe nun, treuer als er, vor dem angebeteten Körper meiner Shakespeareschen Verzweiflung Ausdruck?

Niemand würde den Unglücklichen von diesem Glauben abbringen können. Aber hat er nicht verdient, die unermeßliche Qual eines solchen Irrtums zu leiden? . . . Gleichgültiger Gatte! Läßt man aus seinen lebendigen Armen eine geliebte Tote entreißen? . . .

*Addio, addio! bella sposa abbandonata! Ombra dolente! Adesso, forse, consolata! Perdona ad un straniero le pie lagrime sulla pallida mano. Almen colui non ignora l'amore ostinato ne la religione della beltà.**

Und ich ging erschüttert hinaus.

* *»Leb' wohl, leb' wohl, du schöne, verlassene Gattin! Trauernder Schatten, jetzt vielleicht getröstet! Verzeih einem Fremden die frommen Tränen auf deiner bleichen Hand. Er wenigstens weiß, was beständige Liebe und Anbetung der Schönheit bedeuten.«*

THÉOPHILE GAUTIER
AUF DER PONTE ALLA CARRAIA

1850

Der Fluß Arno strömte trüb und gelb zwischen steinernen Ufermauern dahin. Er füllte knapp die Hälfte seines Bettes aus, dessen schlammiger Grund, übersät mit Bauschutt, Scherben und Müll, hie und da sich zeigte. Der Zauber der italienischen Namen, die uns aus den Versen der Poeten vertraut sind, ist so groß, daß ihre klingenden Silben im Geist stets eine Vorstellung erwecken, die von dem Bild, das die Wirklichkeit darbietet, völlig verschieden ist. Der Arno unserer Vorstellung ist ein Strom klaren Wassers, seine Ufer sind blütenübersäte Rasenhänge, zu denen marmorne Freitreppen von Terrassen hinabführen, im Abenddunkel durchfurcht von laternentragenden Barken, von deren Rändern Orientteppiche in die Strömung herabhängen und die in seidenen Zelten das Glück liebender Paare verbergen – und Musiker deren Klänge vom Wasser heraufhallen.

Die Wahrheit ist, daß der Arno eher ein Bächlein als ein Fluß genannt werden dürfte: je nach Laune von Regen oder Dürre strömt er oder rieselt im Wechsel, und in Florenz gleicht er völlig der Seine zwischen dem Pont de l'hôtel-Dieu und dem Pont Neuf. Wenige Fischer im Wasser bis zu den Knien, beleben das Flußbett – das wegen des veränderlichen Wasserstandes nur flache Kähne zuläßt – was umso ärgerlicher ist, als das Meer ganz nahe ist, in das sich der Arno hinter Pisa ergießt. Die Häuser uns gegenüber waren hoch, von einer nüchternen, nicht gerade begeisternden Architektur, und nur einige ferne Kirchtürme und Kuppeln unterbrachen die vorherrschende Horizontale. Weiter hinten, jenseits der Dächer erhob sich der Hügel von San Miniato mit seiner Kirche und seinen Zypressen – dieser Name hatte sich uns im Gedächtnis verhaftet, obwohl wir Florenz ja noch nie gesehen hatten, heißt es doch im Lorenzaccio von Alfred de Musset in der fünften Szene: Ort der Handlung: »vor der Kirche San Miniato auf dem Monto-liver«. Wie sich ein solch unbedeutendes Detail im Gedächtnis für Jahre verankert, während so viel Bedeutendes schwindet! Das mögen uns die sagen, die mit den Windungen des armen menschlichen Hirnes vertraut sind!

Die schöne Dreifaltigkeitsbrücke des Architekten Amma-nato überspannte zu unserer Rechten den Arnofluß in drei leichten, flachen Bögen: So bietet sie dem Hochwasser weni-ger Widerstand. Auf ihr erheben sich Statuen der vier Jahres-zeiten, die ihr von Ferne ein monumentales Aussehen geben.

Zur Linken hatten wir die Carraiabrücke, eine der ältesten in Florenz, die aufs 13. Jahrhundert zurückgeht – als sie vom Hochwasser fortgerissen war, hat ihr Ammanato, der Erbauer der Ponte Santa Trinità, die heutige Form gegeben.

An diese Brücke knüpft sich eine seltsame Geschichte: Im Mai 1304 verbreitete sich die merkwürdige Kunde in Florenz, daß die die genauer wissen wollten, wie es im Jenseits zuginge, sich nur auf die Ponte alla Carraia zu begeben brauchten. Diese eigenartige Einladung – so spleenig, daß sie eigentlich nach England gehörte – zog eine gewaltige Menge Menschen auf die Brücke, deren Pfeiler zwar aus Stein, deren Träger jedoch aus Holz gefügt waren. Höllenbilder – wie sie wenige Jahre später Dante in seinem zyklischen Gedicht malte – erfüllten damals jedes Hirn: die Maler bedeckten die Wände der Kir-chen und Kreuzgänge mit phantastischer Höllen- und Teufels-brut, wie sie später Michelangelo im Jüngsten Gericht zu einem meisterhaften Ganzen zusammenfassen sollte. Eine Höl-lenszene also – nach Entwürfen des extravaganten Buffal-macco – spielte sich auf dem Fluß ab. Der Arno, den man auf Zeit in einen Acheron, in einen Höllenfluß verwandelt hatte, wurde von einem schwärzlichen Charon durchfurcht, der »Seelen« überführte, welche klauen- und krallenbewehrte, gehörnte, geflügelte, spiralschwänzige Teufel mit gewaltigen Gabelstößen empfingen. Dem Auge boten sich »christliche« und heidnische Folterqualen in unbeschreiblichem Gemisch: Kessel voll siedenden Öls, Gatter, Räder, Kneifzangen, Wippgalgen, flammende Holzstöße – alle denkbaren und unvorstellbaren Qualen, alles in düstere Flammen und Qualm gehüllt, griechisches Feuer und Feuerwerk darunter, riesige Höllenrachen mittelalterlichen Stils, die gähnten und zuklappten und – durch den rötlichen Schimmer hindurch die Menge der Verdammten ahnen ließen – die von einem Gewimmel von Teufeln gepeinigt und gequält wurden. Die Veranstalter dieses bizarren Spektakels waren die San Frediáner, die es den Florentinern darbrachten, die übrigens teuer dafür bezahlen mußten: die Brücke brach unter dem Übergewicht der Menge, eine große Zahl von Zuschauern stürzte ins Wasser und in die Flammen, ertrank und verbrannte zugleich und erfuhr – wie es ja auch die Ankündigung versprochen hatte, durch eigene Erfahrung, wie es im Jenseits so zugeht. . . .

Nach dieser Katastrophe wurde die Brücke als Steinbrücke erneuert, ganz in der heutigen Form.

Das Antlitz von Florenz ist traurig, wider alle Erwartung. Die Straßen sind eng, die Häuser, hoch und düster, haben nicht jene helle mittelmeerische Heiterkeit die man sich von ihnen erwartet. Diese Stadt der Genüsse, gleichsam die Sommerresidenz des eleganten und reichen Europa wirkt mürrisch und verdrießlich, seine Paläste gleichen Gefängnis- oder Festungsbauten, alle Häuser scheinen sich von den Straßen absetzen und sich gegen sie zur Wehr setzen zu wollen, ihre Architektur, düster, mächtig, fest, schmucklos, wenig geöffnet hat die trotzige mittelalterliche Art bewahrt und scheint auf den nächsten Handstreich der Pazzi oder der Strozzi zu warten.

THÉOPHILE GAUTIER
PROMENADE IN DEN CASCINE

1850

Der Typ des Florentiners ist wesentlich von dem des Lombarden und des Venezianers verschieden. Wir treffen hier nicht mehr die regelmäßigen und klaren Gesichtszüge, das kompakte Gesichtsoval, den prächtigen Halsansatz, die Gestalt, die Glück und Heiterkeit ausstrahlt, dieses vollkommene Gesund-Schöne, das uns in den Straßen von Mailand überraschend entgegentritt, wo, wie Balzac so treffend sagt, die Portierstöchter Prinzessinnen gleichen. In Florenz stünde man mit Unverständnis vor jenem antik empfundenen Epitaph – ich weiß nicht mehr welches Grafen, dessen Grab bloß die Worte trug: »Er war schön und Mailänder.« Auch die üppige Grazie und die geistvolle Heiterkeit Venedigs sucht man hier vergebens. Die Gesichter in Florenz haben nicht mehr den antiken Schnitt, der nach so vielen verflossenen Jahrhunderten, aufeinander folgenden Invasionen und einer so umstürzenden Veränderung der Sitten und des Glaubens im übrigen Italien noch vorherrscht. Sie wirken deutlich moderner. Es wäre unverzeihlich, etwa auf dem Genter Boulevard einen reinblütigen Römer zu verkennen – ein Florentiner hingegen fällt unter Parisern nicht auf. Das deutlich südländische Gepräge, das bei den anderen Italienern in die Augen springt, wird ihn nicht verraten. In den Gesichtern der Florentiner und Florentinerinnen herrscht der ständige Wandel, das immer wieder Neue vor. Gedanken- und Seelenbewegungen hinterlassen ihre Spuren im Gesichtsrelief und vermehren dessen Ausdrucksmöglichkeit.

Die Florentinerinnen, die den Mailänderinnen, Venezianerinnen oder Römerinnen an statischer Schönheit den Vorzug einräumen müssen, sind interessanter und beschäftigen stärker

44. *Alinari, Maskenfest im Ghetto*
Ende des 19. Jahrhunderts

die Phantasie; vor den anderen gefallen sie dem Schriftsteller-Psychologen. Ihre Augen sind melancholisch verhangen, ihre Stirnen wirken träumerisch und manche zeigen eine Miene unbestimmter Schwermut – jene ganz moderne und ganz christliche Gefühlslage, die man in der griechischen und römischen bildenden Kunst vergeblich suchen würde. Unter den klassisch geformten Italienerköpfen erscheinen die florentinischen Köpfe bürgerlich – im innerlichen, positiven Sinn des Wortes. Aus ihnen spricht nicht die Rasse, vielmehr das Individuum – es sind nicht bloße Männer- oder Frauenköpfe, es erscheint auch ein gesellschaftliches Moment. . . .

Diese allgemein gehaltenen Betrachtungen, die zahlreiche Ausnahmen zulassen – es gibt auch die regelmäßige Schönheit in Florenz – sind das Ergebnis von Beobachtungen, die ich in den Straßen, den Theatern, den Kirchen und auf den Promenaden anstellte; das menschliche Antlitz ist schließlich der Betrachtung gleichermaßen wert wie die Architektur. Das Modell ist des Bildes würdig und das Gotteswerk des Kunst-

werks. Und wenn wir auch die eine oder andere schöne Spa-
ziergängerin ein wenig zu aufmerksam angestarrt haben – sie
hätte sich nicht mehr darüber ärgern sollen, als es eine Säule
oder eine Statue tut: unsere reiseberichterische Gewissenhaf-
tigkeit soll unsere Entschuldigung sein. Der günstigste Ort
für ein Studium dieser Art in Florenz – das die auf Antiqui-
täten und Kunst erpichten nur zu oft vernachlässigen – sind
unbedingt die Cascine: eine Art von toskanischem Hyde
Park und Champs Elysées, wohin von drei bis fünf in Bricks,
Tilburgs, Landauern, Limousinen und Kaleschen alles hin-
strömt, was die Stadt an Reichtum, Adel, Eleganz und Prä-
tentionen birgt. Auf florentinischem Hintergrund zeichnen
sich noch zusätzlich ausländische Extravaganzen ab, die sehr
ins Auge fallen.

Die Cascine – der Name bedeutet »Molkerei« – liegen außerhalb der Stadtmauern, vor der Porta di Prato und erstrecken
sich auf dem rechten Arnoufer nahezu zwei Meilen weit, bis
zur Mündung der Terzolle in den Fluß. Quer durch Gruppen
alter und hoher Bäume – aus Schirmpinien, Steineichen, und
anderen südlichen Hölzern – durchsetzt von nördlichem Kräu-
terwerk erstrecken sich sandbestreute Wege, die alle in einer
Rundplatte auslaufen, die das darstellt, was die Spanier den
»Salon« dieser Modepromenade nennen würden.

Diese großen Grün-Massen, die auf der einen Seite durch
den blauen Rahmen des Appeninns eingefaßt werden, dessen
ferne Bergrücken, die scheckig von dem Weiß der Landhäuser
und Weiler sind, bilden unter dem schönen südlichen Licht ein
wunderbares Ensemble, das man nicht leicht vergißt. Die Cascine haben etwas ursprünglich Ländlicheres und Freieres als die
vergleichbaren Promenaden von Paris und London und selbst
der Zustrom aus ländlicher Eleganz nimmt ihnen nicht ihre
italienische Gemütlichkeit, die in ihrer Formlosigkeit so lie-
benswert wirkt. (. . .) Vor wenigen Jahren war Florenz – vor
allem bevor die politischen Ereignisse die wohlhabenden Tou-

risten verschreckt haben – so etwas wie der »Salon Europas«. Man fand dort im Großen »die ganze goldene Welt der Badefreuden«. Dort vereinten sich – von allen Punkten des Horizonts anlangend, die Engländer, auf der Flucht vor ihrem heimischen Nebel, die Franzosen bei der Absolvierung der Modereise, die Deutschen, auf der Suche nach Kunst-Ursprünglichkeit, ehemalige Sängerinnen, Tänzerinnen, problematische Existenzen auf der Glückssuche, gestürzte Königinnen, reizende Paare, die sich in Gretna Green oder einfach vor dem Altar der Natur verbunden hatten, von ihrem Gatten – aus mannigfaltigen Gründen – getrennt lebende Frauen, große Damen, die einem Hirngespinst nachjagten, Fürstinnen, denen Tenöre oder schwarzbärtige junge Männer im Schlepptau folgten, in Baden-Baden oder Spa teilruinierte Dandys, Opfer Pariser Geschäftemacher und Banken, verblühte Mädchen, die von einem vertrackten Abenteuer träumten – eine ganze Welt auf der Flucht, viel Tombak darunter, aber lebhaft, geistvoll, fröhlich, nur auf Vergnügungssuche, mit dem Geldausgeben um so unbedenklicher beschäftigt, als der Luxus in Italien vergleichsweise preiswert ist. Diese ganze Gesellschaft traf sich ständig auf den gastlichen Ballabenden des Großherzogs und amüsierte sich gewaltig. Die allseitig geübte Toleranz, die jedermann akzeptierte, der sich darzustellen wußte, die erforderliche Kleidung und irgendeinen Empfehlungsbrief besaß, ließ wohl gelegentlich einen Falschspieler oder eine Abenteurerin in diesen kosmopolitischen Salon gelangen – aber schließlich brauchte man sich bei dem Wiedersehen in London und Paris ja nicht mehr zu grüßen, und man hatte in Florenz die ganze Freiheit eines Maskenballs. Die Intrigen und die Liebesverhältnisse gingen ohne allzu starke Klatschbegleitung ihren Gang – jeder war viel zu sehr mit sich selbst beschäftigt, als daß er die Zeit gehabt hätte, an anderen seine Zunge zu netzen. Übrigens: eine Frau wegen einer Affäre schlechtzumachen, wäre jedermann kindisch vorgekommen, der Klatsch begann bei zwei gleichzeitig laufenden Romanzen, die Verleumdung bei dreien.

Die Promenade in den Cascine war ein Hauptereignis des Tages. Dort war die Liebesbörse, wo man die Kurse der begehrtesten Damen vergleichen konnte. Madame de B.: steigende Tendenz; Madame de V.: fallend, Madame de B. hat den kleinen Baron de L. um des Fürsten D. wegen fallen lassen; Madame de V. ist wegen einer zweitklassigen Sängerin der Pergola verlassen worden: die Lage ist ernst! Die Toiletten wurden weniger heftig diskutiert als irgend sonst: Spaß machten die großen Liebesaffären; aber die Evastöchter können es natürlich nicht ganz lassen ein wenig an den Schnitt des Feigenblatts zu denken, das ihre Reize verhüllt. Jedoch – und das ist zweifellos eine Auswirkung der ganzen Atmosphäre: Man hat in den Cascine schon Pariserinnen beobachtet, die so verliebt waren, daß sie ihre Eitelkeit vergaßen, um ausschließlich den Geliebten anzustarren. Der Fremdenbesuch ist jetzt ein wenig schwächer, immerhin bieten die Cascine noch von drei bis sieben – je nach Jahreszeit – ein Schauspiel voll fröhlicher Bewegtheit. Als wir dort in der Kalesche einfuhren – es bewiese schlechten Geschmack, sich zu Fuß dorthin zu begeben, wenn auch der Abstand der Cascine zur Stadt gering ist – war die ganze Gesellschaft versammelt; das Wetter war schön, die Luft sanft, und die Sonne schoß einige lustige Strahlen in leichte, üppig geformte Wolken.

Die Rundfläche der Cascine stellte einen riesigen Salon vor, in dem die herumstehenden Kaleschen die Kanapees und Sessel bildeten. Die Damen lagen in großer Toilette hingegossen im Fonds ihrer Wagen, deren Vorderteil unter Blumen begraben war. Sie posierten auf alle möglichen ausgeklügelten Weisen, um sich vorteilhaft darzustellen und Grazie zu zeigen, daß man es in der Comédie Française nicht besser hätte haben können. (. . .)

Eine geheimnisvolle Erscheinung beschäftigte zu jener Zeit

sehr stark die Neugier des kosmopolitischen Florenz: eine alleinstehende Frau von unvergleichlicher Haltung war, in den Fond einer braunen Kalesche geschmiegt, in den Cascine aufgetaucht. Ein weißer, mit Fransen besetzter Crêpe de Chine-Schal hüllte sie bis zu den Füßen ein. Ein Hut, der die Modistin Madame Boyer in jedem Detail verriet, bildete eine blühende Aureole um ihr gemmengleiches reines und feines Profil, das mit seinem griechischen Schnitt mit ihrer ganz neumodischen Eleganz und ihrer in kalter Vornehmheit beinahe englisch wirkenden Haltung kontrastierte. Ihr Hals: bläulich-weiß, ihre Wangen: gleichmäßig gerötet, das blaue klare Auge schien zu sagen, daß hier eine nordische Schönheit wie eine Sonne aufging; aber der Funke im Saphirauge blitzte so lebhaft, daß er nur aus einem südlichen Klima stammen konnte, ihr Haar eng anliegend und gekraust, hatte brünetten Glanz und jene Festigkeit, die die Blondinen heißer Länder haben; einer ihrer Arme war in den Falten des Schals begraben – wie der der Mnemosysse, der andere – mit engem Armband – bewegte sich fast nackt aus der Spitzenflut des Keulenärmels heraus und ließ – von der Spitze einer kleinen Handschuhhand aus – eine tiefdunkelrote Kamelienblüte nervös auf ihrer Wange tanzen. War es eine Engländerin, Italienerin, Französin? Niemand konnte es sagen, niemand kannte sie. Sie rollte durch die Cascine, verhielt einen Augenblick auf dem Rondell – das für sie doch unerwartete Schauspiel schien ihr nichts zu sagen – und fuhr wieder zur Stadt hinüber. Den Morgen darauf – keine Spur von ihr. Welches Geheimnis steckte hinter der ungewöhnlichen Promenade? Kam die Unbekannte quer durch Europa zu einem geheimen Stelldichein? Wollte sie einen Ungetreuen mit einer Rivalin überraschen? Niemand hat je etwas darüber in Erfahrung bringen können. Aber diese flüchtige Visite blieb unvergessen in Florenz.

JOSEPH VIKTOR VON SCHEFFEL
DIE FIORAJEN

1852

Item ist Florenz die sauberste Stadt, so mir in Welschland vorgekommen, und liegt noch ein Hauch aus der kunstreichen Medizäerzeit über dem ganzen Wesen, und hat mit seinen burgartigen Palästen und dem bildnisgezierten Platz am Stadthaus und den alten Brücken am Arno eine Erinnerung an kraftvolles Mittelalter und Gedeihen städtischen Lebens, im Streit mit Signorien und andern Republiken. Und ist viel Merkwürdigkeit alter Kunst und Wissenschaft und viel schöner Frauengesichter mit feurigen Augen in Florenz – und tragen die Florentiner Töchter große, niedere Strohhüt', so einem wie zum Gruß entgegennicken, und hab' ich am *lung Arno* und draußen in den Cascine zu Fuß und zu Wagen so mannigfaltiger Frauen und Jungfrauen vorbeipassieren geschauet, daß mich schier bedünken wollt', die italienisch' Sonn' verstünd' das Auskochen der Menschenkinder besser als die deutsch'. Und als wie ein sinniger Gruß der florentinischen Weibervölker an den Fremden sind an den namhaftesten Plätzen der Stadt artliche Jungfrauen, so einem unverhofft und ohne Erwartung eines Entgelts einen Blumenstrauß zuwerfen, tragen selbe auch die großen wackelnden Strohhüt' und heißen *fiorajen*.

Und wie ich überhaupt in Florentia stolz und wie ein Engelländer umhergegangen, auch das toskanisch' Geld nicht zu schätzen verstanden, also hab' ich mannigmal in die Westentasch' gegriffen und einer *fioraja* ein oder zwei Paoli zugeworfen – und hat mich dies in ihrer Affektion sehr hoch gestellt – maßen mich auch einstens eine gar feine *fioraja,* wie ich vor dem *Café Donay* gesessen, teilnahmsvoll angeredet, warum ich stets mit der *faccia severa* und *melanconica* mich trüg', und hab

45. *Alinari, Richtfest*

ihr gesagt: *gravi pensieri* seien schuld daran, worauf sie einen langen und sachverständigen *discursum de amore* anhub, welcher insgemein die *giovanotti* ernst und nachdenkend mache – und konnt' ihr nicht in allem Unrecht geben. Wurde mir aber seit selbigem *discursum* große Aufmersamkeit geschenkt, also daß ich mannigmal ein Seitengäßlein am Palazzo Strozzi einge-schlagen, um nicht mit allzuviel Nelken und Lavendelsträuß' behelligt zu werden.

ANSELM FEUERBACH
GOTT MÖGE MIR DIE KRAFT
GEBEN DAS ALLES ZU ERTRAGEN
WIE EIN MANN

1856

In derselben Mondnacht, unmittelbar nach der Ankunft, bin ich einsam durch Florenz gegangen, und mein guter Stern führte mich über alle die bekannten Straßen und Plätze, die mir jetzt, wo ich sie zum ersten Male mit meinen leiblichen Augen sah, traumhaft fremd erschienen. So kam ich auf die Piazza del gran Duca, wo die colossalen weißen Marmore herüberleuchten; ich erkannte neben einem rauschenden Brunnen den David des Michel Angelo und den Perseus des Benvenuto; dann kam ich unter freie Loggien und sah lange in den Arno hinab. Es mag sein, daß das Wunderliche meiner Verhältnisse mit dahin gewirkt hat, mir diese Nacht so ernst in die Seele zu schreiben.

Gestern war ich in dem Palast degli Uffici und da hat mich die träumerische Schönheit, die weiche Schwermut und diese unaussprechliche Vollendung so ergriffen, daß ich die Galerie sofort verlassen mußte, weil mir die Tränen unaufhaltsam herunterliefen. Ich schäme mich dessen nicht. Wie mußte es einem Menschen zu Mute sein, wenn er das vor Augen sah, wonach er sich sein ganzes Leben hindurch sehnte und was er annähernd in sich selber hätte erreichen mögen und können, wenn − − ja wenn!

Doch stille davon. Daß ich in solcher Weise erschüttert werden konnte, habe ich früher nicht geahnt, und heute noch im Palast Pitti dasselbe, und zu Hause und überall diese Schauer. Gott möge meine Schritte lenken und mir Kraft geben, das Alles zu ertragen wie ein Mann. (. . .)

Es sind Bekannte von mir aus Venedig nachgekommen und

46. *Alinari, Die Via Nazionale*

ich bin nicht mehr allein, was gut für mich ist. Die großen
Gemütserschütterungen nagen an meiner Gesundheit. Es hat
sich auch ein deutscher Arzt meiner angenommen, wofür ich
ihm stets dankbar sein werde. Ich brauche zugleich Ruhe und
etwas Zerstreuung.

FERDINAND GREGOROVIUS
ÜBER DAS DEMOKRATISCHE WESEN
DER KUNST IN FLORENZ

1856

In Florenz scheint die Kunst noch ein überraschend demokratisches Wesen bewahrt zu haben, sowohl was die Öffentlichkeit ihrer Werke als ihren geschichtlichen Zusammenhang mit Stadt und Volk selber betrifft.

Eine große Menge von Bildsäulen ist auf Plätzen oder in Kirchen aufgestellt, und mögen sie nun von größerem oder geringerem Wert sein, ihre Beziehung auf das Volk ist lebendig, anregend und erfreulich. In der Loggia dei Lanzi lagert sich das Volk in der Morgenfrische oder in der Abendkühle unangefochten unter den Statuen, welche dort aufgestellt sind. Musik erschallt dort an den Festtagen, die Loge wird erleuchtet, Kinder tanzen ungestört um die Gruppe des Ajax und des Patroklus und unter dem Perseus des Benvenuto Cellini oder der Judith des Donatello. Mitten in dem Raume aber, welchen die Uffizien umschließen und wo in den Pfeilernischen die Porträtfiguren der großen Florentiner und Toskaner stehen, lärmt das Volksleben vom Morgen bis zum Abend. Man pflegt dort die Lotterie zu verspielen, welche viele tausend Menschen herbeilockt. Zu den Füßen der Bildsäulen Machiavellis, Dantes, Boccaccios haben sich die Straßenbuchhändler aufgestellt, und indem sie die Werke jener Männer feilbieten, möchte es scheinen, als sähe man ihre Verfasser Anteil nehmen an den modernen Menschen, die ihre hundertfach aufgelegten Schriften zu suchen kommen. So dem Volk als Eigentum hingegeben, wie diese und andere Werke der Kunst auf Straßen und Plätzen, sind auch die Denkmäler der großen Florentiner in den Kirchen.

Die Geschicklichkeit der meisten Bildsäulen aber setzt sie in ein ererbtes und fortdauerndes Verhältnis zu den Bürgern. Der Florentiner sieht in ihnen die reiche und große Vergangenheit seiner einst freien Stadt verkörpert und hat diese gleichsam wie eine marmorne Chronik vor Augen – ein großer Vorzug, der die Wirkung der Bildwerke unendlich erhöht, sollten sie auch weit unter den Forderungen stehen, die man an die Kunst machen wird. Denn es ist wahr, viele jener Bildsäulen sind sehr mittelmäßig, aber wer von den Männern und Zeiten weiß, welche in jenen Denksteinen vorgestellt sind, wird Florenz glücklich preisen und den Reichtum seiner Genies bestaunen. Und selbst, wo die Statuen keinen eigentlich monumentalen Charakter haben, wie die Kolossalfiguren vor dem Palazzo Vecchio und wie jene in der Loggia des Orcagna, sind sie doch wenigstens Denkmäler jener Zeiten, in welchen die bildenden Künste durch das florentinische Volk erneuert wurden.

HIPPOLYTE TAINE
EINE IN SICH VOLLSTÄNDIGE STADT

1864

Eine in sich vollständige Stadt, welche ihre Künste und ihre Bauten hat, belebt und nicht zu bevölkert, eine Hauptstadt und nicht zu groß, und schön und freundlich ist – das ist der erste Eindruck von Florenz.

Die Füsse schreiten, ohne daß man es merkt, über die großen Fliesen, mit denen alle Straßen gepflastert sind. Vom Palazzo Strozzi bis zur Piazza Santa Trinita summt die unaufhörlich zuströmende Menge. An hundert Orten sieht man die Zeichen eines geistigen und angenehmen Lebens auftauchen: fast prächtige Kaffeehäuser, Kupferstichhandlungen, Alabaster-, Stein- und Mosaikläden, Buchhändler, eine reiche Lesehalle und ein Dutzend Theater. Die alte Stadt des fünfzehnten Jahrhunderts besteht zweifellos noch immer und bildet den Körper der Stadt, aber sie ist nicht verschimmelt wie in Siena, nicht in einen Winkel gedrängt wie in Pisa, nicht beschmutzt wie in Rom, nicht umhüllt von den Spinnenweben des Mittelalters und von dem modernen Leben nicht wie von einer schmarot- zenden Kruste bedeckt. Die Vergangenheit hat sich mit der Gegenwart in Einklang gebracht, die zierliche Eitelkeit der Monarchie hat die zierliche Erfindung der Republik fortge- setzt, das väterliche Regiment der deutschen Großherzöge hat die prunkvolle Regierung der italienischen Großherzöge wei- tergeführt. Am Ende des letzten und im Beginn dieses Jahr- hunderts war Florenz eine kleine Oasis in Italien, man nannte es *gli felicissimi Stati*. Man baute darin wie ehemals, man gab Feste dort und plauderte, der gesellige Geist war nicht wie wo anders unter einer rohen Despotenhand oder in der faulen Züchtigkeit kirchlicher Strenge untergegangen, der Florentiner war, wie einst der Athener unter den Cäsaren, Kritiker und Schöngeist geblieben und stolz auf seinen guten Geschmack, auf seine Sonette, auf seine Akademien, auf seine Sprache, welche in Italien zum Gesetz wurde, und auf seine in Dingen der Literatur und der schönen Künste unangefochtenen Urteile. Es gibt Rassen, welche so fein sind, daß sie nicht vollkommen zu Grunde gehen können, der Geist ist ihnen angeboren, man kann sie verderben, aber nicht zerstören, man kann Dilettanten und Sophisten aus ihnen machen, aber nicht Stumme und Dummköpfe. Dann gerade taucht sogar ihr innerster Grund empor, man entdeckt, daß bei ihnen, wie bei den Griechen des römischen Kaiserreiches, der Verstand dem Charakter voransteht, da er ja bestehen blieb, nachdem jener sich aufgelöst hatte. Schon unter den ersten Medicis waren die lebhaftesten Vergnügen die des Geistes, und die Haltung des Geistes dabei war heiter und fein. Der Ernst minderte sich; wie die Athener zu Zeiten des Demosthenes, dachten die Florentiner nur daran, sich zu ergötzen und wie Demosthenes schalten sie ihre Führer. »Euer Leben«, sagte Savonarola, »wird ganz und gar im Bett, im Geschwätz, auf den Spazierwegen, in Trinkgelagen und in Ausschweifungen verbracht.« Und Bruto, der Historiker, fügt hinzu, »daß sie Höflichkeit in Verleumdung und Geschwätz, und Geselligkeit in die Ausschweifungen« brächten und wirft ihnen vor, »alles kraftlos, mit Schlaffheit und Ordnungslosigkeit zu verrichten und Falschheit und Feigheit zur Regel ihres Lebens zu machen.« Das da sind grobe Worte: die Sittenlehrer sprechen immer so und erheben die Stimme, damit man sie höre, aber es ist offenbar, daß gegen die Mitte des fünfzehnten Jahrhunderts die klugen, kultivierten, in Dingen des Vergnügens und der Veranstaltung von Freuden und Erregungen geschickten Sinne in Florenz vorherrschend waren. – Man erkennt das in ihren Künsten: ihre Wiedergeburt hat nichts Herbes und Tragisches. Einzig die alten, aus ungeheuren Blöcken erbauten Paläste sträuben ihre runzligen Vor-

47. *G. Baccani, Auf dem Alten Marktplatz*

sprünge, ihre vergitterten Fenster und ihre dunklen Winkel
wie Zeichen des gefahrvollen mittelalterlichen Lebens und der
Überfälle, denen sie widerstanden haben; überall sonst bricht
der Sinn für zierliche fröhliche Schönheit hervor. Von der
Basis bis zur Spitze sind die großen Gebäude mit Marmor
bekleidet. Der Sonne und der Luft geöffnete *loggie* stützen sich
auf korinthische Säulen. Man sieht, daß die Baukunst sich
sofort von der Gotik befreit und von ihr nur einen Zug von
Eigenart und Laune behalten hat und daß ihr natürlicher Hang
sie von den ersten Schritten an zu den schlanken und schlichten
Formen des heidnischen Altertums führte. Man geht weiter
und sieht einen mit ausdrucksvollen und geistreichen Bildsäulen belebten Kirchenfirst, eine feste Mauer, über die sich der
hübsche, italienische Bogen als schaukelnder Saum spannt, eine
Reihe kleiner Säulchen, deren Häupter aufblühen, um das
Dach eines Wandelganges zu tragen, und ganz am Ende der

Straße das Stück eines grünen Hügels oder eines bläulichen Gipfels. Ich habe soeben eine Stunde auf der Piazza Annunziata, auf einer Treppe sitzend, verbracht; gegenüber ist eine Kirche, und auf jeder Seite der Kirche ein Kloster, alle drei haben einen Umgang aus zarten, halb ionischen, halb korinthischen Säulen, welche in Bogen endigen. Über ihnen heben sich die braunen Dächer aus alten Ziegeln von dem klaren Blau des Himmels ab, und am Ende einer im warmen Schatten sich hinstreckenden Straße bleiben die Augen auf einem runden Bergesrücken haften. In dieser so natürlichen und so edlen Umrahmung befindet sich ein Markt; mit weißem Leinen gedeckte Buden öffnen ihre Pläne, eine Menge Frauen mit veilchenfarbenen Tüchern und Strohhüten kommen und gehen, kaufen und schwatzen; es gibt fast keinen Bettler und keine Zerlumpten, die Augen werden durch den Anblick roher Wildheit oder des Elends nicht betrübt, die Leute sehen aus, als ginge es ihnen gut und sind tätig, ohne geschäftig zu sein. In der Mitte dieser buntscheckigen Menge und dieser Buden unter freiem Himmel erhebt sich ein Reiterstandbild und daneben speit ein Springbrunnen sein Wasser in ein Marmorbecken; das sind Gegensätze wie die in Rom, aber anstatt aneinander zu stoßen, stehen sie im Einklang. Die Schönheit ist ebenso eigenartig, aber sie neigt hier zu Anmut und Harmonie und nicht zu Unverhältnismäßigkeit und Ungeheuerlichkeit.

Man steigt wieder herab, ein schöner Fluss mit klarem Wasser, der hier und dort von Kiesbänken weiß gefleckt wird, fließt an einem herrlichen Uferdamm entlang; Häuser, welche wie Paläste aussehen, modern und dennoch monumental, fassen ihn ein. In der Ferne sieht man grünende Bäume, eine sanfte hübsche Landschaft, gleich denen der gemäßigten Himmelsstriche, noch ferner runde Höhen und Hügel, und dahinter ein Amphitheater aus starren Felsen. Florenz steht in einem Bergbecken wie ein Kunstwerk in der Mitte eines großen Springbrunnenbeckens, und im Abendlicht versilbern Stahltöne seine

48. *Alinari, Spaziergang in den Cascine*

steinerne Umrandung. Man folgt dem Fluß und gelangt zu den Landhäusern. Das sprießende Grün und die zarte Farbe der fernen Pappeln schaukelt mit sanftem Zauber vor dem Blau der Berge. Ein Hochwald und dichte, immergrüne Hecken schützen den Spaziergänger vor dem Nordwind; es ist so wohlig, sich beim Herannahen den Frühlings von den ersten lauen Strahlen der Sonne durchdringen zu lassen! Der Azur des Himmels leuchtet herrlich zwischen den knospenden Zweigen der Buchen, auf dem blassen Laub der immergrünen Eichen und auf den bläulichen Nadeln der Pinien. Überall zwischen den grauen Stämmen, in denen der Saft erwacht, stehen Sträucher, die den Winterschlaf nicht erduldet haben, und die Jugend der neuen Triebe vereinigt sich mit ihrer ewig lebendigen Jugend, um die Wege mit Farben und Düften zu erfüllen. Lorbeerbäume erheben, zart wie auf einem Gemälde, ihre ernsten Wipfel über den Fluß, und der Arno treibt, ruhig fließend, in der Röte des Sonnenuntergangs seine gepurpurten glänzenden Fluten.

Man verläßt die Stadt und ersteigt eine Anhöhe, um mit einem Blick die Stadt und ihr Tal, das ganze gerundete Becken rings um sie, zu umspannen: es gibt nichts freundlicheres, Wohlfahrt und Glück offenbaren sich überall. Tausend Landhäuser besäen Tal und Hänge mit ihren weißen Punkten, man sieht sie von Höhe zu Höhe bis an den Rand der Gipfel hinaufsteigen. Auf allen Abhängen stehen, wollig und kraus, die Olivenkronen wie eine genügsame nützliche Herde, und das Erdreich wird von Mauern gestützt, welche Terrassen bilden; die kluge Hand des Menschen hat alles zum Vorteil und zu gleicher Zeit zur Schönheit gewandt. Der derartig verteilte Boden nimmt eine baukünstlerische Form an, und die Gärten ordnen sich in Stockwerken zwischen Geländern, Bildsäulen und Wasserbecken. Es gibt keine großen Wälder, keinen Prunk überreicher Vegetation; nur nördliche Augen haben, um sich zu weiden, die alles bedeckende Weichheit und Frische pflanzlichen Lebens notwendig, den Italienern genügt die schöne Ordnung des Gesteins, und der benachbarte Berg liefert ihnen nach Wunsch die schönsten, weißen oder bläulichen Stufen von zartem nüchternen Ton. Sie verteilen sie edel in symetrischen Linien, und das Haus leuchtet, von einigen großen immergrünen Bäumen umstanden, mit seiner Vorderwand aus Marmor hell in der freien Luft. Hier ist gut sein, um im Winter in der Sonne und im Sommer im Schatten müßig zu ruhen und seine Augen über das Land schweifen zu lassen.

Man sieht in der Ferne ein Tor, einen Glockenturm und irgend eine Kirche. Auf einem Hügel erhebt San Miniato seine Wand aus buntem Marmor. Es ist eine der ältesten Kirchen in Florenz: sie stammt aus dem elften Jahrhundert. Man tritt ein und findet eine fast lateinische Basilika, fast griechische Kapitäle und geglättete blanke Säulenschäfte, welche runde Bogen tragen; die Krypta gleicht dem; nichts Düsteres und Gedrücktes, überall aufschnellende Säulen, von denen aus sich harmonische Krümmen aufschwingen. Die florentinische Baukunst entdeckte oder fand, von ihren ersten Tagen an, die antike Tradition der festen und leichten Formen wieder. Die alten Geschichtsschreiber nannten Florenz »die edle Stadt, die Tochter Roms.« Es ist, als sei die Traurigkeit des Mittelalters nur leicht über es hingeglitten, es ist eine geschmackvolle Heidin, welche sich, sobald sie zu denken anfing, zunächst furchtsam, und dann offen für schönsinnig und heidnisch erklärt hat.

SERGIO CAMERANI
DIE ANKUNFT DES KÖNIGS

1865

Ihre Majestät traf am Abend des 3. Februar 1865 überraschend in Florenz ein. Wie bekannt, löste die im vergangenen September in Turin verbreitete Nachricht von einer unmittelbar bevorstehenden Verlegung der Hauptstadt damals eine regelrechte Volkserhebung aus, die leider blutig unterdrückt wurde. In Folge dieser Ausschreitungen entließ der König seinen Minister Minghetti-Peruzzi, der für das Abkommen verantwortlich war.

Am Morgen des 3. Februar brach der König nach Florenz auf. Hier war die Nachricht von der Ankunft des Königs seit dem Mittag in aller Munde, und sofort begann eine allgemeine Geschäftigkeit, um dem Souverän einen würdigen Empfang zu bereiten. Einerseits war man bestrebt, mit einem glanzvollen Empfang die Turiner Bevölkerung zu beschämen, auf der anderen Seite erfreute sich Vittorio Emanuele tatsächlich einer so großen Beliebtheit. Um halb elf Uhr abends traf der Zug im Bahnhof ein. Es hatten sich alle Repräsentanten des städtischen Lebens eingefunden und auch solche der Region Toskana: Senatoren, Abgeordnete und viele andere.

Auch außerhalb des Bahnhofs feierte eine große enthusiastische Menge, entlang seiner Fahrt vom Bahnhof zum Palazzo Pitti, den König. Vor dem Kaffe Doney, in der Via Tornabuoni hatten sich rund hundert Adelige des Circolo dell' Unione und des Circolo Borghesi versammelt, jeder mit einer Fackel versehen, und zu einem Fackelzug vereint begleiteten sie den König zum Palast, wo er sich, ungeachtet der fortgeschrittenen Stunde, noch mehrere Male dem Volk zeigen mußte.

Die Ankunft des Souveräns vollzog sich also ohne Zwi-

49. *Alinari, Konzert vor dem Palais
des Großherzogs in den Cascine*

schenfälle. Nur ein Vorfall, der jedoch glücklicherweise nicht
viel Aufsehen erregte, wurde verzeichnet. Mitten unter jenen
Herren, die mit ihren Fackeln auf den König warteten, befand
sich eine Frau, eine Journalistin, die für ihren glühenden Pa-
triotismus, wie auch für ihre republikanische Treue aktenkun-
dig und mithin Objekt unausgesetzter direkter Überwachung
war: es handelte sich um Jessie White Mario, Ehefrau des nicht
weniger bekannten Alberto Mario. Beim Anblick all dieser
Fackeln, die zu Ehren des savoyischen Herrschers angesteckt
wurden, rebellierten ihre republikanischen Gefühle, und mit
lauter Stimme rief sie: »Zuviel für einen fliehenden König!«
(. . .)
   In den ersten Tagen des Aufenthalts des Königs in Florenz
schien sich eine Atmosphäre warmherziger Sympathie zwischen dem Herrscher und der florentiner Bevölkerung einzu-
stellen, die die zur Aufrechterhaltung der Ordnung bestimm-

50. *Alinari, Die englische Apotheke*

ten Autoritäten sogar vermuten ließ, daß jene Gruppe unter
der Aristokratie, die autonomistischen oder großherzoglichen
Strömungen verschrieben war, und sich bisher in verächtlicher
Haltung im Hintergrund gehalten hatte, sich aufgelöst und
sich den neu geschaffenen Tatsachen gebeugt hätte: dem Königreich Italien. Doch schon Mitte Februar entschloß sich die
Turiner Stadtverwaltung nach langem Zaudern zu einem
wichtigen Schritt. Der Bürgermeister Marchese di Rorá wurde
mit einer entsprechenden Note in S. Rossore, wohin sich der
König, leidenschaftlicher Jäger der er war, sofort zurückgezogen hatte, vorstellig, um den erwarteten Reuebeweis zu überbringen. Vittorio Emanuele hatte auf nichts anderes gewartet.
Ungeachtet des ihm widerfahrenen ungebührlichen Verhal-
tens der Turiner, ungeachtet des ersten Zorns, war sein Herz
doch dort geblieben, zwischen den Bergen des Piemonte, wo
er frei umhergehen konnte, ohne von Ministern, die ihn im-

mer nötigten, dies oder jenes zu tun, da sie allesamt mehr zum Kommandieren als zum Gehorchen geboren waren, umgeben zu sein. Auch war er das ständige Bestreben seiner Minister leid, ihn davon abzuhalten, unvorsichtige Dinge zu sagen. Diese mit Sehnsucht erwartete Geste von Seiten Turins reichte, um ihn umzustimmen. »Es war nicht länger möglich ihn aufzuhalten«, schrieb ein wenig aufgebracht der Baron Ricasoli dem Freund Celestino Bianchi. Auch die anderen Mitglieder des Hofes unternahmen alles, um das Gefühl des Unbehagens und der Ungeduld des Herrschers zu steigern: sie sprachen unentwegt vom unzuträglichen florentinischen Klima und fanden tausenderlei Vorwände, um sich über die Stadt, die Gewohnheiten der Bevölkerung, kurz über alles aufzuregen. So kam es, daß der König am 23. Februar, nicht einmal drei Wochen nach seiner Ankunft, in die ehemalige Hauptstadt zurückkehrte. Es verging ein Monat – es verging ein weiterer. Der König wurde in Florenz nicht gesehen. Die Florentiner begannen ärgerlich zu werden. Die Hauptstadt hatten sie nicht haben wollen, aber wo man sie ihnen nun schon einmal gebracht hatte, erwarteten sie, daß zumindest auch der König dabliebe. Eines Tages fand sich auf den Mauern von Florenz folgender Spruch: »Großzügige Belohnung für den, der den König von Italien zurückbringt.«

LA TOSCANA A TORINO.

51. *Florenz wird neue Hauptstadt Italiens.*
Damit übernimmt sie enorme finanzielle Belastungen.
Zeitgenössische Karikatur

HANS VON MARÉES
DER ERSTE EINDRUCK IST
EIN AUSSERORDENTLICH
BERUHIGENDER

1865

Der erste Eindruck von Florenz ist für mich ein außerordentlich beruhigender; man sieht hier deutlich, wie sich die Kunst der Renaissance nachgerade zu ihrer Höhe emporgeschwungen hat; die Folge davon ist, daß auch die größten Meisterwerke dem Verständnis näherliegen, daß man sie wirklich studieren kann.

Dieser Eindruck wird bestimmend auf meine Kunsttätigkeit sein. Ich werde die hiesige Kunst in einer solchen Weise auszubeuten suchen, daß sie mich nicht allein belehrt, sondern auch zu eigenen Taten inspiriert. In dieser Weise, geehrtester Herr Baron, habe ich von Anfang den Zweck meines Aufenthaltes in Italien aufgefaßt, sehe aber, daß ich nachgerade denselben etwas aus dem Auge gelassen habe.

Ich erkläre mir dies nun auf folgende Weise: In Rom angekommen, war ich von allem, was ich sah, schier erdrückt, so sehr, daß ich fast an meinem Berufe zur Malerei verzweifelte, so daß mir vor der Hand nichts anderes übrig blieb, als wenigstens meine Pflichten gegen Sie zu erfüllen. Sie werden selbst finden, daß eine solche Tätigkeit keine sehr belebende und nutzbringende sein kann. Hier haben nun auf mich einige Fresken von Ghirlandaio und die Kapelle der Mediceer bis jetzt den größten Eindruck gemacht, so daß ich beschlossen habe, die Köpfe, Figuren usw., die mir am meisten zusagen, genau zu zeichnen, auch vielleicht, wo es möglich ist, etwas mit Farben anzugeben. Hierdurch habe ich nicht nur den Vorteil, den Eindruck dieser Kunstwerke festzuhalten, sondern auch den, die Natur besser kennen zu lernen; denn, trete ich aus den

52. *Alinari, Eine Konditorei*

betreffenden Kapellen hinaus, so sehe ich in unmittelbarer
Nähe, vor den Altären, hinter den Pfeilern, an den Türen,
dieselben Gestalten lebend, die jene alten Meister gebildet
haben. Kurz, eine solche Arbeit hat einen poetischen Reiz,
während mir in den Galerieen durch die herumschmierenden
Kopisten-Scharen die ganze Malerei verleidet wird. Es ist keine
Frage, daß die feinsten Empfindungen, aus denen allein feine
Werke hervorgehen, durch die sich zu sehr aufdrängende
Prosa erstickt werden müssen. Ich sehe wohl ein, Herr Baron,
daß ich Sie durch eine Anzahl regelrechter Kopien für den
Augenblick mehr befriedigen würde; aber wo wird mich das
zuletzt hinführen? Ich werde nur immer mehr aus mir selbst
herausgerissen. Im andern Falle jedoch, daß Sie mir nämlich
betreffs meiner Tätigkeit freie Hand lassen, werde ich in viel
kürzerer Zeit dazu kommen, wieder etwas Eigenes zu machen.
Ist auch die Zeit, in der Sie etwas erhalten, eine größere, so ist

es doch auch um so angenehmer für Sie, Herr Baron, wenn die ganze Welt bei einem sichtbaren Fortschritt, den ich machen werde, sagen wird, daß ich diesen nur Ihnen zu verdanken habe. Abgesehen davon ist ja auch alles, was ich hier mache, Ihr Eigentum, und vielleicht werden Zeichnungen nach Ghirlandaio, Filippo Lippi u. a. auch nicht ganz uninteressant sein. Sie werden mir verzeihen, Herr Baron, wenn ich so viel über meine Angelegenheiten spreche; es ist ja aber notwendig, daß Sie meine An- und Absichten kennen. Gegen meine Überzeugung kann ich nicht handeln; wer das tut, muß sich schließlich in Unwahrheiten verstricken, und da wäre es ja besser, gar nicht zu existieren.

MARK TWAIN
FLORENZ ERFREUTE UNS
EINE ZEITLANG

1867

Florenz erfreute uns eine Zeitlang. Ich glaube, wir bewunderten die große Figur des David auf dem großartigen Platz und die Gruppe, die man den ›Raub der Sabinerinnen‹ nennt. Wir wanderten natürlich durch die endlosen Sammlungen von Gemälden und Statuen in der Galerie Pitti und in den Uffizien. Ich mache diese Angabe zur Selbstverteidigung; damit laßt es genug sein. Ich könnte unter der Beschuldigung keine Ruhe finden, ich hätte Florenz besucht und seine ermüdenden, meilenlangen Bildergalerien nicht durchquert. Wir versuchten träge, uns etwas über die Guelfen und Ghibellinen und die anderen historischen Meuchelmörder in die Erinnerung zurückzurufen, deren Fehden und Morde einen großen Teil der Florentiner Geschichte ausmachen, aber das Thema war nicht reizvoll. Aller Ausblicke in die schöne Berglandschaft waren wir auf unserer kleinen Reise durch ein Eisenbahnsystem beraubt worden, das je drei Meilen Tunnel auf je hundert Yard Tageslicht vorsah, und wir waren nicht geneigt, Florenz besonders freundschaftlich entgegenzutreten. Irgendwo außerhalb der Stadt hatten wir die Stelle gesehen, wo diese Leute die Gebeine Galileis eine Ewigkeit lang in ungeweihter Erde hatten ruhen lassen, weil seine große Entdeckung, daß die Erde sich dreht, von der Kirche als verdammenswerte Ketzerei angesehen worden war; wir wissen, daß man ihn lange, nachdem die Welt seine Theorie anerkannt und seinen Namen weit oben in die Liste ihrer großen Männer eingereiht hatte, noch immer dort hatte modern lassen. Daß wir es haben erleben dürfen, seinen Staub in einer geehrten Grabstätte in der Kirche von Santa Croce zu sehen, verdanken wir einer Gesellschaft von Gelehrten, und nicht Florenz und seinen Beherrschern. Wir sahen auch Dantes Grab in dieser Kirche, aber wir waren froh, als wir erfuhren, daß seine sterblichen Überreste nicht darin ruhen; die undankbare Stadt, die ihn verbannt und verfolgt hatte, gäbe viel darum, ihn dazuhaben, braucht sich aber keine Hoffnungen darauf zu machen, daß sie sich diese hohe Ehre jemals sichern kann. Medicis sind für Florenz gut genug. Mag es Medicis einscharren und große Monumente über ihnen errichten und damit bezeugen, wie dankbar es immer die Hand geleckt hat, die es züchtigte.

Eines Abends um neun Uhr verlief ich mich in Florenz und irrte in diesem Labyrinth enger Straßen und langer Reihen riesiger Gebäude, die alle gleich aussehen, weiter umher bis gegen drei Uhr morgens. Es war eine angenehme Nacht, und anfangs waren eine ganze Menge Leute unterwegs, und man sah hier und da freundliche Lichter. Später gewöhnte ich mich daran, durch geheimnisvolle Stollen und Tunnel zu schleichen und mich selbst in Erstaunen zu versetzen und damit zu unterhalten, daß ich in der Erwartung, das Hotel mir entgegenstarren zu sehen, um eine Ecke bog und dann allemal feststellte, daß es überhaupt nicht daran dachte. Noch später wurde ich müde. Ich war bald reichlich müde. Aber jetzt war niemand mehr unterwegs – nicht einmal ein Polizist. Ich wanderte weiter, bis ich alle Geduld verloren hatte und sehr erhitzt war und Durst bekam. Etwas nach ein Uhr landete ich schließlich unvermutet an einem Stadttor. Da wußte ich denn, daß ich sehr weit vom Hotel entfernt war. Die Soldaten dachten, ich wollte die Stadt verlassen, und sprangen auf und versperrten mir mit ihren Musketen den Weg. Ich sagte:

»Hotel d'Europe!«

Das war das ganze Italienisch, das ich kannte, und ich war nicht sicher, ob es Italienisch oder Französisch war. Die Soldaten guckten einander und mich dumm an, schüttelten den Kopf und nahmen mich in Gewahrsam. Ich sagte, ich wolle

53. *Alinari, Im Alten Zentrum*

nach Hause gehen. Sie verstanden mich nicht. Sie nahmen mich mit in die Wachstube und durchsuchten mich, aber sie fanden keinen Aufruhr an mir. Sie entdeckten ein kleines Stück Seife (wir haben jetzt Seife mit), und ich machte es ihnen zum Geschenk, weil ich sah, daß sie es als Rarität betrachteten. Ich fuhr fort, *Hotel d'Europe* zu sagen, und sie fuhren fort, den Kopf zu schütteln, bis schließlich ein junger Soldat, der in der Ecke genickt hatte, sich erhob und etwas sagte. Er sagte, er wisse wo das Hotel sei, nehme ich an, denn der Wachoffizier schickte ihn mit mir fort. Wir gingen hundertfünfzig Meilen, so schien es, und dann verlief *er* sich. Er wandte sich hierhin und dahin, gab es schließlich auf und machte mir deutlich, daß er den Rest des Morgens damit zu verbringen gedächte, das Stadttor wiederzufinden. In diesem Augenblick fiel mir auf, daß das Haus gegenüber irgendwie etwas Vertrautes an sich hatte. Es war das Hotel!

Es war ein Glück für mich, daß zufällig ein Soldat da war, der wenigstens so gut Bescheid wußte wie dieser; denn man erzählte uns, daß die Regierung nach dem Prinzip verfahre, das Militär ständig von einer Stelle zur anderen und vom Land in die Stadt zu verlegen, damit es nicht mit der Bevölkerung Kontakt aufnehmen und in seiner Pflichterfüllung nachlässig werden und mit Freunden Verschwörungen und Komplotte anzetteln könne. Meine Erlebnisse in Florenz waren hauptsächlich unangenehm. Ich will das Thema wechseln.

MALWIDA VON MEYSENBUG
ZUSAMMENTREFFEN MIT
GARIBALDI

1867

Gestern abend bin ich mit Garibaldi zusammen gewesen. Er ist nur für ein paar Tage hier, und eine Dame unserer Bekanntschaft hatte uns gebeten, mit ihm zusammen zu kommen. Leider hatte man den Blödsinn, den man mit berühmten Leuten treibt, auch hier mit ihm getrieben, obgleich es in dem Haus einer wirklich intelligenten und freien Frau war. Eine Masse Damen, größtenteils Engländerinnen, saßen steif im Kreis umher und starrten den Fetisch an. Er selbst aber ist einfach und herzlich geblieben und trotz allem Weihrauch, ein echter Mann des Volkes, und wenn er auch politisch unklug gehandelt hat in der letzten Zeit, so glaube ich, läßt sich seinem einfachen Herzen kein Vorwurf machen. Er war sehr freundlich gegen uns und erinnerte sich alter Zeiten, wo ich ihn in England gesehen, als er aus Südamerika kam und ich bei ihm an Bord seines Schiffes frühstückte. Armer Mann! er hat auch den Kelch getrunken, aber ich denke ihn mir lieber auf Caprera, auf diesem Felseneiland, das dem großen Patrioten, dessen Arbeit zu Ende ist, zum würdigen Piedestal dient; hier im Kreise verblendeter Parteigänger, die seine Güte benutzen, um ihn hierhin und dorthin zu locken, ist er nicht an seinem Platz.

ADOLF VON HILDEBRAND
ALLES ZU SEHEN ERFORDERT
JAHRE

1867

Wir fuhren die Nacht dann durch und waren Donnerstag früh
in Florenz. Hier war es schon wärmer. Das erste, was wir
sahen, war die Loggia an der Piazza Ducale [= Signoria]. Der
David von Michelangelo ist mir eine der liebsten Sachen in
Florenz. Ich kann Euch den kolossalen Marmorknaben nicht
beschreiben. Es liegt eine kolossale Macht in dem Kerl, und
diese einfache Schönheit in dem jungen Leibe ist was Hinrei-
ßendes, ich stehe immer wie versteinert vor dem Kerl. Denkt
Euch nun den kolossalen Palazzo Vecchio dahinter, ein wahrer
Berg, an der Seite die herrliche Loggia mit den herrlichsten
Statuen anderer Italiener, die ich nicht einzeln nennen will. Der
kolossale Platz davor, ja da vergeht einem Hören und Sehn.
Der zweite Gang war zu den Mediceer-Gräbern von Michelangelo, in derselben Kirche sind auch herrliche Reliefs von
Donatello, alles über das Maß schön. Bauten, Ornamente,
Bilder, Statuen in unerschöpflicher Menge, ich wüßte mich
nicht heraus zu finden, wenn ich da zu erzählen anfinge. Dann
der Palazzo Pitti, die Gemäldegalerie darin und vor allem diese
Deckengemälde von Pietro da Cortona, sie übersteigen alle
Bilder fast an Phantasie und Fülle. Ich muß sagen, mich haben
die Säle selbst, obwohl sie zopfig sind, was Architektur anbe-
trifft, und diese Wandgemälde so in Anspruch genommen,
daß ich zu einem Studium der einzelnen Bilder, bei denen man
von einer Situation in die andere, von einer Stimmung zur
anderen geworfen wird, gar nicht im geringsten gekommen,
ich habe nur die auffallendsten gesehn. Diese Deckengemälde
offenbaren einem eine so neue Welt, es läuft einem immer kalt
und heiß über den Rücken. Diese Bravour, diese Mannigfaltig-

keit, Gott ich kann keine Worte finden, Ihr müßt es Euch selbst ansehn. Wir gingen dann in den Garten, wo der reiche Frühling war, alles grün, warm; auch dies Gefühl hatte ich zu ertragen. Es war des Glücks zuviel. Es sind in dem Garten zwischen den Olivenbäumen, den Orangen und Zypressen circa 500 antike und spätere Statuen, Brunnen, alles schwelgt da nur. Gestern und heute waren wir in den Uffizien, davon zu erzählen geht nicht, ich müßte Tage lang sitzen und schreiben oder vielmehr überlegen, bis ich Euch ein Bild davon geben könnte. Florenz ist so überfüllt von schönen Sachen jeder Art, daß man Monate lang zu sehn hat. Die Handzeichnungen, bei denen man den Meistern am nächsten kommt, beschäftigen mich da am meisten. Man staunt, wie viel in der Kunst die Welt geleistet, welche Massen von Talenten und Genies es gegeben. Wie die Leute mit dem Körper und der Technik gespielt. Diese Kirchen hier, diese Bauten, welche ungeheuere Dimensionen. Ich gedenke nach Rom jedenfalls hier noch mehrere Wochen zu bleiben, es ist zu viel zu sehn und zu lernen. An Selbermachen ist gar nicht zu denken, und obschon das viele Sehn dieser Sachen einen zu eigenem Schaffen sehr treibt, so ist keine Zeit da, denn man kommt immer ermüdet, vollgepfropft von tausend Eindrücken abends nach Hause. Wenn man die Hauptsachen gesehn, ists genug. Alles zu sehn erfordert Jahre, wenn man die Sachen studieren will. Wo irgend Zeit, zeichne ich mir was ab. In Rom hoffe ich doch mehr Ruhe zu bekommen, um auch was nebenher arbeiten zu können. Gestern waren wir gegen Abend auf Fiesole, heute auf San Miniato, wo wir die herrlichste Aussicht auf Florenz und die Umgegend hatten. Es liegt wunderbar schön. Man hat hier alles, was man will, Gegend, Kunst in jeder Art, Genreszenen, man sieht den ganzen Tag Neues. Schöne Gesichter gibts hier wenig, die Fremden sind die schönsten. Ich gebe mich jetzt am meisten noch mit den ganzen Bauten ab. Ein Palast, wie er aufgebaut, dekoriert, das Arrangement im ganzen und ver-

54. *Alinari, In einer Bank*

nachlässige die Galerien mehr. Ich sehe recht ein, daß nur ein
Maler oder Bildhauer Architekt sein kann. Es ist ja gleich, ob
ich einen Kopf oder ein Gebäude aufbaue. Der Sinn für große
Wirkung, für Linien muß da sein. Aber unsere jetzigen Architekten verstehn bloß die Konstruktion, kaum Mathematik und
bauen da ein Gebäude auf. Man möchte in einer andern Zeit
leben, wo man noch diesen frischen Geist der Kunst von
Kindheit auf eingesogen. Man muß sich jetzt alles selbst wieder
schaffen. Morgen ganz in der Früh reisen wir nach Rom ab.
Morgen abend 9 Uhr sind wir in Rom. Wie wirds dort werden. Florenz scheint mir so groß, daß ich mir gar nichts
Größers noch vorstellen kann.

ANNA GRIGORJEWNA DOSTOJEWSKI
F. M. DOSTOJEWSKI IN FLORENZ

1869

Ende November 1868 übersiedelten wir in die damalige Hauptstadt Italiens und ließen uns in der Nähe des Palazzo Pitti nieder.

Wieder zeigte sich bei meinem Manne die günstige Wirkung der Übersiedlung. Wir sahen uns zusammen die Kirchen, Museen und Paläste an. Ich erinnere mich, wie begeistert Fjodor Michailowitsch von der Kathedrale Santa Maria del fiore war und von der kleinen Kapelle del Battistero (besonders von der Porta del Paradiso). Das Werk des großen Ghiberti bezauberte Fjodor Michailowitsch, immer wenn er an der Kapelle vorbeiging, betrachtete er aufs neue das Tor. Mein Mann versicherte mir, er werde, sollte es ihm einmal glücken, reich zu werden, unbedingt eine Photographie dieses Tores, womöglich in der Originalgröße, kaufen und sie zu seiner Erbauung in seinem Arbeitszimmer aufhängen.

Oft besuchten wir den Palazzo Pitti, und dort fand er besonderen Gefallen an Raffaels »Madonna della Sedia«. Ein anderes Bild desselben Künstlers, »S. Giovan Battista nel deserto«, das sich in den Uffizien befindet, begeisterte Fjodor Michailowitsch auch, und er betrachtete es immer lange. In der Bildergalerie ging er jedesmal zur Statue der Venus von Medici, die sich in demselben Gebäude befindet – das Werk des berühmten griechischen Bildhauers Kleomenes. Mein Mann hielt diese Statue für ein geniales Kunstwerk.

In Florenz fanden wir zu unserer großen Freude eine ausgezeichnete Bibliothek und eine Lesehalle mit zwei russischen Tageszeitungen, welche mein Mann täglich nach dem Mittagessen dort zu lesen pflegte. Von den Büchern nahm er sich die Werke Voltaires und Diderots nach Hause mit, und zwar in französischer Sprache, die er vollkommen beherrschte, und mit dieser Lektüre verbrachte er den ganzen Winter.

(. . .) In Florenz hatten wir keinen einzigen Bekannten, mit dem man hätte sprechen, diskutieren, fröhlich beisammen sein und seine Eindrücke tauschen können. Ringsum nur fremde und manchmal unfreundliche Gesichter, und diese vollkommene Absonderung vom Menschen fiel mir mitunter sehr schwer. Ich erinnere mich, wie mich zu jener Zeit der Gedanke verfolgte, daß die Menschen, die in so völliger Einsamkeit und Abgeschlossenheit leben, entweder einander hassen oder für das ganze weitere Leben eng miteinander verbunden bleiben müssen. Zu unserem Glück geschah das letztere: diese unwillkürliche Vereinsamung führte dazu, daß unsere Beziehungen noch herzlicher wurden und wir einander noch mehr schätzten. In den Monaten unseres Aufenthaltes in Italien erlernte ich ein wenig die italienische Sprache, und meine Kenntnisse reichten aus, um mich mit dem Dienstmädchen und in den Läden zu verständigen; ich konnte auch die Zeitungen »Popolo« und »Secolo« lesen und alles darin verstehen; Fjodor Michailowitsch, der mit seiner Arbeit beschäftigt war, hatte begreiflicherweise keine Zeit, die Sprache zu erlernen, und ich war sein Dolmetsch.

SERGIO CAMERANI
IN FLORENZ
AM 20. SEPTEMBER 1870

Am Abend des 19. September betrat ein unbekannter Herr die
Bühne des Teatro Goldoni und verkündete die Einnahme
Roms durch die königlichen Truppen. Schreie und Lärm,
königliche Hymne und patriotische Lieder folgten dieser Ver-
lautbarung, bis eine Gruppe von Zuschauern beschloß, sich
dieser Nachricht zu versichern – und so bewegte sich ein
lärmender, heiterer Zug auf den Palazzo Vecchio zu. Wenn die
Nachricht der Wahrheit entsprach, dann würde dort die Trikolore zum Fenster herausgehängt sein. Bei ihrer Ankunft auf
der Piazza Signoria hoben sie die Nasen in die Luft und kniffen
die Augen zusammen um besser zu sehen: die Fahne hing nicht
heraus. Davon nicht überzeugt, begaben sie sich zum Palazzo
Riccardi, Sitz des Innenministeriums, wo sie erfuhren, daß die
Nachricht noch nicht spruchreif war. Nach einem weiteren,
erfolglosen Besuch eines Palastes, dem Palazzo Ferroni, gingen
sie zu Bett – enttäuscht und verdrossen.

Am nächsten Morgen eilten alle zu den Zeitungsständen,
um aus den »Letzten Meldungen« Genaueres zu erfahren. Aber
die »Nazione« und »L'Opinione« schwiegen, was nicht verhin-
derte, daß Gewißheit darüber herrschte, daß man sich kurz vor
dem großen Ereignis befände. Schließlich, zwischen zwölf und
eins, strömten die Zeitungsverkäufer durch die Straßen, und
verteilten eine Sonderausgabe der »Gazzetta del Popolo di
Firenze«, die ein offizielles Kommuniqué der Regierung ent-
hielt: Die italienischen Truppen sind in Rom einmarschiert.
Schlagartig veränderte sich nun das Stadtbild: Die Kaufleute
schlossen mit großem Krach die Läden; Fahnen wurden aus
den Fenstern gehängt; Leute, die die Straße entlang gingen,
teilten dem Erstbesten, dem sie in die Arme liefen, die große

Neuigkeit mit; andere wieder gingen erregt auf und ab, die Arme auseinanderwerfend; und hunderte von Jugendlichen, die von überall herkamen, durch die Straßen liefen, sich auf die Statuen setzten, Fensterbänke erklommen, riefen und schrien und warfen mit ohrenbetäubendem Lärm die Wagen der fliegenden Händler um. Gruppen bildeten sich, schlossen sich zusammen und wuchsen schließlich zu einer Menge an, die sich zur ersten Kundgebung vor den Palazzo Pitti begab. Mit lauter Stimme rief man den König heraus, der, in schwarzem Anzug, Zylinder in der Hand, auf dem Balkon erschien, und mehrmals die jubelnde Menge grüßte. Der Festzug kehrte zurück ins Stadtzentrum, vorbei am Palazzo Frescobaldi, wo das Marineministerium seinen Sitz hatte, und der noch immer nicht mit der Trikolore geschmückt war. Vielleicht war die vorgeschriebene Erlaubnis mit den vielen Unterschriften und Stempeln hier noch nicht eingetroffen. Pfiffe und Rufe ertönten: »Heraus mit der Fahne! Was habt ihr mit ihr gemacht?« Die Beamten des Ministeriums kamen ans Fenster und blieben unerschrocken stehen, bis ein Junge eine Fahne aus der Menge ergriff, sich an einem Fenstervorsprung hochschwingt und sie am Palast befestigte. Inzwischen läuteten die Glocken ununterbrochen. Eine Gruppe begab sich zu dem Küster des Campanile am Dom, begleiteten ihn bis zur Turmtür, und zwang ihn zu öffnen. Dann zogen sie mit aller Kraft an den Strängen. Dem Campanile antwortete S. M. Novella, dann die bescheidenere Stimme des Orsanmichele und schließlich, nach und nach, alle Kirchen von Florenz. Die Rauferei zwischen die den Glockentürme stürmenden Jugendlichen und den tapferen Verteidigern konservativer Positionen unter den Priestern und Küstern blieb ohne Folgen. Aber die Fenster des Bischofssitzes blieben, als Zeichen tiefster Trauer, geschlossen. (. . .)

Am Abend, während Fackeln und Laternen an den Wänden der Palazzi angesteckt wurden, fand eine weitere große Kundgebung vor dem Palazzo Pitti statt. Der Platz war überfüllt –

etwa 10 000 Personen – verschiedene Kapellen spielten auf, das Orchester des Pagliano hatte die abendliche Vorstellung verlassen, um an der Kundgebung teilzunehmen. Überall rief man: »Es lebe der König auf dem Kapitol! Es lebe Rom, die Hauptstadt!« Vittorio Emanuele, umgeben von seinen Dienern die Kandelaber trugen, betrachtete tief bewegt diese Menge, die so enthusiastisch feierte.

Irgendeiner in der Menge erinnerte sich, daß zehn Jahre zuvor, in einer denkwürdigen Nacht des März 1860, vor dem Palazzo Vecchio, Florenz mit demselben Elan darauf verzichtet hatte, Hauptstadt des neuen vereinten Königreichs Italien zu werden. An diesem Abend tat man es mit der selben Haltung, aber für immer.

ADOLF VON HILDEBRAND
DOCH ISTS MIR HIER ALS HÄTT
ICH MEHR KRÄFTE

1872

Wenn Sie mich fragen, ob mir Florenz das bietet, was ich in Berlin vermißt, so kann ich wohl aus vollem Herzen ja sagen. Hat ja doch in Italien der Schöpfer einem die Arbeit insofern erleichtert, als er die Natur, die bei uns rohes Material, selber weiter entwickelt oder künstlerisch gestaltet und zum Ausdruck gebracht hat, und insofern liegt dem Künstler eine größere Strecke vor Augen, um die Methode zu erkennen, in welchem Sinn die Natur schafft und ausbildet. Man steht auf einem höhern Niveau, sieht weiter hinter sich, allerdings nach vorn bleibt die Aussicht immer unendlich, und die Reise beginnt von neuem. Doch ists mir hier, als hätt ich mehr Kräfte, mir fällt mehr ein, und glücklich, wer da anfangen kann, wo die Natur ihre Arbeit eingestellt, und seine Kräfte nicht verschwenden muß, um sie überhaupt zu finden. Hat man nun noch auf Schritt und Tritt vor Augen, wie die Menschen richtig weiter und bis zu welchem erstaunlichen Grad der Vollendung sie gebildet haben, dann hat man wohl alles, was man von außen erwünschen kann. – Heißt aber zufrieden sein, mit sich zufrieden sein, so ist die Antwort natürlich nein. Ist doch der Mensch das einzige Geschöpf, was selten vernünftig und im Sinn der Natur denkt, man muß ja jede Bestie beneiden, sie bleiben in den Händen der Natur und denken immer richtig, und wir müssens erst lernen; und unsereiner, der täglich davon in seiner Arbeit Rechenschaft ablegt und Kontrolle übt, zähle dann die Stunden, wo ihm wirklich die Natur die Gedanken oder die Hand geführt hat. – Was und wie ich hier bin, muß halt meine Figur zeigen, ich bin damit schon ziemlich weit, vedremo*! Heute hat hier übrigens erst der Mai begon-

56. *Alinari, Auf dem Ponte Vecchio*

nen, wir hatten bisher ewig Regen, ja Hagel, es war naß und
kalt, man fror und schämte sich in der Seele des hiesigen
Wettergotts. Mit Menschen komm ich fast gar nicht zusammen, was nützts, wenn sie einem ihre Brillen borgen, diese
verschliffenen Gläser der Gesellschaft, man sieht ja doch nicht
mit und verderben nur die Augen.

* *wir werden sehen!*

HANS THOMA
ES IST ALLES SO FREMD
UND DABEI SCHÖN

1874

Ich befinde mich recht wohl in der herrlichen Stadt. Die herrlichsten Kunstwerke stehen auf den Straßen im warmen Sonnenschein, der mir sehr wohltätig ist.

Gestern war es wie bei uns im Mai. Wir gingen nach dem 1½ Stunden von Florenz entfernten Fiesole; es liegt auf einem Berge, und wir sahen, bei einem Glas Wein sitzend, die herrliche Stadt mit ihren Domen und Kirchen und Marmorpalästen in dem sonnendurchleuchteten Tale; fern glänzten die Berge wie Silber – das Ganze eine paradiesische Frühlingslandschaft. Wunderschön sind die Abhänge mit den Ölbäumen in ihrem zarten, silberartigen Grün; dazwischen stehen schwarzgrüne, hohe Zypressen und Pinien; dazwischen überall, wo man hinsieht, helle Marmorschlösser, Gärten, wo der Wein wild über die Bäume wächst, und dunkelgrüne Bäume und Goldorangen. Die Orangen schmecken mir ausgezeichnet; das Stück kostet 5 Centimes.

Sehr froh bin ich über die warmen Kleider; in den Galerien und Kirchen ist es sehr kalt; aber wie schön diese Kirchen sind, da habe ich mir doch vorher keinen Begriff davon gemacht. An den Türen und auf den Bänken sitzt alles voller Bettler und Krüppel, die Almosen heischen; ich muß sagen, sie haben einen herrlichen Aufenthalt. Ich war auch in einem Garten voll Lorbeerbäumen und Myrten, überall Springbrunnen und Marmorbilder zwischen den Bäumen; es ist alles wie ein schöner Traum. An den Abhängen blühen große Anemonen; ich schicke Euch hier eine davon. (. . .)

Einstweilen, da es Sonntag ist, will ich Euch einiges von dem schönen Land erzählen. Man muß es sehen; es ist alles so fremd und dabei schön, andere Bäume, andere Blumen, andere Häuser, andere Sprache, anderes Essen sogar, welches aber sehr gut ist und hauptsächlich aus Geflügel und Fischen besteht. – Fische, Krebse, Austern, Schnecken und dergleichen unappetitliche Tiere schmecken mir ausgezeichnet. Käse gibt es sehr gute Sorten – der Wein ist sauer, aber doch gut; billig ist er auch nicht; es waren die letzten Jahre schlechte Weinjahre; das Brot ist teurer wie bei uns.

Daß die Leute so aufs Betrügen aus sind, wie man mir oft sagte, finde ich nicht; es ist nicht ärger als bei uns. Es sind sehr gutmütige Menschen; sie gefallen mir recht.

Hier ging bisher ein kalter Nordwind, und ich habe viel gefroren; die Zimmer sind nicht geheizt. Es war aber klarer, blauer Himmel, und wir spazierten im Sonnenschein, der schon tüchtig brennt.

Heute ist ein prächtiger Tag, und wir waren am Vormittag auf S. Miniato; es ist dies ein Hügel vor der Stadt. Große Marmortreppen führen hinauf. Oben stehen hohe Lorbeerbäume und Zypressen um eine sehr alte seltsame Kirche, die von dem Gottesacker umgeben ist. Da sieht man die ganze große Stadt mit ihrem Flusse und den vielen Brücken, mit dem ungeheuer großen Dome mit seinem Kuppeldache und den vielen, vielen Kirchtürmen, den Prachtpalästen; fernhin an den sonnigen Bergen glänzen die weißen Landhäuser; die ganze Gegend ist wie übersäet davon. Dabei der lieblichste Sonnenschein, wie an einem Maitage – es wurde mir so weich ums Herz, und ich fühlte meine Seele zu Gott erhoben, der so herrlich ist in aller Welt . . .

In den italienischen Städten ist viel Lärm auf den Straßen und besonders viel Geschrei. Orangen- und Austernverkäufer, Photographiehändler und Droschkenkutscher, alles schreit und bietet seine Ware an. Dabei die fremden Gesichter, die vielen Esel und Maulesel; noch auffallender und fremder wie Florenz war Genua.

57. *Alinari, Brunnen im Alten Zentrum*

ARTHUR GRAF GOBINEAU
GESPRÄCH ZWISCHEN MICHELANGELO UND MACHIAVELLI

1876

M*ichelangelo.* Ihr da, Meister Niccolo? Ich freue mich Euch zu sehen; seit Jahren war mir dieses Vergnügen nicht vergönnt; Ihr scheint mir bleich und abgezehrt.

Machiavelli. Mein alter Kamerad, ich bin wie ein Musikinstrument, dem der Boden eingeschlagen ist. Sie haben zu oft darauf getreten. Einige Saiten geben noch Töne; die meisten sind zerbrochen; der Rest ist verstimmt. Ich denke mit einiger Freude an die Wahrscheinlichkeit, binnen kurzem diese sterbliche Hülle zu verlassen, die mir so schlecht steht.

Michelangelo. Ich begreife Euren Ekel. Aber reden wir nicht von einem solchen Thema; wir würden uns nur zu gut verstehen. Was aber soll dann aus Italien werden? Wohin steuert es? Ich habe Rom verlassen, um nicht in die Hände der kaiserlichen Vandalen zu fallen; ich komme nach Florenz und finde dort alles in Verwirrung, und eine neue Umwälzung nach unzähligen andern. Die Franzosen, die den Papst nicht zu verteidigen noch irgend etwas Ersprießliches für uns und für sich selber zu tun wissen, haben eben Pavia mit Feuer und Schwert heimgesucht; überall tötet man und tötet und tötet . . . Ich weiß, daß man in unsern jungen Jahren ebenso tötete . . .

Machiavelli. Mit einem großen Unterschied: damals erstand das Leben aus dem Tode, und heute ist, was aus dem Tode ersteht, ein anderer Tod. Versteht Ihr mich?

Michelangelo. Ja . . . so ziemlich.

Machiavelli. Nun, so hört! Zur Zeit, da wir jung waren, Ihr und ich, hinderten die Plünderungen, die Blutbäder, die Gewalttaten jeder Art Italien, das gleich uns jung war, mit nichten große zu werden und mit neuen Kräften neue Reize zu gewinnen. Dem ist nicht mehr so. Beachtet Ihr wohl, daß die Angelegenheiten der Italiener damals von Italienern besorgt wurden? Jetzt sind es die Franzosen, die Kaiserlichen, die leiten, säen, pflügen und ernten. Ehedem rief man die Barbaren zu Hilfe, sehr mit Unrecht ohne Zweifel! aber man betrachtete sie als Hilfstruppen, von denen man sich über kurz oder lang, nach der Niederlage und dem Untergange des feindlichen Landsmanns, zu befreien gedachte. So haben die Sforza, der Papst, die Venezianer der Reihe nach die Könige Karl VIII., Ludwig XII. und Ferdinand von Aragon herbeigerufen. Der Valentino hatte keinen andern Gedanken. Gegner, die noch so widerstreitenden Ansichten und Bestrebungen huldigten, kamen in diesem Punkte überein, und das konnte man ihnen zur Ehre anrechnen. Jetzt sind der Papst, die Mailänder, die Florentiner, die Leute in Neapel nur Gliedermänner, deren Fäden Franz I. und Karl bewegen, und unser Wert ist nur Scheidemünze, welche den der beiden großen Monarchen vollmacht.

Michelangelo. Wir sind Provinzialen geworden, die man unterworfen hat oder unterwerfen wird.

Machiavelli. Schlimmer als das. Wir sind Greise, die vom unmäßigen Wüten aller Leidenschaften erschöpft sind; reich, daher man uns plündert; gewandt, daher man uns arbeiten läßt; gefeiert, daher man uns unseren Ruhm stiehlt; gelehrt, daher man unsere Wissenschaft einsaugt, um sie anders wohin zu verpflanzen. Wir sind verlorene Leute; und keine Schmach, die die Tiefen der unsrigen erschöpfte.

Michelangelo. Erinnert Ihr Euch, was Ihr uns eines Tages in der Sixtina sagtet, Francesco Granacci und mir?

Machiavelli. Ich urteilte damals nach den Wahrscheinlichkeiten und glaubte den heiligen Stuhl dazu bestimmt, alle Erbschaften in seiner Hand zu vereinigen. Ich ahnte nicht, daß Karl V. gelten werde, was er gilt, noch selbst Franz I.; jener ist der wahre Papst! Er will weder Reform, noch Verbesserung, noch Veränderung. Er will den Fortbestand der alten Welt mit ihren erstorbenen Verdiensten, ihrer geschäftigen Abgelebtheit, und während er den unfähigen Papst und den ohnmächtigen Hof von Rom mit Füßen tritt, ist es doch gerade die Erhaltung und der Sieg dieser Unfähigkeit und dieser Erniedrigung, die er zu sichern beschlossen hat. Aber glaubt mir, Michelangelo, glaubt mir: wir werden unzweifelhaft unter seinen Schlägen zu Grunde gehen, denn er hat einen starken Arm; aber er wird zu Grunde gehen wie wir; er wird weder die Ketzerei, noch den Geist der Zuchtlosigkeit, noch ihre Folgen ersticken; der unerbittlichste Wille kann die Wasser der Ströme nicht über die Abhänge zurücktreiben, von denen sie schon herabgestürzt sind.

Michelangelo. Trotzdem seht! Was Florenz angeht, so gibt der Stand der Dinge Euch nicht recht! Noch einmal sind die Medici fortgeschickt, und die Stadt kehrt zu ihrem alten republikanischen Glaubensbekenntnis zurück! Das Andenken des Bruders Girolamo leuchtet wieder auf wie die heilige Lampe, die vor den Tabernakeln brennt. Man beruft sich auf die Weisungen des Reformators; man erinnert sich seiner Worte, man stellt seine Verordnungen wieder her, und heute wird der Papst nicht, wie vor Zeiten Alexander, den Tod unsrer Lehren über uns verhängen. Er hat viel, zuviel zu tun! Wie will er sich selbst retten? Können wir uns nicht mit dem Kaiser verständigen und ihm die für ihn so wenig bedrohliche Erhaltung der Vergangenheit, die wir wieder lebendig werden lassen, verdanken?

Machiavelli. Ich sage Euch, daß das Vergangene nie wieder lebendig wird. Der Papst wird gewiß weidlich vom Kaiser gequält; der Kaiser hält ihn gefangen, hungert ihn aus, geißelt ihn aus Leibeskräften . . . Aber seht Ihr nicht, weshalb? Weil sie alle beide derselben Sache dienen, und weil der Kaiser seinen Gefährten mangelhaft und träge findet. Wenn er ihn seinem Willen gefügig gemacht hat, wird er diesem armen Papste nur

Gutes wünschen; des armen Papstes Sache ist genau die seinige! Er würde lieber an seiner Stelle Hadrian VI. sehen, den er hatte wählen lassen, einen unwissenden Priester, fanatisch wie er selbst, gierig nach Despotismus in jeder Gestalt; aber er hat ihn nicht mehr, und wohl oder übel wird er sich mit dem Medici abfinden müssen. Deshalb wir er euch eines Tages die Verwandten Clemens' VII. zurückführen und sie, damit sie nicht wieder fallen, mit einer Gewalt bekleiden, deren Lorenzo der Prächtige sich nie erfreut hat, und dann werdet ihr, arm, schlecht, erbärmlich, unwissend, verdorben, verächtliche Wetterfahnen, die ihr seid, traurige Marionetten der Freiheit, die Untertanen eines fürstlichen Bedienten werden, und folglich die elendesten unter den Verworfenen.

Michelangelo. Ihr sprecht herb, Meister Niccolo; Ihr selbst werdet unter den Leuten sein, die Ihr so sehr verachtet.

Machiavelli. Ich werde nicht darunter sein. Der Tod hält mich beim Kragen. Er wird mich mit dahin nehmen, wo es nichts zu erröten gibt. Möchte ich in der künftigen Welt niemals einem Florentiner begegnen! Hört sie schreien, diese Elenden, so reich an Stimme und so arm an Hirn! Seht sie vorbeiziehen! . . . Nicht ein einziger hat in den Kreislauf der Blutteilchen, die in seinen Adern fließen, jemals einen ernsthaften Gedanken sich mischen gefühlt, hat jemals beherzt an das geglaubt, was er tat! Ihnen geht es nur um die Aufregung und um die geschwätzige Nichtigkeit!

Michelangelo. Was Ihr sagt, ist übel, Niccolo. Ihr leidet an Leib und Seele; das ist eine Entschuldigung; aber, ich bin dessen gewiß, Ihr liebt trotzdem Euer Vaterland, dies durch die Schuld seiner Kinder so unglückliche Florenz, das darum doch nicht weniger eine große, eine edle, ruhmgekrönte Stadt ist, Mutter vieler Helden, Mutter unsterblicher Künstler, und das seine dereinstigen Heimsuchungen, wenn Ihr wirklich wahr in der Zukunft läset, Euch nur noch teurer machen müssen.

Machiavelli. Ich hasse diese schönen Sätze, deren Lügenhaftigkeit noch größer ist als ihr Wohlklang. Wenn es wahr ist, daß Florenz aus seinem Schoße Helden hat hervorgehen sehen, so ist es eine Rabenmutter; es hat das Unmögliche getan, sie zu zertreten; wenn es das nicht gekonnt, hat alsobald, nachdem ihr Wert sich seinen Blicken enthüllt hatte, so hat es sie gequält, geplündert, verjagt ... Denkt an Dante und viele andere ... Und ich will zu ihr sprechen, zu dieser Schamlosen: verflucht seist du, Florenz, im Namen der Helden, die du aus deinem Schoße geboren und verschlungen hast wie ein Tier der Wildnis! Ich Florenz lieben! Ich hasse es! Und auch Ihr solltet das tun, denn nicht nur einmal hat es Euch gezwungen, aus seinen Mauern zu fliehen! Wenn Ihr nur Florenz gehabt hättet, um für Euch zu sorgen, es würde Euch in Eurem eigenen Genie erstickt haben!

Michelangelo. Und dennoch liebe ich es und werde ihm dienen.

Machiavelli. Ihr werdet nichts dabei gewinnen, so wenig wie es selbst; aber übrigens ist es möglich, daß Ihr auch nicht sonderlich viel dabei verliert! Ihr seid Michelangelo! Ihr liebt Florenz, das ist eine noble Passion; Ihr habt Florenz nicht nötig. Euer Aufenthalt ist in Rom, und wenn Rom noch ferner für Euch wegfiele, so wäre er in Venedig, in Mailand, in Paris! Der Kaiser würde Euch, um seine Staaten zu ehren, eine breite Siegesstraße auftun! Ich sage es Euch: Ihr seid Michelangelo. Unterhaltet Euch hier, solange Ihr Lust habt; Ihr werdet Eure Zeit dabei vergeuden und würdet besser tun, Euch mit Euren Meisterwerken zu beschäftigen; aber man wird sagen: wie hat er sein Vaterland geliebt! Das wird von guter Wirkung in den Blättern Eurer Geschichte sein! Was mich angeht, ich bin kein Künstler, dessen wahres Vaterland die Welt ist; ich bin kein Gelehrter, der allerwärts Ehre und Unterhalt finden kann; ich bin ein elender Beamter des elendesten der Staaten, und ich hasse diesen Staat und hasse Florenz.

Michelangelo. Ihr seid sehr unglücklich gewesen, und man hat Euch nicht nach Eurem Verdienst behandelt.

Machiavelli. Ich habe ein Weib, ich habe Kinder; ich bin vom ältesten Blute in Toscana, Ihr wißt es. Ich zähle seit lange mit . . . Es ist kein Brot im Hause.

Michelangelo. Wahr . . . wahr . . . Es ist eine Schmach!

Machiavelli. Ich hatte viel gelernt; meine Jugend ist in den Büchern vergraben gewesen; ich habe sozusagen mit der Kindermilch die Weisheit des Altertums eingesogen, so eilig hatte ich's, zu lernen . . . Was ist aus mir geworden . . . ein armer Schreiber, nichts weiter.

Michelangelo. Meister Niccolo, man ist sehr ungerecht gegen Euch verfahren, und ich begreife die Bitterkeit Eures Herzens.

Machiavelli. Nein, Ihr begreift sie nicht. Während ich in den untersten Stellungen verblieb und das Ziel der berechtigtsten Hoffnungen beständig hinausgerückt sah, fühlte ich mir jeden Augenblick die Schulter wund gequetscht; man warf mich zur Seite . . . Es war der erste beste Bursche, ein Schelm, ein Erztölpel, ein Mensch ohne Talent, ohne Gewissen, ohne Geburt, der's eilig hatte und vorging. Inzwischen überhäufte man mich mit Verbindlichkeiten; ich erfüllte Aufträge, die bald schwer, bald gefährlich waren; ich erfüllte sie gut, das nahm nicht Wunder; aber der Strom der Lakaien zog immerfort an mir vorbei, und andre Lakaien sagten zu mir: bleibt, wo Ihr seid! Ich bin mein ganzes Leben da geblieben, und ich glaube, daß die Demütigung, der Ekel, der Verdruß, die Empörung, die sich in alle Winkel meines Herzens eingekrallt haben, mir noch empfindlicher gewesen sind als die Armut.

Michelangelo. Ach! ach! das Leben ist düster und arg; und wenn ich gedenke, was auch ich vom Aberwitz und der frechen Unwissenheit auszustehen gehabt habe, so begreife ich, was Ihr leidet!

Machiavelli. Nein, Ihr begreift es nicht. Als Bruder Girolamo Savonarola seine Lehre predigte, war ich ein junger

Mann; ich liebte die Menschen, ich liebte mein Vaterland; ich liebte Italien; ich glaubte an die Möglichkeit der Vernunft und an die der Tugend. Ich habe alle meine Kräfte erschöpft, um ihnen ein Nest zu bauen. Was war der Ausgang dieser Hoffnungen? Reden wir nicht davon. Da ich trotzdem noch einen gewissen Vorrat von Leichtgläubigkeit besaß, so bildete ich mir ein, daß ein fähiger Mensch, so wie der Valentino, ein edles Königreich würde schaffen, weise Gesetze und gute Ordnungen darin einrichten, die Fremden nach Hause schicken können, und kurz, daß dies noch etwas Ersehnenswertes wäre. Der Valentino ist gescheitert. Heutzutage ist es Sitte, ihn als das entsetzlichste aller Ungeheuer zu behandeln, obwohl er, was besondere wie allgemeine Grausamkeiten betrifft, niemals die Hälfte der blutigen Nichtsnutzigkeiten sich hat träumen lassen, die Karl V. ausgeführt hat, die Plünderung Roms unter anderem und die neuerliche Einrichtung der Inquisition; aber der Sinn der Menschen ist so beschaffen, daß er einer gewissen Anzahl Sündenböcke bedarf, die die Verbrechen eines Zeitalters tragen müssen; natürlich wählt er nicht die schlimmsten der Wölfe. Er greift diejenigen heraus, die sich am wenigsten wehren können, diejenigen, die die Hunde schon zerstückt und erwürgt haben, weil vor allem er selbst feige ist.

Michelangelo. Ihr seid zu bitter; freilich habt Ihr das Herz voller Tränen.

Machiavelli. Nicht eine Träne steht mir zu Gebote. Ich weide mich vielmehr nach Herzenslust an dem Anblick, wie diese Welt von Elenden, von Narren, von Tröpfen, von Egoisten, die mich in der Stellung eines verhungerten Unterbeamten belassen haben, so gut für sich selbst gearbeitet hat, daß die schmachvollste Knechtschaft bald an ihrem Leibe nur noch der Lumpen sein wird, der das unheilbarste Elend deckt! Gott sei gepriesen! Diese Leute da, sage ich, sind noch mehr zu beklagen als ich! Ich sterbe, und die italienische Welt wird leben, aber vollkommen entehrt. Ihr freilich seid große Männer, ich meine Euch und Eure Freunde; aber wenn Ihr verschwunden seid, was bald der Fall sein wird, so bleiben nur Eure Kopisten, die Euch schlecht kopieren werden; und dann kommen die Affen; die werden Euer Himmelsstürmen in lächerliche Bocksprünge verwandeln, und was Ihr gewirkt, wird damit abgetan sein . . . Gehn wir nach Hause.

Michelangelo. Ja, gehn wir. Ich will Euch den Arm geben und Euch heimgeleiten. Unter den großen Männern, von denen Ihr sprecht, habt Ihr Eure Stelle, Niccolo.

Machiavelli. Mit nichten! Ich bin nur ein Gedankensichter, und der Tatbestand lehrt, daß ich nur ein Träumer gewesen bin. Es ist ein weiter Weg vom Erkennen des Rechten zum Schaffen des Wahren. Aus der Häßlichkeit selbst macht Ihr die unsterbliche Schönheit, wie es Euch gegeben ist, mit dem gemeinsten Ton bezaubernde Formen zu bilden; Eure Welt kann untergehn, Ihr bleibt Gott und lebet. Aber ich? ich habe begriffen, was man ins Leben zu rufen hätte versuchen müssen; ich habe gezeigt, was wünschenswert war. Hat man es ausführen lassen? Nein! Was bleibt von mir? Ein armer tiefgebeugter Mann, der verschwinden wird, und damit abgetan! Um so besser! Gehn wir nach Hause.

Michelangelo. Ja, gehn wir. Ich an meinem Teile muß Euch bekennen, daß ich, mit oder ohne Hoffnung, dem Vaterlande dienen werde; ich denke, was ich kann, zu seiner Verteidigung aufzubieten, und wenn es unterliegen soll, so werde ich wenigstens eine Pflicht, oder was mir eine solche scheint, erfüllt haben.

Machiavelli. Scheut Euch selbst nicht, Euer Blut herzugeben; was Ihr bei dieser, wie bei anderen Gelegenheiten, vollführt, wird Euch von der Nachwelt wohl gelohnt werden. Sie wird sagen: Michelangelo, der große Künstler, hatte Florenz ganz und gar nicht nötig, und doch hat er dies und das dafür geopfert! . . . Geht hin! Eure Kränze sind bereit; aber ich, wenn ich ein Dummkopf wäre und mich in das mengen wollte, was vorgeht, so würde man mich dazu anstellen, den großen Männern, die jede Revolution aus ihrem Schlamme hervorzieht, die Kleider zu bürsten, und am Tage der Niederlage würde man zu mir sagen: alter Narr! Was kanntet Ihr Eure Genossen nicht besser? Man würde recht haben. Lebt wohl, Michelangelo. Ich hoffe Euch in dieser Welt nicht mehr wiederzusehen.

Michelangelo (ihm die Hand drückend). Lebt wohl! (Machiavelli tritt ins Haus und schließt die Türe wieder.) Der arme Niccolo blickt nur allzu klar. Gleichviel; ich habe in der Tat die Schwingen noch frei, das ist gewiß; ich kann gehen, wohin mir's gefällt. Das Schicksal hat, wenn es auch in anderem hart mit mir verfuhr, mich wenigstens dem Willen keines Menschen unterworfen. Ich will Florenz verteidigen, und hat es unrecht, dies Florenz, so werde ich darum nicht weniger einem Triebe meines Herzens genug getan haben.

FRIEDRICH THEODOR VISCHER
DA WANDLE MIT ANDACHT

1878

Florenz. Hier nachts im Mondschein! Da wandle mit Andacht! Wo wären wir ohne diesen Quellpunkt aller neueren Bildung? Barbaren, nichts weiter. Dort im Garten lehrten die Griechen. Dann all die Dichter und Künstler! Die Geisterluft, die von hier aus wehte, ist weicher noch als die Lüfte dieser Mondnacht.

Und dann, ich kann sagen, wahrhaft gute Stunden genieße ich in S. Maria Novella. Welch ein edel freier, heiterer Mensch ist dieser Domenico Ghirlandajo! Da geht's hinaus in die schöne, sonnige Welt. Und hinein in das Wärmeliche der Zustände menschlichen Behagens. Wie köstlich diese Kindsstuben, das Pflegen der Neugeborenen, die Nachfragen der besuchenden schönen Frauen und Mädchen, die wohnlichen Räume! Und wieder, welche Würde der Gestaltung schon! Welch ernste Ruhe und adlige Bewegtheit!

Pitti. Madonna del Granduca. Nicht ganz, ihr Gesicht um einen Hauch schmäler, aber doch sie! O ja, das ist sie! – Solches Oval, solches Blicken, Neigen, Beugen – nur Raffael, nur er, und er, als hätte er sie gesehen!

Der große Grabmalkünstler von San Lorenzo will mich nicht recht annehmen, stehe dort bald hingerissen, hochgetragen, bald geärgert. Zu dieser genialen Geistestiefe der übertriebene Wurf und soviel widerwärtige Gedunsenheit. – Rom abwarten. Dort laß dich auch von der Antike erst ganz erfüllen, o Seele! Und von Raffaels ganzer Herrlichkeit!

Oft, wenn ich oben stehe, bei dem Kleinod altfrommer Baukunst, bei San Miniato, und herunterschaue auf Tal und Berg und Fluß und Stadt, und dann auch jenes Wunderbaren gedenke, dessen Schatten hier umschwebt, des Hölle, Himmel und Welt umfassenden Dante, des Geistes, der einer weitgespannten, hochgewölbten Kuppel gleicht, und wenn ich dann denke, wieviel Wildes und Furchtbares doch auch an den Flächen dieser Kuppel wie mit Glut und Blut gemalt ist, dann entsinne ich mich auch, wieviel doch gewütet und gemordet worden ist in dieser sanften, edlen Stadt. Ja, ich weiß, ich kenne, was Wildes im Menschen ist. O ebnet mich, ihr weichen Linien! Singe mich in Schlaf, mild rauschender Fluß! Lindert mich, ihr Ölbäume, kühlet mich, ihr stillen Zypressen, und hebet mich, ihr schlanken Pinien mit der leichten, rundlich geschwungenen übergelegten dunkeln Krone!

CONRAD FERDINAND MEYER
DER MARS VON FLORENZ

1884

Die Türme von Florenz umblaut
Der süße Lenz, der junge Lenz,
Die Frauen singen leis und laut
In allen Gassen von Florenz.

Am Rand der Arnobrücke steht
Ein schwarzverwittert Marmelbild
Mit Helmgeflatter, Kriegsgerät,
Gott Mars, und lächelt falsch und wild.

– »Gott Mars, wohl magst du finster schaun,
Drommete dröhnt im Lenze nie,
Raub eine dir von unsern Fraun!
Hoch über Venus preis ich sie!«

Ein Jüngling ruft's dem Gott empor
Mit lachend ausgestreckter Hand –
Ihm dringt ein Erzgedröhn ans Ohr,
Er eilt und steht am andern Strand.

Rasch tritt aus einem Haus hervor
Ein Edelweib, das höhnt und lacht:
»Zur Amidei? Junger Tor!
Dir war das Schönre zugedacht!

Nach Gottes Ratschluß ist's geschehn!
Heut wirst du – heißt's – mit ihr getraut –
Jetzt sollst du die Donati sehn:
Blick her! Vergleich mit deiner Braut!«

Sie zerrt ein Mägdlein an das Licht,
Es kämpft ins dunkle Haus zurück,
Im jungen bangen Angesicht
Errät er aller Himmel Glück.

»Hinweg! Die Amidei harrt!
Hinweg. Mein Kind ist keine Dirn!
Ihr blicket frech!« Der Jüngling starrt
Auf die gesenkte Mädchenstirn.

Der Wunsch ist Glut! Die Scham ist Glut!
Die hohe Doppelflamme loht!
Er streckt die Hand. Das höchste Gut
Ergreift er und ergreift den Tod.

»Frau, strafet mich nicht allzuschwer!
Das süße Haupt! Das blonde Haar!
Gewähret sie mir!« stammelt er.
»Ich führe stracks sie zum Altar!«

Den Ring, der ihm die Hand bereift,
Der Amidei Trauungsring,
Hat rasend er sich abgestreift
Und schleudert ihn. Da rollt er. Kling . . .

Jetzt kniet er im Kapellenraum,
An Freveln und an Wonnen reich.
Zur Linken kniet sein sünd'ger Traum,
Wie Engel schön, wie Tote bleich.

Dem Paar zu Häupten murmelt leer
Und schnell ein feiles Priesterwort –
»Die Rosse her! Die Rosse her!
Zum Tor hinaus! Ins Freie fort!

Du lieb Geschöpf! Du bebst wie Laub!
Verlarve dir das Angesicht!
Faß Mut! Ich bringe meinen Raub
In eine Burg, die keiner bricht!«

Am Rand der Arnobrücke steht
Ein schwarzverwittert Marmelbild
Mit Helmgeflatter, Kriegsgerät,
Gott Mars, und lächelt falsch und wild.

Das Schwert des Gottes schüttert leis.
Da springt hervor mit Erzeslaut
Ein Hinterhalt, ein Mörderkreis,
Die Sippe der verratnen Braut.

»Verdammter, stirb!« – »Geliebte, flieh!«
Wild ringend stürzt er umgebracht,
An seinen Busen gleitet sie
Und sinkt mit ihm in *eine* Nacht.

Herab von aller Türme Hang
Verkündet gellend Sturmgeläut
Den Bürgerkampf. Das Schwert erklang
Dem Gott, der sich des Mordes freut.

HERMANN GRIMM
FLORENZ

1894

Gestern hatte es den ganzen Tag geregnet, heute ist der Arno dunkelgelb, drängt sich durch die Brücken und schlägt an dem Wehr, von dem er unter uns herabstürzt, große Wellen. Dafür ist der Himmel blau und auf unserem Balcon brennt die Sonne so heiß, daß man nicht darin sitzen kann. Unten, als ich eben einen Augenblick heraustrat, ging ein Mann vorüber in jeder Hand einen großen Korb, beide voll von Rosen. Wir genießen unser friedliches Dasein. Wir umspannen gerade einen vollen Halbkreis mit den Augen. Links liegt San Miniato auf der Höhe, rechts geht der Blick in die Ebne hinauf bis nach Pisa mit fernen lichten Bergzügen, dazwischen das ganze Florenz soweit es jenseits des Arno liegt. Alle seine Brücken haben wir vor uns. Ich zähle das Alles auf, wie man sich eine Reihe 20 Markstücke auf den Tisch zählt aus bloßer Lust am Golde. Ich wenigstens habe eine Zuneigung zum Golde.

ANATOLE FRANCE
FLORENZ

1894

Was Sie hier vor sich sehen, steht einzig in seiner Art da.
Nirgends ist die Welt so fein, so durchgeistigt, so elegant wie
hier. Der Gott, der die Hügel von Florenz erschaffen hat, war
ein Künstler. O, er war ein Juwelier, ein Bildhauer, er verstand
in Bronze zu arbeiten, und er war auch noch Maler. Kurz, er
muß ein Florentiner gewesen sein. Es ist das einzige, was er von
der Welt selbst gemacht hat. Alles andere ist unvollkommener
gearbeitet, als ob es von einer gröberen Hand herrührte. Was
meinen Sie? – dieser Hügel von San Miniato mit seinen festen,
reinen Formen und der zarten violetten Färbung, sollte der von
demselben Meister herrühren wie der Mont Blanc? Und wissen Sie, es ist noch etwas, – aber ich weiß nicht, wie ich es in
Worte kleiden soll. Ich verstehe es selbst nicht recht, und doch
ist es wirklich so. Ich fühle mich hier in dieser Gegend, und Sie
werden ebenso fühlen, als ob ich nur halb lebte und halb schon
gestorben wäre. Es ist ein sehr vornehmes, sehr trauriges und
dabei doch wohltuendes Gefühl. Sehen Sie nur, – sehen Sie
immer wieder hin und Sie werden die Melancholie entdecken,
die über diesen Hügeln von Florenz liegt. Sie werden fühlen,
wie eine wunderbare Traurigkeit von diesen Totengefilden
emporsteigt.

ANTONIO FROSALI
DIE KAFFEEHÄUSER

1896

Heutzutage besitzt Florenz eine Menge Kaffeehäuser, und
wenngleich in der letzten Zeit – infolge des Abbruchs und der
Neuerrichtung des historischen Stadtkerns – einige verschwunden sind, so ist ihre Zahl doch immer weiter, durch die
Eröffnung neuer Lokalitäten, gestiegen. Dennoch sind es nicht
viele, die aus Gewohnheit ein Kaffeehaus besuchen, was zum
Teil damit zusammenhängt, daß in den Clubs und Versamm-
lungsorten, wo Aristokraten, Bürger oder das einfache Volk
sich einfinden um Karten zu spielen oder Zeitung zu lesen, das
Trinken einer Tasse Kaffee im Kreise Gleichgestellter gewähr-
leistet ist und zum anderen, weil der Florentiner, und im
Besonderen der aus dem Volk, dem Kaffeehaus die Weinhand-
lung vorzieht, wo er immer sicher sein kann, ein Glas Chianti
zu finden.

Trotzdem fehlen in den öffentlichen Lokalen die Stamm-
kunden nicht. Die Händler und Makler auf der Suche nach
Vertragsabschlüssen, die Jugendlichen auf der Suche nach jungen Damen, denen sie den Hof machen können, die Mütter,
die ihre Töchter ausführen wollen, die Künstler auf der Suche
nach Motiven für ihre Studien nach der Natur, die Angestell-
ten im Ruhestand, die sich dem intensiven Zeitungslesen hingeben, und nicht eher gehen, als bis sie auf die letzte Seite
vorgedrungen sind – sie alle sind, bei uns und anderswo,
Stammgäste der Kaffeehäuser.

Es gibt Lokale, die ausschließlich von der Aristokratie besucht werden, solche, wo nur Fremde sich einfinden um eine
Tasse Tee zu trinken, und schließlich die, die von Straßenmu-
sikanten und Theatergängern aufgesucht werden. Aber im
Allgemeinen sind sie von einem unterschiedlichen Publikum

58. *Alinari, Die Rubaconte-Brücke*
vor ihrem Umbau

bevölkert, das sich vermengt, und somit selbst die kühnsten Unternehmungen, die in dem Bestreben angestellt werden, herauszufinden, aus welchen Kreisen sich das Publikum zusammensetzt, nicht mehr gestattet.

Das Kaffee Doney, das der Konditorei angeschlossen ist, stellt eine Art Zweigstelle des Aristokraten-Clubs dar. Diese Herren, die mehrere Stunden des Frühnachmittags auf dem Bürgersteig vor ihrem Lokal zubringen um die eigenen Frauen, oder besser noch die der Freunde vorüberfahren zu sehen, wenn sie in eleganten Kaleschen zur Spazierfahrt in die Cascine ziehen, setzen sich, wenn sie des Zusehens müde geworden sind, in jene weichen roten Veloursessel des Kaffees, und stellen sich den neidischen Blicken der Bürger dar, die sie durch die großen Scheiben bewundern.

Die Kuchenbäckerei Giacosa, vor der immer eine Gruppe von Jugendlichen steht, die elegant sind oder zumindest alles unternehmen, diesen Eindruck zu erwecken, besitzt einen sehr schönen Saal, der im Winter Treffpunkt der Fremdenkolonie ist.

Eines der meistbesuchten Kaffees war bis vor kurzem il Bottegone am Domplatz, das aber heute nicht mehr von vielen besucht wird und schon längere Zeit nicht mehr der Treffpunkt der eleganten Bourgeoisie ist. Seinen Platz hat das Gambrinus eingenommen, ein riesiger Bau, der mit Geschmack und mit viel Aufwand errichtet wurde. Seit der Eröffnung steht das Glück auf der Seite seiner Besitzer. Eine große Zahl von Personen begibt sich während des Winters allabendlich in den geräumigen Konzertsaal, im Sommer bevölkert sie die zahllosen Tischchen, die unter den Bögen und entlang der Arkaden bis zur Piazza Vittorio Emanuele aufgereiht werden.

Das Publikum setzt sich aus Leuten zusammen, die man früher nie in den Kaffees gesehen hatte, was darauf zurückzuführen ist, daß hier den Frauen ohne Begleitung der Zutritt verwehrt bleibt. Diese Regelung hat besonders die Frauen erfreut, die gemeinsam mit ihren Ehemännern ausgehen und das Zusammentreffen mit alleinstehenden Frauen, die auf der Suche nach einer männlichen Begleitung sind, scheuen.

GABRIELE D'ANNUNZIO
AUF DER PIAZZA DEGLI UNGANELLI

1898

Nach einem Regentag, gegen Abend. Die Luft ist frisch und kristallklar. In einer Allee, in der Nähe des Campo di Marte, liegen die ersten toten Blätter auf der Erde. Mit meinem Pferd galoppiere ich über eine feuchte Wiese, wo das trockene Gras wieder zu leben beginnt. Ich reite in Richtung der Kirche San Miniato, und überquere den Arno auf der eisernen Brücke.

An San Miniato vorüberreitend, führt mich der Weg auf die Piazzola degli Unganelli, die einsam daliegt. Auf den Außenmauern der Villa Giovannelli sind in dunkler Farbe die alten Zinnen aufgemalt, die unter dem neuen, von Alessandro Vitelli während der Belagerung von Florenz durch die kaiserlichen Truppen errichteten Bau liegen. Ihre Farbe erweckt den Anschein, als ob diese Zinnen nicht gemalt, sondern die Schatten der Zinnen einer diesem Hause gegenüberliegenden Festung seien. Auf der einen Seite der Straße erheben sich große Zypressen, die sich im Abendwind neigen. Auf der anderen Seite blickt man auf Florenz – ein wunderbarer, verführerischer Anblick. Von hier muß den Belagerern Florenz weiblich, wie eine Frau erschienen sein, mit seinem goldenen Fluß, der es wie eine Halskette schmückt. »O Fiorenza«, riefen die freudetrunkenen Soldaten, »wir werden deine Brokate im Spiel erstreiten!« Der Schatten der Zinnen, die großen rauschenden Zypressen, der Abendwind, der letzte Glanz des Tages, der klare Ausblick auf die Stadt, mit ihren Häusern, Türmen, Kuppeln, in der reinen Luft und die vornehmen Züge der fernen Hügelkette vor dem brennenden Horizont – all diese Erscheinungen versetzen mich in ein Gefühl stärkster lyrischer Ergriffenheit.

Der Vollmond zieht am Himmel auf, das Tageslicht klingt

ab, die Stadt füllt sich mit Schatten, der Fluß glänzt wie ein Opal. An den Ufern beginnen die ersten Lichter zu leuchten. Ihr Licht bekrönt auch schon die Hügel. Die Fledermäuse weben das Netz ihrer Flüge. Das Pferd schnauft von Zeit zu Zeit laut. Aus den Beeten unterhalb des Piazzale Michelangelo steigt ein intensiver Duft von Tuberosen. Der Klang der Kirchenglocken erfüllt das weite Tal, über das in Kürze der Mond seine Milch ausgießen wird.

RAINER MARIA RILKE
AUS DEN TAGEBÜCHERN

1898

Aus unserm winterlieben Gelände
bin ich fern in den Frühling verbannt;
wie ich zage an seinem Rand,
legt sich mir leuchtend das neue Land
in die zweifelnden Hände.

Und ich nehme das schöne Geschenk,
will es still gestalten,
all seine Farben entfalten
und es – lächelnd und ungelenk –
DIR entgegenhalten.

*

Ich kann nur schweigen und schauen . . .
Konnte ich einmal auch tönen?
Und die Stunden sind Frauen,
die mich mit lauter blauen,
blinkenden Wonnen verwöhnen.

Soll ich die Tage dir schildern
oder mein Abendgemach?
Meine Wünsche verwildern,
und aus allen Bildern
gehn mir die Engel nach.

Und soll ich sagen, wie mein Tag verrollt?
Früh zieh ich durch die strahlenden Viale
zu den Palästen, drin ich wachsend prahle,
und mische mich auf freier Piazzale
ins braune Volk, wo es am tollsten tollt.

Nachmittag bete ich im Bildersaale,
und die Madonnen sind so hell und hold.
Und komm ich später aus der Kathedrale,
ist schon der Abend überm Arnotale,
und ich bin leis und langsam müd und male
mir Gott in Gold . . .

RAINER MARIA RILKE
FLORENZ ERSCHLIESST SICH NICHT DEM VORÜBERGEHENDEN

1898

Seit vierzehn Tagen wohne ich in Florenz.

Am Lungarno Serristori, unweit von dem Ponte delle Grazie, steht das Haus, dessen flaches Dach in seinem überdachten wie in seinem himmelweiten Teil mir zugehört. Das Zimmer selbst ist eigentlich nur der Vorraum – es faßt auch die vom dritten Stock heraufführende Treppe mit ein –, und als das eigentliche Wohngemach stellt sich die hohe, weite Steinterrasse dar, die nun allerdings so prächtig ist, daß ich da gut wohnen und auch wohl einen werten Gast würdig empfangen könnte. Die Wand meines Zimmers ist nach außen hin mit gelben, reif duftenden Rosen und kleinen gelben Blumen überblüht, die wilden Heckenröschen nicht unähnlich sind; sie steigen nur etwas stiller und gehorsamer die hohen Spaliere hinauf, zwei zu zwei, etwa wie die Engel des Fra Fiesole zu Lohn und Lobgesang des Jüngsten Gerichtes. In Steinbecken vor diesen Mauern sind viele Stiefmütterchen wach geworden, die wie warme, wachsame Augen dem Tun und Ruhn meiner Tage nachgehen. Ich möchte immer so sein, daß sie nicht erstaunen müssen über mich und daß ich ihnen wenigstens in meinen tiefsten Stunden wie ein lang verwandtes Wesen erscheine, dessen letzter Glaube ein festlicher und lichter Frühling ist und weit dahinter eine schwere, schöne Frucht. – Aber wie weit verblaßt die Pracht dieser einen Wand vor der hellen Herrlichkeit der drei anderen Seiten, vor denen die Landschaft selber hängt, weit, warm, ein wenig stilisiert durch die Schwäche meines Auges, das nur Farbenakkorde und Summen von Linien zu erkennen vermag. Reich am Morgen im Glanze von hundert Hoffnungen, fast flimmernd vor ungeduldiger Erwartung, reich am Mittag, satt, beschenkt und schwer, und von schlichter Klarheit und heiliger Hoheit im verklingenden Abend. Dann beginnt die Stunde, da die Luft wird wie blauer Stahl, und die vielen Dinge schleifen sich scharf daran. Schlanker scheinen die Türme aus dem Gewoge der Kuppeln aufzusteigen, und die Zinnen des Signorieenpalastes sind wie verhärtet in ihrem alten Trotz. Bis sich die Stille übersternt und das milde Licht alles wieder besänftigt mit seiner weichen, zaghaften Zärtlichkeit. Das große Leisewerden rollt wie ein hoher Strom über Gassen und Plätze hin, drin alles nach einem kurzen Ringen untergeht, – und endlich ist nur ein Zwiegespräch wach, ein Hin und Wider dämmernder Fragen und dunkler Antworten, ein sich ergänzendes breites Brausen: der Arno und die Nacht. Am sehnsüchtigsten ist es um diese Zeit; und wenn dann tief unten irgendeiner ein wehmütiges Lied zur Mandoline träumt, so denkt man nicht daran, es einem Menschen zuzuschreiben; man fühlt, wie es unvermittelt aus dieser weiten Landschaft steigt, die nicht mehr schweigen kann in ihrem sehnsüchtigen, seltsamen Glück. Sie singt wie eine einsame Frau, die in tiefer Nacht den Namen ihres fernen Geliebten klingt und sich müht, in dieses enge, arme Wort ihre ganze Zärtlichkeit und ihre Glut und alle Schätze ihres tiefen Wesens hineinzudrängen.

Am dekorativsten aber sind die roten Abende. Über den Cascinen ist der letzte, löschende Glanz, und der Ponte vecchio, an dem die alten Häuser nesterähnlich kleben, flicht sich wie ein schwarzes Band durch sonnengelbe Seide. In versöhnten Tönen von Braun und Grau dehnt sich die Stadt aus, und die Berge von Fiesole tragen schon die Farben der Nacht. San Miniato al Monte allein hat noch immer Sonne in dem schlichten lieben Gesicht, und ich versäume nie, mir sein letztes Lächeln zu holen als eine leise, vollendende Gnade.

Vielleicht wirst Du erstaunen, daß mir in Florenz noch nichts geworden ist als die paar unbedeutenden Gedichte, die

59. *Alinari, Historisierendes Wagenrennen
auf der Piazza Santa Maria Novella*

diesen Zeilen vorangehen. Das lag daran, daß ich zunächst
nicht allein blieb. In den ersten beiden Tagen nahm sich meiner
Dr. L., der Pariser Korrespondent, sehr gütig an und half mir
das und jenes zu finden, wenn er auch mit seiner Art jede
Stimmung in mir niederdrückte. Dann, sobald ich in der
Pension untergebracht war, erwies sich, daß Endells Vetter,
Professor B. aus Berlin, mein Nachbar sei, und diese Überraschung hatte zur Folge, daß wenigstens die Nachmittage fort-
ab ihm, seiner Frau und mir gemeinsam gehörten. Es waren
gewiß Stunden, die nicht zu den Verlusten zählen, reich durch
die bereite Güte dieser beiden trefflichen Menschen, – aber
doch ohne den Klang, der über den Augenblick hinaus nach-
zittert. Indessen, nicht nur an den Menschen lag mein Ver-

stummen. Vielmehr an den Dingen. Trotzdem Florenz vor
mir so weit und willig ausgebreitet liegt (vielleicht gerade
deshalb) verwirrte es mich zuerst so, daß ich die Eindrücke
kaum zu sondern vermochte und unterzugehen glaubte in dem
großen Wellenschlagen einer fremden Herrlichkeit. Eben jetzt
erst beginne ich Atem zu holen. Die Erinnerungen werden
klarer und isolieren sich voneinander, ich fühle, was in meinen
Netzen blieb, und merke, daß es mehr ist, als ich erwartet habe.
Ich weiß, was mein Besitz geblieben ist, und Stück um Stück
davon will ich ausbreiten vor Deinem lieben, lichten Auge. In
aller Behaglichkeit, ohne Dich von Ort zu Ort zu jagen und
ohne gründlich sein zu wollen, zeig ich Dir das und das, sage
Dir, was es mir soll, und lege es wieder in meinen Vorrat
zurück. Ob ich Dir ein Bild von Florenz damit gebe – weiß ich
nicht; denn ich bringe Dir nur das, was ich mir ganz eigen
weiß; und das gehört ja nun mir zu und nicht mehr der lichten
Lilienstadt; jedenfalls aber hab ich dieses Stück meiner selbst in
Florenz gefunden, und das kann nicht zufällig sein. Du erwartest ja auch kein Reisehandbuch von mir, keine vollständige,
lückenlose und chronologisch geschlichtete Sammlung, nicht
wahr?

Der erste Abend ist mir zunächst in seiner Bedeutung erin-
nerlich. Trotz der Ermüdung nach der vielstündigen Reise, die
ich auf Koffern erbärmlich überdauern mußte, ging ich abends
aus meinem Hotel die Gassen entlang, fand die Piazza Vittorio
Emanuele und trat ganz zufällig auf den Platz der Signorie.
Atembeklemmend in seiner felssteilen, wehrhaften Wucht
steigt vor mir der Signorieenpalast auf, und ich glaube, ich
spüre seinen grauen, schweren Schatten über mir. Hoch über
die zinnenscharfen Schultern des Baus reckt der Wachtturm
einen sehnigen Hals in die nahende Nacht. Und er ist so hoch,
daß mich der Schwindel packt, wie ich aufblicke bis zu seinem
behelmten Haupt, und wie ich mich ratlos nach einem Schutz
umsehe, breitet mir eine herrliche weite Halle ihre breiten

Bogen entgegen: die Loggia dei Lanzi. An zwei Löwen vorüber trete ich in ihre Dämmerung ein, aus welcher die weißen Marmorbilder mir entgegenkommen. Den ›Raub der Sabinerinnen‹ kann ich erkennen, und an der Rückwand wächst der Schatten des erzenen Perseus von Benvenuto Cellini, und ich erstaune angesichts der Silhouette vor der schönen, sieghaften Beweglichkeit und dem stolzen Schwung dieses Bildes, das ich niemals von ferne zu werten vermocht hatte, und ich werde mit jeder Minute ruhiger und betrachtender bei diesen hohen, hellen Bildern, die mir immer bekannter scheinen, überhegt von dieser so sicher gespannten ernsten Halle, welche auf den starken gotischen Säulen mit vollem Vertrauen ruht. Da empfängt eine Gestalt für mich eine Bestimmung: Andrea Orcagna, der Schöpfer dieses Baus, ist mir kein eitler Name mehr; ich fühle die Klarheit eines Mannes und den tiefen, treuen Ernst eines Einsamen über mir. Diese Hallen hat ein Herr des Lebens gewölbt, ein stiller und festlicher, der Säulen schuf nach seinem Ebenbilde und das Dach darüber senkte nach dem Muster des Lebens, dunkel lastend und doch kein Druck für das bewußte Streben der stämmigen Pfosten. Und der erste Renaissancemensch weiht mich so ein in das Geheimnis seiner Zeit. Ich bin mitten hineingeraten. Ich empfinde gleichsam den Takt tieferer Atemzüge, gegen den mein Atemholen ein Kindertrippeln ist, und mir wird seltsam frei und bang in diesem Bau, wie dem Kind, das die Rüstung eines Ahnen auf den Schultern trägt und dem neben der Freude an dem Glanz schon die wehe Wucht des Panzers fühlbar wird, die es aus seinem Kinderstolz bald in die zitternden Knie zwingen wird. – Dann, wie ich an den Rand der Halle nach rechts trete und seitwärts blicke, tut sich mir, wo ich es nicht ahnte, ein dunkler, leerer Platz auf, ein engerer Markusplatz ohne die helle Festlichkeit des Domes. Zwei hohe, stumme Gebäude, von Lauben unterhöhlt, laufen nebeneinander hin wie in stetem Sich-umfassen-Wollen, bis am Ende ein ungeduldiger Bogen von einem zum anderen

springt. Über dem Bogen steht irgendeine weiße Herrscher-
gestalt. Und wie mein Auge zurück die Lauben entlang streift,
geschieht ein Bewegen; aus dem Dunkel treten lauter lichte
Gestalten hervor, als ob sie jemandem entgegen wollten. Ich
blicke mich um, aber es ist niemand hinter mir, – kann ihr
Begrüßen mir gelten? Plötzlich empfind ich es deutlich. Und
in scheuer Beschämung eile ich ihnen entgegen, der Kleine,
Namenlose, Unwürdige, und gehe dankbar und fromm von
einem zum anderen, von jedem gesegnet, jeden erkennend:
Andrea Orcagna, als erster, wie ich ihn gedacht, den Blick
überwundenen Sinnes voll, hoch emporgehoben und die
Stirne so, daß viel Licht darauf Raum hat. Und Giotto, in
Grübeln versunken, und Michelangelo und Lionardo. Dann
auch die Dichter Boccaccio, Petrarca, mit Begeisterung um-
kränzt, Dante . . . So sah ich ihnen allen ins Gesicht und stärkte
mich an ihrer Stille. Dann trat ich durch den Bogen am Rande
des Platzes und sah die Nacht über dem Arno blühen, und die
kleinen Häuser und die hohen Paläste schienen mir bekannter
und verständlicher als vor einer Stunde; denn ich hatte die
Menschen gesehen, die aus den kleinen Häusern heraus in die
hohen Paläste und über diese hinauswuchsen in die eine ewige
Heimat aller Hoheit und Herrlichkeit. –

Am ersten Abend war ich des Bewußtseins froh, daß mein
Hiersein nach Wochen zählen wird; denn ich fühlte: Florenz
erschließt sich nicht wie Venedig dem Vorübergehenden. Dort
sind die hellen, heiteren Paläste so vertrauensselig und beredt,
und wie schöne Frauen verharren sie immerfort am Spiegel des
Kanals und sorgen, ob man ihnen das Altern nicht anmerkt. Sie
sind glücklich in ihrem Glanz und haben wohl nie andere
Wünsche gehabt, als schön zu sein und alle Vorzüge dieses
Besitzes zu zeigen und zu genießen. Deshalb geht der Flüchtig-
ste beschenkt von ihnen, reicher wenigstens um dieses unver-
gleichliche goldene Lächeln der festlichen Fronten, das zu jeder
Stunde des Tages in irgendeiner Nuance wach bleibt und

nachts der etwas zu süßen, hingebenden Melancholie weicht, welche in den venezianischen Erinnerungen jedes hastigsten Italienfahrers Raum gewann. Anders in Florenz: Fast feindlich heben die Paläste dem Fremden ihre stummen Stirnen entgegen, und ein lauschender Trotz bleibt lange um die dunklen Nischen und Tore, und selbst die klarste Sonne vermag nicht seine letzten Spuren zu löschen. – Ganz seltsam wirkt, besonders inmitten des aufrichtigen Lebens der modernen Straßen, in denen das Volk seine Feste feiert und seine Geschäfte schreit, diese mißtrauische Wehrhaftigkeit der alten Bürgerpaläste, dieser breiten, riesigen Bürgerbogen mit ihrem ewigen Ernst, der versteinert scheint in den Furchen der mächtigen Quadern. Wenige und sparsame Fenster mit einem Schmuck, dessen Glanz höchstens dem Lächeln eines verschüchterten Kindes anähnelt, unterbrechen das schwere Schweigsamsein und fürchten sich, etwas von dem Sinn zu verraten, der diese Mauern beseelt. In ungeduldiger, steiler Strebekraft aber quellen aus den Steinspalten die Fackelhalter und Flaggenringe hervor; als sei das Ganze innen solchen Eisens voll, so winden sich diese Gebilde als ein eherner Überfluß warnend und wachend aus dem Riesenbau. Und hoch über den Rand streckt sich ein strenges und schlichtes Kranzgesims forschend vor, meistens im Zahnschnitt, wie eine Reihe lauernder Pfeilschützen, die von ihrer Schau herab den Eingang verteidigen. Es sind die Denkmale einer starken und streitbaren Zeit, die Zeugen jener Werdetage der Florentiner Würde, in denen aus Trotz und Tüchtigkeit sich der Sockel baute für die heitere Kunst seiner hellsten Tage. Und selbst in den Bauten der späteren Vollrenaissance findet diese alte weise Vorsicht noch Recht und Raum; sie bestimmte jene lapidare, gewaltige Schönheit des Florentiner Palastes, als dessen würdige Wohner michelangel[e]ske Gewaltgestalten erscheinen könnten.

Hast du aber einmal das Vertrauen dieser Paläste errungen, so erzählen sie dir gern und gütig die Sage ihres Daseins in der herrlichen, rhythmischen Sprache ihrer Höfe. Auch da scheint die Architektur immer bis in die guten Denkmale der Hochrenaissance hinein ihre ernste Würde bewahrt zu haben. Aber die abweisende Verschlossenheit ist dem verständigen und bewußten Sich-Anvertrauen trefflicher Menschen gewichen, welche ohne Pose und ohne Ängstlichkeit geben, im Gefühl, daß doch nur der Beste ihr Bestes empfängt; denn nur ihm kann es durch das Begreifen zum Besitze werden. An Stelle der schweigsamen Quadern sind im ganzen Untergeschoß breite Arkaden getreten, welche eine schattige Heimlichkeit behüten und sich oft noch in einem Teil des ersten Stockwerks in doppelter Ordnung mit Säulen fortsetzen und dann eine Fülle von Durchblicken bieten, die wie leise und intime Geständnisse sind und das schöne Verhältnis zu dem Schauenden noch reizender gestalten. Der Schmuck, der sich an die Säulen anschmiegt, ist in den besten Fällen unaufdringlich und selbstverständlich, ein schöner Gedanke oder ein liebes Gefühl, bei Gelegenheit der Säule ausgesprochen, – und stimmt dann wohl zu der maßvollen Festlichkeit der Kapitelle, die, oft antik oder der Antike frei nachgebildet, sich eben nur so weit unter der Last des Architravs entschälen, als natürlich und notwendig ist, die schlanke Kraft ihres Schaftes durch diesen stummen, sieghaften Kampf mit dem Gegendruck zu verwerten. Ihr Sieg wird obendrein noch durch Lünetten und Rosen gefeiert, welche zwischen den Arkadenbogen oder an der hinteren Wand der Gewölbe zwischen den Pfeilern oder den Konsolen, die die Decke auffangen, in reicher und unermüdlicher Abwechslung des Motivs erscheinen, und durch die Statuen, die da und dort in den schattigen Nischen aufleuchten. Manchmal sind in jener Wand, welche ohne Schmuck und Bogen ärmlich scheinen würde, die Wappen der früheren Besitzer, in freien Reihen aufsteigend, angemauert, und diese Seite wirkt dann wie überwältigend in der schlichten Art ihrer Erzählung: wie ein greiser Enkel, der als der Letzte eines Adelsstammes die

60. *Alinari, Auf der Pferderennbahn*

Taten seiner eisernen Ahnen im gerechten Gedächtnis versammelt und von ihrer Hoheit und Herrlichkeit in stolzen und
unnahbaren Worten leise wie aus eigener Erinnerung spricht
und sich gar nicht darum kümmert, ob ihn irgendwer hört.

Die schönsten dieser Höfe zeigen dem Eintretenden auch
einen Teil der Treppe, die dann – wie im Palazzo del Podesta
in Florenz –, an die Wappenwand angeschmiegt, von breiter
Brüstung andererseits begrenzt, unter hohen Torbogen in rit-
terlichen Stufen aufwärts führt und in einem der prächtigen
hellen Säle mündet. Aus dem moosüberwucherten Marmor-
boden des Hofs grenzt der lichte Tag mit einem scharfen Strich
gegen den steingrauen Schatten ab, und die Linie erscheint nur
mittinnen durch das Brunnenrund gebrochen, das auf einigen
Stufen, wie ein kleiner Hausaltar das Herz des Hauses: Kühle
und Klarheit für die Heimischen und für den willkommenen
Gast – bedeutet.

Solche Brunnensteine sind auch die Mittelpunkte jener von

kleinen Gärten ausgefüllten Hofräume, wie [sie] zum Beispiel die Certosa des Val d'Ema und andere Klöster besitzen. Über dem Brunnenschlund ist dann von Rand zu Rand ein verziertes Eisen gewölbt, welches die Schnur des Eimers hält, oder es dient ein Joch, das zwei schlichte Säulen über den Brunnen heben, diesem Sinn. In den Klosterhöfen herrscht mehr Schlichtheit und Einförmigkeit als bei der Innenarchitektur jener reichen Patrizierhäuser. Man sieht ihnen wohl an, daß nicht der Wille eines einzelnen hier waltet und Festlichkeit und Freude will, sondern daß viele einander hier erdulden und gewöhnen sollen, Menschen, die vergessen, daß es irgendwo noch Wünsche gibt außer der Einsamkeit und der Stille, welche die Arkaden ängstlich umranden. Und weil die ganze Welt in diesem engen Rahmen Raum und Recht gewinnen will, so sind Gärtchen drin eingebettet, die viele, viele kleine, weißkiesige Wege haben; zwischen Reihen wilder Rosen leiten sie immer wieder ineinander und enden schließlich an der einen Zypresse, die schon hart an der Mauer emporsteigt. Die Sehnsucht hat sie so in dieser vielen Verzweigung geführt; ein kleines, versöhntes Symbol des großen Irrens, eine Erinnerung an das viele, das die Gänge nicht mehr umspannen. Und zwischen den Pfaden geht in fröhlichen Farben die unverbrauchte Liebe dieser armen Kapuzinerhände auf und glüht und blüht in ihrer ganzen seligen Unschuld. Und da will mir die Frührenaissance doppelt lieblich erscheinen: von einem Frühling umwildert. Und die Meister müssen das wie ich empfunden haben, als sie ihre milden Madonnen schufen, denen sie in das Kirchendunkel ein Stück Himmels mitgaben und deren Engeln sie nur eine Pflicht auferlegten: in Schönheit und Geduld den Kranz schwerer Früchte zu tragen, der die einsame Frühlingsfrau wie eine Verheißung umrahmen soll.

HUGO VON HOFMANNSTHAL
TAGE UND ABENDE IN FLORENZ

1898

Die Tage und Abende in Florenz sind in einer gewissen Weise das Schönste, was ich je erlebt habe. Ich sage in einer gewissen Weise, weil verschiedenartige Erlebnisse sich ja untereinander nie vollkommen vergleichen lassen und die Gehobenheit, die ganz grundlos von innen kommt, etwas anderes ist wie die Erregung und Freude über Erlebnisse oder über den Anblick schöner Dinge. Die Vormittage haben wir in den Uffizien oder dem Pitti zugebracht, die Abende in der Landschaft auf den Hügeln von Fiesole oder San Miniato oder Settignano. Den letzten Nachmittag habe ich in der Villa von d'Annunzio verbracht. Nun sind diese Gemäldesammlungen doch ganz völlig etwas anderes, als ich bisher gesehen habe. Denn sonst sieht man wohl das eine oder das andere besonders starke und ergreifende Bild; hier aber ist Bild an Bild nichts anderes als der erschütternde Ausdruck der reifsten Seelenkraft und des vollkommensten künstlerischen Vermögens, wie Blitz auf Blitz bei einem großen Gewitter. Was die menschliche Größe ist, kommt von diesen Wänden heruntergedonnert, daß man vollkommen von allen inneren Gewohnheiten losgerissen und sich selbst ganz entfremdet wird. Kaum auszudrücken ist aber erst, was diese Landschaft für Gefühle erregt. Sie hat nichts Historisches, Venedig erscheint neben ihr wie eine Operndekoration, die Spuren der Menschen, die ewigen unveränderten Hügel und Täler, ja die untergehende Sonne und die Wolken werden hier zu einer Einheit, die Olivenbäume, die Mauern und Burgen, die Friedhöfe, auf denen man sitzt, alles gehört zusammen, ist von keiner Zeit und greift so in einen hinein wie nichts anderes auf der Welt.

LUDWIG CURTIUS
NIRGENDWO LEBT MAN MIT SO
GROSSEN MÄNNERN

1900

In keiner Stadt der Welt lebt man so mit ihren großen Männern wie in Florenz. Wer denkt im Menschengewühl Londons an Bacon, Shakespeare oder Milton? Ist ja auch vom London Dickens' beinahe nichts mehr übrig. In Paris sind Richelieu, Ludwig XIV. und Napoleon, Pascal, Molière und Voltaire lebendiger, weil die einen der Stadt den unvergänglichen Stempel ihrer Taten aufgeprägt haben und weil die anderen, bei dem natürlichen Hange des Franzosen zur Gloire, in bildlichem Monument, in Straßennamen, in zahlreichen Verknüpfungen mit Platz und Gebäude immer aufs neue gegenwärtig werden. In Rom spricht so sehr das geschichtliche Gesetz von Größe und Verfall, daß der einzelne Mensch, mag er auch so groß sein wie Julius Cäsar und Augustus, nur als einzelne Stimme in dem riesigen Chor erscheint. Aber in Florenz, das keine große Stadt ist, begegnet man an Straßenecken, Plätzen und Palästen der alten Geschlechter den sich auf sie beziehenden Versen Dantes, und im linken Seitenschiff des Doms hängt sein Bild mit der symbolischen Darstellung seines Gedichts. Wie man in Jerusalem so von dem Gedanken an Christus erfüllt ist, daß man nicht überrascht wäre, wenn er kreuztragend in irgendeiner schmalen Gasse daherkäme, so ist Dante in den Straßen von Florenz so gegenwärtig, als schritte er plötzlich leibhaftig stolz ablehnend durch die Menge. Beinahe jeden Tag geht man an der Stelle vorbei, auf der Savonarola verbrannt wurde, und man kennt sein Bild in der Mönchszelle von San Marco. Ein Palast nach dem anderen und zuletzt am ergreifendsten Kreuzgang, Bibliothek, Kirche und Sakristeien von San Lorenzo sprechen von Cosimo dem Alten und Lorenzo dem Prächtigen Medici, und jedesmal wenn ich einen Freund, der seinen Wein von einem Fattore in San Casciano bezog, auf seinem Baroccio dahinbegleitete, besuchte ich dort das wohlerhaltene Zimmer, in dem Macchiavelli wenige Meilen vor den Toren von Florenz in der Verbannung gelebt hat und in dem er, wie er selbst erzählt, ein Festkleid anzog, um, während draußen die Bauern lärmten, einen römischen Schriftsteller zu lesen.

Es gibt keine Stadt der Welt, die wie Florenz von der Künstlerfamilie der Robbia gleichsam mit einer überall sichtbaren Blumengirlande umzogen ist, keine, wo wie dort, an Or San Michele, am Domturm, am Baptisterium ganze Künstlergeschlechter in Werken ersten Ranges zusammenarbeitend sich ausgesprochen haben, die zur lebendigen Straße gehören und die man jeden Tag erleben kann, ohne in ein Museum zu gehen. Unzählige Male habe ich diese Stadt genossen, jedesmal erschüttert sie mich aufs neue. Denn wenn dort alle die großen Künstler von Giotto bis Michelangelo in heute nicht bloß musealem, sondern noch lebendigem Gebilde von Statue und Freske an Fassade und in Kirchenkapelle, im noch lebendigen Gebäude von Palast, Dom, Turm, Kuppel und Bibliothek zu uns sprechen und wenn sich Kreuzgang, Villa und Boskett in der geschichtlichen Erinnerung wieder durch die Novellen des Boccaccio, den Canzoniere des Petrarca, die philosophischen Gespräche der Platoniker, das erste Griechisch der Humanisten, die neue Orpheusmusik des melodischen Madrigals und der beginnenden modernen Arie, durch die erste europäische Prosa, durch die große zu Galilei führende Physik beleben, wird Florenz nach Athen zum heiligsten Fleck der Welt. Diesen einmal als solchen erlebt zu haben, ist ein Besitztum für das ganze Leben. Als wir einmal zusammen in die Mediceerkapelle gingen und verabredet hatten, dort vor den Figuren des Michelangelo nicht zu sprechen, war Willi plötzlich verschwunden, so daß ich mich ängstigte. Schließlich fand ich ihn hinter

61. *Alinari, Die Schauräume eines Einrichtungshauses*

dem Altar auf dem Boden kauernd, eifrig Noten schreibend. Es waren die Anfänge des Te Deum, das Pfitzner 1912 in Straßburg aufführte.

Zum Zauber von Florenz gehört das Villendasein, nicht bloß das Darinwohnen, wo man gleichzeitig in der Stadt, gleichzeitig auf dem Lande lebt, sondern das sich in dieser ganzen Villenstadt Bewegen, das zwischen ihren Gärten an höchst mannigfaltigen, immer ausgezeichneten Schöpfungen hervorragender Baumeister Vorbeigehen, aus denen die Würde und der Lebensgenuß bedeutender vergangener Geschlechter sprechen. Es gehört dazu, sie zu besuchen, wenn Bekannte darin hausen, oder, wenn sie leer stehen, sich durch einen gefälligen Hausmeister sie öffnen zu lassen und ihren Campo zu durchwandern. Die toskanisch-florentinische Villa ist im Gegensatz zu der palastartigen römischen Kardinals- und Fürstenvilla des Barock mit ihren großen Park-, Garten- und Wasseranlagen ein mehr bürgerliches Gebilde sehr viel kleineren Umfangs, hat oft noch das Gepräge der befestigten Burg, aus der sie hervorging, und ist immer noch, wenn nicht spätere Schicksale störend dazwischengriffen, das Herrenhaus inmitten eines vom nebenan wohnenden Bauern bestellten Geländes von Kornfeldern, Ölbäumen und Reben. Diese toskanisch-florentinische Villa in ihren zahlreichen Varianten von stillem schlichtem Familienhaus bis zum prunkvollen Landsitz der großen Familien ist die Leistung der endlosen Reihe großer Architekten vom Ausgang der Gotik bis in das noch ausgezeichnete italienische Empire der ersten Jahrzehnte des 19. Jahrhunderts. Sie bietet eine unerschöpfliche Schatzkammer an Poesie der architektonischen Situation, als bauliches Gebilde für sich wie im Zusammenhang mit der Landschaft betrachtet. Beinahe täglich besuchten wir am Nachmittag die eine und die andere, lauschten dem Geplätscher ihrer Brunnen, genossen eine Fernsicht von ihren Terrassen oder pflückten Narzissen am Rande der kleinen, die Felder wässernden Kanäle. Alles war traumhaft.

OSCAR WILDE
SAN MINIATO

Den Berghang, sieh, klomm ich empor
    Zu diesem heil'gen Haus des Herrn;
    Hier schritt der Engel-Maler gern,
Der offen sah das Himmelstor

Und thronend auf dem Halbmond licht
    Die weiße Gnadenkönigin, –
    Maria! raffe Tod mich hin,
Durft' ich nur schaun dein Angesicht!

Gekrönt mit Dornenqual und Schmerz!
    O Mutter Gottes! reine Magd!
    Müd ist des Lebens und verzagt,
Des Singens übermüd mein Herz.

Gekrönt mit Liebesglut und Glanz!
    Hör mich! eh noch die Sonne naht
    Und klar der Welt zeigt jeden Pfad
Und mich in Schmach und Sünde ganz!

AVE MARIA GRATIA PLENA

War dies sein Kommen? Hofft' ich doch, ich seh'
    Ein Bild von wunderbarer Herrlichkeit,
    Wie jener große Gott in alter Zeit
Als goldner Regen kam auf Danae;

Oder ein Graungesicht, wie Semele,
  Von Liebe krank und wunscherregtem Blut,
  Die Gott leibhaftig schauen wollte, Glut
  Plötzlich umfing in ihrer Glieder Schnee.

Hievon an diese heil'ge Statt geführt,
  Seh' ich erstaunten Augs und Herzens hier
  Der Liebe höchst Mysterium nun vor mir:

Ein knieend Mägdlein, blaß und unberührt,
Ein Engel mit der Lilie in der Hand,
Die Taube, die darob die Flügel spannt.

  Florenz

PAUL KLEE
DER HIMMEL LEUCHTETE WIE ER IN FLORENZ LEUCHTEN MUSS

1902

Nachdem ich die Nachtreise leicht überstanden hatte, kam ich in einem sauberen Wagen morgens sechseinviertel Uhr vor meinem neuen Quartier an. Ich benutzte den Tag zur Orientierung und bin erstaunt über die Aufstellung so vieler Architekturschönheit. Mittags trieb mich der Hunger auf die Suche nach einem Restaurant, und ich erbeutete in der Nähe des Doms ein nettes Lokal, sehr rein und gar nicht teuer. Der Massenbetrieb des Napoleone hatte mich etwas zurückgeschreckt, man geht erst durch die Küche, wo ein graugelockter Koch mit abenteuerlichen Pantoffeln schaltet. Dann ist der Chianti in dem kleinen Lokal gerade so, wie ich ihn vorziehe: säuerlich-prickelnd. So trank ich ihn erst nach Jahren wieder in Tunis. Nach Tisch holte ich die mangelhafte Nachtruhe auf dem Bett nach und schlief ohnegleichen schön und tief. Neugeboren machte ich dann einen zweiten Rundgang, den Arno entlang. Nach dem Abendessen lockten mich die billigen Eintrittspreise ins Teatro Verdi (früher Pagliano), wo die ›Traviata‹ aufgeführt wurde, leider etwas mäßig. Das Theater hat die Form einer länglichen Kiste, ebenso groß als unreinlich (mehr Volksoper). Das Werk hat meine Bewunderung, eine Fülle entzückender Erfindung, hinreißender Melos. Der Stimmungsgehalt des letzten Aktes. Die Violetta, eine Milanesi, war nicht übel. Der gute Bariton mußte Zuflucht sein vor einem Lümmel und Gecken von Tenor. Ensembles und Inszenierung lächerlich schlecht. Das Orchester volkreich, aber schlecht. Die Musiker nicht einmal angezogen. Das entsprach auch dem proletarischen Können.

Wenn man vom Süden kommt, hat man nicht den Eindruck

einer rassigen italienischen Stadt. Es ist mehr ein internationaler Platz, klein, aber kostbar. Das internationale Publikum fällt mehr auf als anderswo, und auch die Prostitution. Auf zum Genuß der letzten italienischen Mahlzeiten!

Donnerstag, den 17. 4., löste ich meinen Permeß und besuchte meist die Uffizien, eine Galerie zum Verirren. Aber auch die Qualität ist einzig. Die Tribuna mit den Meisterwerken ist der denkbar höchste geistige Prunk. Ich ging nach zweieinhalb Stunden sehr ergriffen, sehr klein und etwas kopfschüttelnd von dannen.

Aber ich sollte diese letzten geteilten Empfindungen nicht zu Ende kosten, denn wen traf ich am Ausgang der Galerie? Unseren entzückenden Bohémien Jean de Castella. Wie ein Keil meiner Münchner Zeit in die italienischen Resultate wirkte er. Er war sich treu, mir war ein Bart und anderes gewachsen. Nur noch etwas ungepflegter sah er aus, derselbe einzigartige Spitzhut, derselbe Mantel und Rock. Neue englische Beinkleider (Kniehose natürlich), neue gelbe Schuhe, auffallend durch Solidität und Plumpheit. Der große schwergoldene Ring noch in München im Leihhaus. »Aber die Kette ist!« Noch eine Neuerung stellte sich später heraus: ein Ausschlag, der ihn infam von Zeit zu Zeit quälte.

»Wohin gehst du essen?«»Oh, in ain Loch, ist gemain, aber interessant! Sind nur Sozialisten am Tisch, aber die lieben mich.« Ich konnte mir das Milieu vorstellen mitsamt dem Jean, doch hatte ich für mich nicht gerade viel Verlangen nach dort. Er baute auch etwas vor: »Wenn du kommst mit dain Bart, so sagen sie, du bist ein Herr, und wollen dich nicht. Aber für mich ist gut. Waißt du, die singen Lieder, schön, aber stark, jeder so stark, das er kann.« Zufällig kamen wir an einer solchen Spelunke vorbei. »Ist es so wie hier?«»O nain! Was denkst du? Diese ist nur halb so gemain. In main geht es viel tiefer hinab.«

Nach einigem Sträuben ließ er sich überreden, in meinem

62. *Alinari, Die Fischhalle auf dem Alten Markt*

Lokal mit mir zu speisen, und er fühlte sich dann doch recht wohl und genoß sichtlich den Duft reiner Tischwäsche. Von ›Wain‹ aber sagte er: »Dort er sei grad so gut.«

Also hatte ich jetzt schon einen Kameraden. Nachmittags besichtigten wir einige Kirchen, leider bei schlechtem Licht. Nach dem Abendessen schlenderten wir in den Straßen an den Cafés vorbei, umgeben von einem reizenden Leben. Entzückendes Florenz!

In der Galleria antica moderna um die »Primavera« des Botticelli zu sehen. Natürlich überraschte sie zuerst, weil ich sie mir falsch vorgestellt hatte, dann auch nach der qualitativen Seite. Zum Teil durch Zerstörung erfolgte Farblosigkeit. Das macht dann das Historische eines Bildes und gehört mit dazu. Eine andere Sache wäre es, wenn man wie Lenbach neue Bilder in zerstörter Farbe geben wollte. Wer weiß, ob man, nachdem man die Patina der Jahrhunderte einmal liebt, die Bilder im ursprünglichen Zustand nicht ablehnen würde. Die *Geburt der*

Venus sah ich einmal wie eine Fata Morgana aus der Ferne auftauchen. Ich suchte dann nach der Wirklichkeit, aber ganz ohne Erfolg. Sie ist selten geistig in der Farbe.

Dann wanderte ich nach dem Pitti, einer sehr großen Galerie. Aus der Fülle notiere ich fürs erste das berühmte Tizianische *Porträt der Schönen* und ein kleines weibliches Bildnis des Botticelli (das einfachste und vollendetste Stück Malerei). Tizians Farbe sagte mir meist nicht soviel, sie ist mehr sinnlich als geistig. Botticelli ist mehr Kolorist, auch mehr als Mantegna. Paolo Veronese ist darin Tizian auch sehr überlegen, wenn er auch sonst nicht ein angenehmer Herr ist. Zur Darstellung einer schönen Venezianerin gehört aber weniger koloristische Geistigkeit als wollüstige Tonalitätsdämmerung. Und die hat Tizian wie kaum einer, er ist die goldene Dämmerung eines südlichen Abends. Doch dieser Mann weiß zu vergehen und sich zugleich zu beherrschen. Manche Linien um Brust und Schultern haben das Feuer einer solchen Kraft.

In seinem kleinen Werk weiß Botticelli seine Koloristik auf so geringe Kontraste zu reduzieren, daß eine Art Farblosigkeit eintritt, die in keiner sinnlichen Tonalität Ersatz findet, sondern für sich wirkt, als Ausdruck für keusche Liebe. Der Typ dieser Schönen ist auch wirklich nicht aggressiv. Die Profilstellung harmoniert merkwürdig gut dazu.

Nachdem ich einmal durch war, benutzte ich den Verbindungsgang nach den Uffizien. Er führt in etwa zehn Minuten über Häuser, Dächer, über den Arno (Ponte Vecchio), zum Teil mit Aussicht. Am Ziel angelangt, setzte ich mich in der Tribuna fest, dachte vor einem überraschenden Frauenporträt Raffaels intensiv über das Wesen dieses Proteus der Malerei nach. Dann verbesserte ich noch erheblich meine Meinung über Lucas Cranach vor seiner *Eva,* besonders bei der schöpferischen Behandlung der Beine.

Jean begleitet mich ohne jede Störung, nur harmonisch. Er denkt wenig und ist doch stets am Platz. Er war ein guter Fund.

Abends besuchten wir das kleine, edle Teatro Pergola, wo die japanische Schauspielerin Sada Yaco mit ihrer Truppe gastierte, zugleich mit der Loie Fuller. (. . .)

Inzwischen traf ich beim Ponte Vecchio zwei junge Berner Damen Brüstlein, meine Nachbarinnen vom Obstbergweg, Gilonne und Eliane. Gescheite und im Verkehr offene Mädchen. Sie luden mich zum Tee.

Ich ging hin, aß viele Kuchen und trank Tee literweise. Gegen Abend besuchten wir die städtischen Anlagen (Cascinen), wo ein lebhafter Corso stattfindet.

Die erste Damengesellschaft nach langer Zeit gesellschaftlicher Eingeschlechtigkeit wirkte natürlich angenehm belebend auf mich, und ich ward meinem Jean etwas untreu. Um mein Verhältnis zu den beiden richtig zu würdigen, muß man wissen, daß ich beide gleich sympathisch finde.

Mit den Damen in Fiesole. Oben nahmen wir ein kleines Essen zu uns, sahen den eindrucksvollen Leichenzug eines Priesters oder Mönches. Auf dem Heimweg schien der Mond. Heftiger Duft von Glyzinen und Flieder, die hier in schwerster Menge hängen. Dazu der Gesang meiner ersten Nachtigallen. Nur ein neidisches Hundsvieh war noch von dieser Welt.

23. 4. In der archäologischen Sammlung. Prachtvolle ägyptische, etruskische und Gobelin-Abteilungen. Jean malt täglich ein Bildnis des Ponte Vecchio. Er läßt sich von einem Schiffsmann auf eine kleine Grasinsel im Arno fahren und sitzt nun gefangen da mit seinem spitzen Hut, bis der Fährmann ihn nach ein paar Stunden wieder abholt. Wie er das mit seinem Italienisch zusammenbrachte? Die Gassenbuben haben ihn entdeckt und bewerfen den hilflosen Pittore mit ›merde‹. Jean tröstet sich mit dem Honorar, das er zu lösen gedenkt.

Trotz der schlechten Aufführungen waren wir nochmals im Teatro Verdi, um ›Lucia‹ von Donizetti kennenzulernen. Wo die Musik sich auf volkstümlicher Bahn bewegt, vermag sie zu

63. *Alinari, Der Alte Markt*

erwärmen. Manchmal aber gerät sie in ein Zwischenstadium von Opern- und Instrumentalstil, wo sie herausfordernd und unbefriedigend wirkt. Wo aber in einem so alten Werk noch etwas als problematisch wirkt, muß es mit Willkür unternommen worden sein, ohne Berechtigung.

Ein junger Aarauer mit dem schönen Namen Hühnerwadel bildhauert und amüsiert sich hier herum. Er ist gar nicht dumm, hat ein Auge auf meine kleinen Scherze von Zeichnungen, in denen ich mich ganz gehenlasse, geworfen. Er betonte, daß sie alle dreidimensional seien. Er kennt Paris und führt hier ein Leben im Montmartrestil. Ein wenig zieht er mich mit hinein, den guten Jean ganz und gar. Einmal überraschte uns nach dem Verlassen eines Freßlokals ein Frühlingsplatzregen, und wir flohen über einen großen Platz. Hühnerwadel rannte mit besonderem Ausdruck. Etwas Bockig-Unternehmendes lag besonders in einer letzten Kurve, die er beschrieb und die ihn und uns, die Nachrennenden, unerwartet in ein merkwür-

diges Lokal zwang, in ein Café chantant, wo gerade Klavier-
probe war. Diese Probe, durch Konsum eines schlechten Kaffees gratis, war eigen durch eine hypnotisierende Monotonie.
Nur eine Chanteuse tat ein übriges und tanzte uns einen Can-
can, obwohl sie gar nicht entsprechend kostümiert war.

24. 4. Der Verkehr mit meinen Damen gab mir ein gewisses
Abgerundetsein, nachdem ich den ganzen Winter nur mit
jungen Männern mich unterhalten hatte. Mein äußeres Leben
bekam dadurch eine Rundung, die mit Vollkommenheit des
Inhalts nicht verwechselt werden soll. Erst das Gefühl für
meine Braut (den Titel legte ich meiner Braut selbst nicht zu,
weil alles noch Geheimnis war), brachte mich auf eine gewisse
Höhe des Lebensgefühls. Ein Milieu wie Florenz konnte angenehmen Täuschungen leicht Nahrung geben.

   An diesem 24. widmete ich mich vormittags der Kirche Sta.
Croce. Von nachmittags vier bis abends elf Uhr war ich bei den
Damen.

Den 25. vormittags Museo Nazionale (Bargello), nachdem ich
mit Jean schon einen flüchtigen Gang durch seine Säle getan
hatte, diesmal allein und ernster. Donatello war der Haupt-
anziehungspunkt. Die stilistische Vollkommenheit der *Täufer-
statue*. Daß es die Gotik war, die mich in soviel intensivere
Schwingungen versetzte als Antike und Barock, kam mir noch
nicht so klar zum Bewußtsein. Eine Persönlichkeit wie Michelangelo hätte die Gotik barockisieren müssen, das war unbewußt der Grundton meines Ja und Nein bei Michelangelo.
Dessen Bedeutung als Umformer an sich war mir vollständig
klar.

   Die entzückende Sammlung Carrand, wo mich der Schrank
mit den Elfenbeinschnitzereien besonders fesselte. Der unglaubliche Kunstaufwand bei einem Kamm! Die Räumlichkei-
ten dieses Baues! Der Hof! Die herumhockenden malenden

64. *Arbeiter in der Optik-Werkstatt der Officine Galileo*

Weiber. Nachmittags mit den Damen ein Ausflug von der Porta Romana aus nach der Certosa. Ein Ausschnitt aus dem Paradies ist diese Gegend. Warum ballte der Pater mit dem weißen Edelbart die Faust nach jenem Hügel? »Aquei socialisti!« Sozialisten hier, in diesem Frühling? Abendessen in dem anliegenden Dorf. Wanderten bei Nacht vergnügt nach Hause.

26. 4. Vormittags in der Cappella Medici, kam aber auch hier dem Michelangelo nicht in Wärme-Nähe. Achtung, höchste Achtung! Aber etwas Kälteres als diese Fürstengruft gibt es nicht. Absicht? Kaum.

Das Fresco von Perugino, Via Colonna, schöner harmonischer Eindruck. Natürliche Monumentalität ohne Absicht.

Dann das Kloster dello Scaleo. Die *Taufe* des Andrea del Sarto ist altmeisterlicher als seine Tafelbilder. Ausführung in Gelb ziemlich lehrreich.

Sonntag, 27. 4., regnete es stark. Vormittags im wunderschönen Dom-Museum S. Maria del Fiore. Orgelbrüstungen, Donatello nach einem Della Robbia. Eine *Maddalena* des Giovanni
della Robbia ist noch großartiger (auch gotischer). Ich mag nur
die Technik dieser Herren nicht. Die Fotos veredeln ihre
Werke. Wie Figur und Felslandschaft ineinander arbeiten, ein
Meisterstück.

Am 28. beim Damentee, trank ihn literweise. Hernach der
übliche Ausgang, wieder in die Cascinen bis zum Ende, wo
zwei Flüsse sich sinnreich vereinigen. Landschaft sehr eigenartig (düstere Stimmung). Bei der nächtlichen Heimkehr flogen
Johanniswürmchen; am 29. wieder zu dritt, am Ufer gegenüber.

Wir gingen vor Abend nach Haus, weil ich mich mit Jean
und Wadel verabredet hatte.

Wir flanierten in der Stadt herum, ich schloß mich ganz der
Führung der beiden Bohémiens an und kam so zum erstenmal
in ein richtiges Bordell. Eine verwegene Neugier trieb uns die
Treppe hinauf, an ein paar mehrsprachigen Gangvetteln vorbei, bis vor die offene Türe des Salons. Hier herrschte eine
Feierlichkeit, die verwirren konnte. Die Unterhaltung kärglich. Die Padrona strickt. Die Dämchen in höchster Dezenz an
der Wand. Nur das Kostüm bewies, daß man sich nicht in der
Hausnummer getäuscht hatte. Nachdem wir mit raschen Augen diese Eindrücke gesammelt hatten, machten wir kehrt.
Nun aber kam Leben in die Gangvetteln, die deutschsprachige
redete uns zu: »Was haben Sie, Schande? Warum gehen Sie
fort?« Solche Worte schlugen mich vollends in die Flucht, und
die anderen folgten. Unten lachten wir aus dem vollen. Es war
wirklich komisch gewesen. Wir hatten alle drei mit Mädeln
schon einiges erlebt, und man hielt uns nun da oben für keusche
Jünglinge. Es schien uns einen Moment, als ob auch oben leis
gelacht werde (das Trinkgeld für den uns führenden Drosch-

kenkutscher war zwecklos, verloren). Dann ging's zum Trö-
ster Wein, zuviel Wein, und schließlich in das demimondäne
Café an der Piazza Signoria. Bald hatten wir die gewünschte
Gesellschaft an unserm Tischchen. Ein sympathisches schwarzes Ding und eine richtige Hure, gefärbt und gefälscht und
doch reizlos. Als wir aufbrachen, waren wir zwei Paare plus
eins, und der Einser war ich. Den Wadel verstand ich, ich wäre
nicht so ganz unfähig gewesen zu seiner Tat. Aber der gute
Jean, wie konnte er! Sein Gesicht beim Abmarsch drückte
deutlich aus, daß er sich der Fragwürdigkeit seines Unterneh-
mens trotz des Weines wohl bewußt war. Doch man war
einmal in der Viecherei drin, und der Spaß war so schön, daß
er zu Ende gespielt werden mußte. Und schließlich, wer weiß,
welche mehr Vergnügen bereitete, die junge Verirrte oder die
alte Sau? Sinnend ging ich nach Haus, langsamen Schrittes.
Der andere Tag gab mir recht. Ich fühlte mich ganz. Der
Himmel leuchtete, wie er in Florenz leuchten muß.

STEFAN GEORGE
EIN ANGELICO

★

Auf zierliche kapitel der legende
– Den erdenstreit bewacht von ewgem rat ·
Des strengen ahnen wirkungsvolle sende –
Errichtet er die glorreich große tat:

Er nahm das gold von heiligen pokalen ·
Zu hellem haar das reife weizenstroh ·
Das rosa kindern die mit schiefer malen ·
Der wäscherin am bach den indigo.

Der herr im glanze reinen königtumes
Zur seite sanfte sänger seines ruhmes
Und sieger der Chariten und Medusen.

Die braut mit immerstillem kindesbusen
Voll demut aber froh mit ihrem lohne
Empfängt aus seiner hand die erste krone.

LUDWIG THOMA
BAEDEKERS STERNCHEN

1908

Es ist unglaublich, welchen moralischen Zwang dieser Baedeker mit seinen zwei Kreuzen ausübt.

Er nötigt uns, minutenlang vor einem Bilde zu stehen und Mienenspiele zu treiben. Da ist zum Beispiel diese Tribuna in den Uffizien.

Der Herr Kommerzienrat werden mir bestätigen, daß er mit Frau, Tochter und Sohn sich zwölf Minuten lang in dem Saal aufgehalten hat.

Weil die Frau Kommerzienrat kategorisch darauf besteht, vor jedem Doppelstern zwei Minuten zu bleiben; sie zählt langsam bis hundertzwanzig.

Aber nicht genug; wie man endlich draußen war, geht die Tochter zurück und stellt sich noch einmal vor Raffaels Leo X. hin und zählt bis hundertachtzig.

Wollte sie ihrer Familie imponieren oder den anderen Leuten, – ich weiß es nicht; jedenfalls hat sie sich in Florenz einen Augenaufschlag angewöhnt, den man geradezu hört.

Erlösend wirkt unser Sohn Fritz. Er hat den Mut, schlechte Witze zu reißen oder zu gähnen und rundweg zu erklären, daß er endlich aus den Uffizien hinaus will.

Der Tschinquetschento – wie meinst du, Mamachen? – also meinetwegen, das Tschinquetschento kann ihm nicht imponieren; er findet nun mal nischt an diesen ewigen Madonnen, mit und ohne bambino, und Verkündigungen.

Er ist Reserveleutnant und hat das Recht, schnoddrig zu sein, und Mama ist ihm gegenüber schwach.

Ja, wenn der Herr Kommerzienrat sich einmal untersteht, vor hundertzwanzig wegzugehen, dieser strafende Blick!

Der ganze Tschinquetschento – in drei Teufels Namen! –

also das ganze Tschinquetschento schaut darin jammervoll zum Himmel.

Mama bespricht das Pensum des Vormittags.

Man war in zwei Kirchen, in S. Maria Novella und S. Croce, im Dommuseum und in den Uffizien.

Wir brauchen also heute nur mehr das Bargello zu machen und können dann morgen San Lorenzo, die Accademia und Palazzo Pitti erledigen.

Frau Kommerzienrat nimmt ihren Bleistift und streicht im Baedeker das erledigte Pensum durch; sie betrachtet das Geschehene mit frohen Gefühlen. Das Schwerste hätten wir nun bald hinter uns, uff!

Und da erklärt die Tochter, daß sie unter allen Umständen die Uffizien noch einmal besuchen müsse, und wäre es bloß wegen der Geburt der Venus von Sandro Botticelli! Wie sie mimt!

Aber bitte dann nicht auf Papa zu rechnen; bei aller Bewunderung des Tschinquetschento darf man sich doch nicht übermüden.

Auch Fritz wird nicht mitkommen; fällt ihm doch gar nicht ein, den ganzen Bilderhaufen nochmal zu genießen; Mama muß wohl oder übel bei Papa bleiben, so gerne sie all das Herrliche wiedergesehen hätte.

Darum wird Lizzie allein gehen, den kopierenden Damen zuschauen, was ja eigentlich das Netteste ist, und, falls sie Publikum findet, vor ein paar besternten Ölgemälden in Versunkenheit geraten.

Das Mädchen hat wirklich eine rasende Begeisterung für das Tschinquetschento.

THEODOR DÄUBLER
ODE AN FLORENZ

1913

Mi ritrovai per una selva oscura.
Dante, Inf. I, 2.

Die Wolken fliegen in den Wald hernieder.
Die Wälder steigen zu den Wolken auf.
Das Tal erschüttern wunderbare Lieder:
Die Bäche nehmen ihren leisen Lauf.

Es soll noch auf den Höhen Wölfe geben,
Den Fuchs bestimmt: Auf einmal fehlt ein Huhn!
Die Schafe können doch zufrieden leben,
Der Hund genügt. Die Hirten mögen ruhn.

Zum Raubschloß grüßt der Wanderer hinüber.
Er kann wie Pilger sicher weiterziehn.
Er kriegt vom Wind am Kamme Nasenstüber,
Wenn schon die Städter in die Berge fliehn.

Die Tannen schreiten oben stark von dannen.
Der Ölbaum bleibt und macht die Täler still,
Die Berge sollen ihren Paß bemannen:
Dem Tale gelingt ein ewiger April.

Più che salir non posson gli ochi miei.
Dante, Purg. IV, 87.

Wie lebhaft sehen meine Augen milde Sonnen,
Florenz und seine perlenhaften Leisigkeiten.
Ich bin der Einfalt seiner Türme wohlgesonnen;
Der Ölbaum soll mich zu der Marmorherkunft leiten,
Aus der Florenz die bleiche Vornehmheit gewonnen:
Ich will im März die grauen Steinbrüche beschreiten.
Dort ist der Ölgehänge Silbertraum erglommen,
Bevor Florenz den Menschen in den Sinn gekommen.

Wie traurig seltne Traumgebilde zu mir sprechen,
Die Bogenbrücken führen zu verzückten Gassen,
Wo Laubenerker aus den steilen Wänden brechen,
Zypressen den Entschluß an Gott zu glauben fassen
Und schwarzgigantisch in den Himmeltiger stechen,
Um spät die Marmorherrlichkeiten zu verlassen.
Du kannst dich lange zwischen den Palästen halten,
Bis die Zypressen ganz allein das Land verwalten.

Zypressen, unsrer Blumenhaine guten Wächtern,
Sind Bienenschwärme wie Kometen zugeflogen;
Nun schützen beide Gut und Kinder von Geschlechtern,
Die gegen Frone mit dem Volk ins Feld gezogen.
Oliven bleiben lieber bei den stillen Pächtern,
Die Pinien aber stehen bei dem Schloß in freiem Bogen.
Die Villa scheint sich an die frohe Stadt zu lehnen
Und doch nach Himmel und dem holden Land zu sehnen.

Florenz ist ein Geschenk aus weißen Marmorhänden.
Florenz ist die Beseligung in einem Garten.
Sein Zauber, Zufall unter sternenden Geländen,
Beherzt des Landes Fröhlichkeit mit herben Warten.

Vom Lenz die Lyrik rankt sich hoch an lieben Wänden,
Und Eidechsen beäugeln uns im Blau der Scharten.
Florenz erbringt des Alten wunderbarste Nähe:
Dir wird, als ob dir Gutes vielzuviel geschehe.

Der Arno schlummert in Florenz auf Steinterrassen;
Wie stille Spiegelträume schlafen drinnen Kähne.
Die kampfbereiten Bürgerhäuser stehn im Nassen,
Und morsche Türme zeigen ihre Welfenzähne.
Dein Wähnen wird das Bleichgebirge fern erfassen,
Die Hügel überbürdet ihre Silbermähne.
Der Hauch der Schneegefilde war in Glut gekommen:
Die kalte Marmoreinfachheit ist fromm erglommen.

Am Machthausplatze stehen offne Brückenbogen:
Durch diese Pforten sollte Volksbegeistrung fluten.
Wenn sich der hohe Rat der Stadt zurückgezogen,
Begann das Tagereignis auf dem Markt zu gluten.
Die fetten Tauben sind verängstigt aufgeflogen.
Florenz' Geschick entschieden kommende Minuten.
Sie waren da. Man hat des Bauern Gut erhalten;
Der Bürgersinn wird seine Landschaft ausgestalten.

Das Stadthaupt schenkte Marmorbildern Prachtgemächer.
Die Niobiden sollten still und kostbar wohnen.
Apollo überblickt die wohlbepflanzten Dächer.
Diana findest du beim Teich der Anemonen.
Die Wangen von Vulkan behauchten Pinienfächer,
Minerva wird bei den Zypressen schweigsam thronen.
Die Silberweiher überträumen bleiche Schwäne;
Ein Ölbaum schützt Odysseus' zartbemooste Kähne.

65. *Alinari, Die Porta San Giorgio*

Nun hat auch Bacchus den gesunden Schlaf gefunden.
Er schlürft im Herbst den Sonnensaft aus reichen Schalen,
Und muntre Knaben sagen ihm die großen Kunden.
Er seufzt vielleicht: doch er vergißt die langen Qualen.
Das alte Schlummern kann dem guten Gotte munden.
Bald weiß er nichts. Wer träumte noch von Bacchanalen?
Der Seele Hellas war die Arnostadt beschieden.
Die Götter sprach ich wohl. Sie schienen mir zufrieden.

CARL JUSTI
IM THEATER

1922

Seit dem 11. Juli wieder in Florenz, habe ich meine Studien wieder aufgenommen. Die extreme Hitze ist am vergangenen Sonntag eingetreten und hat bis heute täglich zugenommen. Lästig ist die unmäßige Transpiration, der man auch ruhig in verschlossener dunkler Stube sitzend nicht entgehen kann. Dagegen finde ich, wie schon im vorigen Sommer in Rom, daß die Sommerhitze in Italien weniger lähmend ist, als die heißeste Zeit bei uns. Da die Nächte nie so kurz werden, wie im Norden, so bleibt nie die Nachtkühle aus, und die Hitze hat mir nie den Schlaf geraubt. Ich pflege gegen 10 oder 11 einige Sachen zu sehen und von 2 bis 5 auf eine Bibliothek zu gehen; zum Glück zeichnet sich die, auf der ich zu tun habe (die Marucelliana) durch einen großen kühlen Saal aus. Nach 5 Uhr wird das große (und einzige) Mahl gehalten; und dann fängt man allmählich an aufzuleben. Zwischen 8 und 9 öffnen sich die Theater, die jetzt sämtlich unter freiem Himmel sind. Es sind zwei für Schauspiel, eins für Oper und Ballet, eins für Pulcinellstücke und dergl. In einer solchen Arena die Stunden bis Mitternacht zu sitzen und den erfrischenden Einfluß der allmählich herabsinkenden kühlen Nachtluft über sich kommen zu lassen, trägt sehr dazu bei, diesen schrecklichen Florentinischen Sommer erträglich zu machen. Denke dir, ich habe hier zum ersten Mal König Lear gesehen. (. . .)

In der letzten Woche war der größte lebende Schauspieler Italiens, Tommaso Salvini, in Florenz erschienen. Er ist ein Mann von riesiger Kraft, vollendeter körperlicher Begabung; und es ist tragisch anzusehen, wie er auf das, was die italienische Bühne von Tragödien hat (denn er gibt nur ernste Stücke) reduziert ist, und sich anstrengen muß, vor einem so gemisch-

66. *Alinari, Der Britische Friedhof in Florenz*

ten Publikum und in einer ungeheuren Arena unter freiem
Himmel, wo man auf den ersten Bänken seine gewaltige
Stimme nicht immer ohne Anstrengung versteht. – Eine No-
vität war ein Ballet Firenze, nach dem Urteil der Kenner das
Schönste, das seit vielen Jahren vorgekommen. Es stellte die
Geschichte von Florenz dar in 5 Epochen und Tableaux: 1. Die
Zeit der Etrusker, Waffentanz auf der Höhe des alten Fiesole,
Szene des Mucius Scävola im Lager des Porsenna, Pantomime.
2. dann die Zeit der Römer, eine Szene mit römischen Palästen
und antikisierenden Tänzen; am Schluß verdüstert sich der
Horizont, die Goten kommen, es wird gefochten, und zuletzt
ergreift das Feuer die Paläste, alles sinkt in Flammen und Schutt
zusammen, und ein grauer Schleier senkt sich herab: die Nacht
des Mittelalters. Dieser Schleier fällt, und das Florenz des 13.
Jahrhunderts steht vor unseren Blicken, von einem waldigen
Hügel gesehen, Tanz in mittelalterlichen Kostümen. Dann
folgt die Szene, wo die Florentiner den Duca von Athen
vertreiben, indem sie ihre Glocken läuten; meisterhaft wurde
jene Verhandlung dargestellt, auf der einen Seite der duca mit

seinen Rittern, auf der andern Seite die signori priori in ihren roten Mänteln, wie sich der Disput allmählich erhitzt, die Bürger drohen, der Herzog auf seine Mannschaft trotzt, bis die Sturmglocke ertönt, und dann plötzlich die ganze Stadt unter den Waffen steht, und er die Abdankungsurkunde unterzeichnet. Zuletzt erschien der große Hof der Uffizien mit einer Versammlung von Waffengattungen aller europäischen Nationen, ich glaube auch amerikanischer Rothäute. Dies sollte wohl ein Verbrüderungsfest aller Nationen vorstellen, aber dafür war Florenz nicht der würdige Ort. Plötzlich verschwand die Wand mit dem Peristylium der Uffizien, und was stand da? Das Capitol von Rom, auf dessen großer Treppe ein riesenhaftes blondes Frauenzimmer saß, gefesselt, (als Roma) und als Kerkermeister von einem Bischof gehütet. – Natürlich nahm dieser alsbald mit seinem geistlichen Gefolge Reißaus, und die Fahnen aller Städte Italiens zogen auf. (. . .)

Von Florenz habe ich mich doch nicht ohne Niedergeschlagenheit losgerissen. Es ist so unermeßlich reich, und man muß soviel in der Eile hinzulernen, um alles sehen zu können, daß man nach 2 Monaten, freilich Sommermonaten! leicht mit dem Gefühl weggehen kann, so manches übersehen zu haben, was uns später beunruhigen wird, und so manches mit blödem Auge und Sinn halb begriffen zu haben. Und dann, wenn man viele Jahre auf etwas gehofft hat, und die Erfüllung soll dann in zwei Monaten abgetan sein, so scheint das in keinem Verhältniß zu stehen. Als ich im 17. Jahr zum ersten Mal Lenau's Savonarola las, wurden mir zuerst einige Bilder aus dem alten Florenz lebendig. Später kam die Beschäftigung mit Dante, mit Michelangelo dazu. Nun ist also auch das – Gewesen. Noch steht mir ein ganz neues bevor: Venedig. Ich wollte, ich könnte von hier direkt hingehen, statt noch ein paar Wochen von Ort zu Ort zu reisen. (. . .)

Florenz erschien in der ersten Frühlingssonne, im Klang der Sonntagsglocken, nach monatelanger kalter Regenzeit, nach

67. *Alinari, Die Feuerwehrkaserne*

dem wüsten Weltmarkt Rom, in dem goldenen Schimmer des Abschiedsgefühls. Ein Hauch von Frieden zog vorübergehend in meinen Busen und ich fühlte mich frei von ruheloser und heilloser Leidenschaft. Es war wie ein Traum von Liebe und Glück aus längst verflossenen Tagen. *Rive fiorite, vi trovo amor!* (Blühende Ufer, hier finde ich Liebe!)

ISOLDE KURZ
BLÜTENTAGE

1937

Florenz heißt »die Blühende«, und das Stadtwappen ist eine Blume. Nicht umsonst, denn was auch die Kunst für diese einzige Stadt getan hat, ihr schönster Schmuck bleibt der unvergängliche Blumenkranz, in dem sie das ganze Jahr hindurch prangt. Die florentinischen Gärten hinter ihren hohen, von Rosen umrankten Mauern sind kleine Paradiese, in denen es niemals Winter wird. Felder und Wiesen bleiben immer grün, die weißen Margueriten schmücken sie, selbst wenn einmal flüchtig Schnee fällt, und die Rosenbeete des Viale de' Colli hören nie zu blühen auf. Darum braucht der Frühling die Natur nicht aus dem Winterschlaf zu wecken, er schmückt sie nur mit neuen, überschwenglichen Gaben. Er hat kein Eis zu brechen, keinen Schnee zu schmelzen, keine Gewitterstürme begleiten ihn – unversehens ist er da, die lauen Lüfte haben ihn gebracht, und niemand weiß genau, wann er gekommen.

In den ersten Februartagen, bei milder Witterung zuweilen noch früher, regt sich schon das junge Leben auf den Feldern. Aus dem gelockerten Erdreich strecken die Anemonen ihre zarten Köpfchen hervor; sie stehen nach ihrer Farbe in Gruppen beisammen, purpurn, violett, blaßrosa, weißlich oder gesprenkelt. Die Veilchen sind auch schon da, und die leuchtenden gelben Narzissen bringen bald einen neuen lebhafteren Farbenton in die Landschaft. Bei den Italienern heißen sie nach ihrer Gestalt bicchierini (Becher), die gefüllten aber tromboni (Trompeten), und in der Tat könnte man ihr schreiendes Gelb die Blechmusik in diesem Farbenkonzert nennen.

Um diese Zeit bringt jeder Blick ins Grüne eine neue Überraschung. Über Nacht hat schon ein Mandelbäumchen als erstes unter den Geschwistern sein Hochzeitskleid angelegt, es ist so früh, daß das Auge noch kaum daran zu glauben wagt, aber nur ein paar warme Tage, so sind die anderen seinem Beispiel gefolgt und stehen wie von einem plötzlichen Schneefall überschüttet. Auch die Pfirsichblüte ist aufgegangen und webt zarte rosige Schleier durch die in Licht gebadete Landschaft.

Unmerklich wie ein Kulissenwechsel bei aufgezogenem Vorhang geht die Verwandlung vor sich: vor die dunkle Zypressenwand schiebt sich eine lichtgrüne Pappelreihe, Lorbeer und Steineiche, Mispel und Magnolie und all die anderen immergrünen Bäume ersetzen ihr düsteres Gewand so ganz allmählich durch neue glänzendere Blätter, zwischen den hellschimmernden Oliven bauen sich immer zahlreicher, immer höher die weißen und rosigen Kuppeln der blühenden Obstbäume auf, die Pinie hängt hellere Fransen um, und das junge Buchen- und Birkenlaub stiehlt sich ganz leise in die Landschaft ein, ohne daß man sagen kann, wann es zuerst ausschlug.

In diesen Tagen geht man wie mit Flügeln; kein Weg scheint weit und kein Hügel steil, denn so warm die Sonne scheint, die Lüfte sind noch frisch und ätherleicht. Draußen in der Campagna findet man Gebüsch und Hecken in Blüte, und die noch aufgerollten Blättchen drängen sich eilig nach. Die Rebe, auf ihr stützendes Ahornbäumchen gelehnt, weint die hellen Freudentropfen, die weithin in der Sonne funkeln. Der Buchfink ist laut, die Amsel, noch ungeschickt, probiert unermüdlich dieselbe Strophe – das Landwolk versichert, sie rufe ganz deutlich: Bella mia, ti vedo, si – si – si! (Schätzel mein, ich seh' dich, ja – ja – ja!). Auf den Feldern ist alles bunt, der ersten Blumengeneration folgen schon die wilden Tulpen nach, die zwischen dem grünen Weizen wachsen, die großen flammendroten an dicken strotzenden Stielen, die kleinen weiß- und rotgestreiften und die schmiegsamen gelben, die sich an langen schwanken Stengeln wiegen. Ebenso wie die Anemonen und Narzis-

68. *Alinari, Einweihung des Reiterstandbildes
von Vittorio Emanuele II, 1890*

sen lassen sie sich im Glase über eine Woche frisch erhalten. In
Massen wachsen die gewöhnlichen Wiesenblumen schon daneben, Erdrauch, Löwenzahn und die liebliche blaue Perl-
blume. Vor allen anderen aber leuchtet die Schwertlilie im
dunkelblauen goldverbrämten Samtgewand, das Wahrzeichen von Florenz, denn sie ist es, deren stilisiertes Abbild die
Stadt im Wappen führt.

In früheren Jahren konnte man von dieser Blumenpracht auf
den Feldern pflücken, so viel das Herz begehrte. Der Land-
mann lächelte höchstens über die Sonderlinge, die ihm seine
Äcker vom Unkraut säubern halfen. Aber seit der Blumenver-
sand eine so ungeheure Ausdehnung angenommen hat, sind
auch die wilden Blumen ein Handelsartikel geworden. Doch

mit einem freundlichen Wort und einer kleinen Gabe läßt sich auch jetzt noch das Verbot brechen, wie Tausende von Spaziergängerinnen beweisen, die jeden Abend mit Sträußen beladen zu den Toren hereinströmen; die Britin kennt man von weitem an der Größe ihrer Beute und an der Energie, mit der sie Blütenzweige zum Zimmerschmuck heranschleppt, die oft länger sind als die Trägerin selbst; sie muß am Tor dem Fiaker winken, damit sie ihrer Last nicht erliegt.

Dies ist die Zeit, wo sich der große Menschenstrom von Nord nach Süden wälzt; er kommt mit der Gewalt einer Überschwemmung und wächst mit jedem Jahr, seitdem der Frühling in nordischen Landen eine Sage zu werden droht. Zwar ist Florenz nur eine Durchgangsstation; die große Masse schiebt sich nach kurzem Aufenthalt gegen Rom und Neapel weiter. Aber jeder Tag bringt neue Scharen nach, die Straßenadern schwellen, das Wagengerassel kommt Tag und Nacht nicht zur Ruhe, Gasthöfe, Speisehallen, Theater, Läden sind überfüllt. Der Eingeborene erwartet von dieser jährlichen Fremdenüberschwemmung denselben Dienst, den der Austritt des Nils den Bewohnern seiner Ufer leistet: sie soll Wohlstand verbreiten, ohne den Fleiß der Hände in Anspruch zu nehmen, und soll in wenig Wochen den Bedarf des ganzen Jahres decken.

Die Natur übernimmt es, die Stadt zum Empfang der Gäste zu schmücken. Torbogen und Laubengänge überwölbt sie mit den lichtblauen Blütentrauben der Elyzinen wie mit einem zartduftenden Baldachin, zwischen die dunklen Lorbeerwände sät sie eine wildwuchernde Fülle gelber und weißer Schlingröschen aus und bestreut den Boden mit Blütenschnee, der aus den Gärten niederregnet.

Und nicht nur Blumen spendet die Jahreszeit, auch Früchte sind schon da, die Orangenhändler durchziehen mit Karren und Körben die Stadt, ihre goldene Ware ist an allen Straßenecken ausgelegt, auch draußen vor den Toren und in den umliegenden Ortschaften findet man sie als hochwillkommene Begegnung für den erhitzten durstigen Wanderer.

Noch haben die Blumen allein das Vorrecht, die Stadt zu schmücken, kein leichtes Frühlingskleid, kein heller Hut wagt sich heraus, denn eine unumstößliche Satzung will, daß erst bei den großen Pferderennen im Mai die bunten Stoffe und die Sommerhüte zum Vorschein kommen. Unterdessen mag die Sonne Glut versenden, die Florentinerin lüftet höchstens den Pelzkragen, und die fremden Touristinnen im dunklen Reiseanzug tragen auch nichts zur Buntheit bei. Die Blumen aber sind überall: auf den Ständen der Blumenhändler und in den Händen der Vorübergehenden, Kinder bieten sie auf Brücken und Plätzen feil, sie leuchten aus den vorüberfahrenden Wagen, und die breiten Steinbänke, die um die alten historischen Paläste herlaufen, sind durch die Auslagen der Gärtner in wahre Blumenkränze verwandelt, die balsamische Wohlgerüche durch die Straßen senden.

Der eigentliche Blumenmarkt ist eine neuere Einrichtung und findet nur einmal wöchentlich, am Donnerstag vormittag, mitten im Herzen der Blumenstadt unter der schönen Säulenhalle des Mercato Nuovo statt. Das hochgewölbte Viereck mit seinem Säulenwald und seinen statuengeschmückten Nischen, das der wasserspeiende bronzene Eber, der den Florentinern so teure porcellino, bewacht, verwandelt sich dann in einen wahren Tempel des Frühlings, der seine Düfte ringsumher verspendet. Und es sind echte Sonnenkinder, die hier auch in den Wintermonaten feilgeboten werden, nicht die bleichen, hinfälligen Blumengespenster nordischer Großstädte, jene armen Kinder des Wärmhauses, die nie die Sonne gesehen haben und nur wenige Stunden ihr künstliches Dasein fristen. Was den florentinischen Blumenmarkt noch besonders auszeichnet, ist die überwiegende Menge von Feldblumen, die neben den Blütenreisern und den Gartenblumen verkauft werden. Die Überlieferung will, daß viele dieser Blumen, die sonst in Europa nicht wild wachsen, ursprünglich aus Palästina stammen; mit den Schiffsladungen heiliger Erde, welche die reichen Toskaner im Mittelalter für ihre Begräbnisstätten aus Jerusalem bezogen, sollen ihre Keime nach Florenz gekommen sein. Zur Zeit des Himmelsfahrtsfestes kommt noch eine weitere Besonderheit hinzu: die schwarze Grille, die alsdann in winzigen bunten Drahtkäfigen feilgeboten wird. Ein florentinisches Kind läßt sich um diese Zeit schwerlich vom Blumenmarkt heimführen, ohne daß die Mama ihm seinen grillo gekauft hat; man stellt die Tierchen zu Haus oder im Garten auf, wo sie sich hinter dem Gitter bald zu Tode zirpen, wenn nicht eine mitleidige Hand ihnen heimlich die Freiheit gibt. Es ist ein uralter florentinischer Brauch, daß am Himmelsfahrtstage, der davon der Grillentag heißt, die jungen Leute zu Grillenfängern werden: frühmorgens zieht das Völkchen in Scharen nach den Cascinen hinaus, um seine merenda (Imbiß) im Grünen abzuhalten, und der Liebhaber ist verpflichtet, seinem Mädchen eine schwarze, gelbgefleckte Grille von besonders musikalischer Gattung zu verehren: wenn sie zu Hause lustig musiziert, so gilt es für eine gute Vorbedeutung. – An allen anderen Tagen der Woche drängt sich unter den Loggien eine Reihe enger Buden, wo die bekannten Florentiner Strohhüte verkauft werden; auch künstliche Blumen gibt es hier, sowie Spitzen und Bänder und was sonst zum Aufputz eines Hutes gehört.

Blumen ganz anderer Art sind es, die drüben auf dem Gehsteig unter der Häuserreihe verhandelt werden. Dort stehen die Tische der öffentlichen Schreiber, von denen Bauern, Dienstmädchen, Soldaten, und wer sonst im Alphabet nicht bewandert ist, sich ihre schriftlichen Angelegenheiten besorgen lassen. Wie das Leben der Südländer sich überhaupt im Freien abspielt, so hat das Völkchen auch kein Arg dabei, seine Briefe vor der Öffentlichkeit zu diktieren. Doch kann man die Abfassung ebensogut der Phantasie des Schreibers überlassen, der über einen blütenreichen, hochgeschwungenen Stil verfügt und, besonders wenn es sich um Liebessachen handelt, die Blumen der Rhetorik nicht sparsam einflicht.

Mehr noch als der frühe Blumenflor und das blendende Licht, das am Tage über der Landschaft liegt, muß den nordischen Reisenden die blaue Tiefe der nächtlichen Himmelskuppel mit ihrem übermächtigen Sternenglanz in Staunen setzen. Der Deutsche hat selten Gelegenheit, die himmlischen Scharen kennenzulernen, denn im Winter, wo die Luft klar ist und die hellsten Sternbilder über dem Horizont stehen, ist die Kälte der Beobachtung hinderlich, und die schwächeren Sommergestirne haben im Norden häufig gar nicht recht die Kraft, die dunstige Atmosphäre zu durchdringen. Und doch sollte heute noch ein jeder von uns so gut wie unsere Vorfahren imstande sein, ohne Taschenuhr und Kompaß sich nach dem himmlischen Zifferblatt in Zeit und Raum zurechtzufinden.

Wer von seiner italienischen Reise einen Lebensgewinn nach Hause bringen will, der für manchen wertvoller sein dürfte als das gewissenhafte Abgrasen der Galerien und Kirchen, der versäume nicht, wenigstens eine kleine Sternkarte mit sich zu führen und stelle sich damit des Abends auf eine Terrasse oder Anhöhe, etwa auf den Piazzale Michelangelo. In diesen ersten Frühjahrsmonaten ist eine hocherlauchte Gesellschaft am Himmel beisammen. Hoch im Zenit leuchten die Zwillinge, die den Frühlingsreigen anführen, westlich und schon etwas vornübergeneigt steht die Riesengestalt des Orion mit dem funkelnden Gürtel, vor ihm her wandern die Gruppen der Plejaden und Hyaden, ihm nach der strahlende Sirius, der herrlichste von allen, und ganz tief unten am östlichen Horizonte steigt Arkrurus mit der Schar der Sommergestirne herauf.

Wer so glücklich ist, sich einigen Kindersinn bewahrt zu haben, dem wird es auch Freude machen, den Bildern, nach denen eine naivere Menschheit die Sterngruppen benannt hat, mit der Phantasie nachzugehen; nur darf er dabei keinen Anspruch auf Genauigkeit der Zeichnung erheben.

Hat man einmal die Beobachtung eine gewisse Zeit lang jeden Abend zur gleichen Stunde wiederholt, so wird man bald nicht nur die verschiedenen Konstellationen unterscheiden, sondern auch an ihrem jeweiligen Stand die Stunde bestimmen lernen. Die in Italien gefundenen Sternbilder wird man alsdann auch an dem trüben deutschen Himmel immer wieder erkennen. Allmählich werden sie zu lieben Gefährten, man freut sich bei einsamen Feldspaziergängen, wenn die bekannten Gestalten uns begleiten, man weiß die Jahreszeit und die Stunde ihres Erscheinens voraus und wartet auf ihre Wiederkehr wie auf die alter Freunde. Für Menschen, die dauernd auf dem Lande leben, und gar für solche, die von Natur einsam sind, können sie eine unschätzbare Gesellschaft sein.

Doch nicht die glühenden Himmelsaugen allein geben der südlichen Nacht einen so eigentümlichen Zauber, sie hat auch eine Stimme, die sie als beseelt erscheinen läßt. Ein heimliches Singen und Tönen zieht über die Felder und steigt aus den Gärten empor: es ist das Summen und Zirpen von Millionen Insekten mit dem fernen Quaken der Frösche, was sich zu einem langgezogenen, seltsam elementaren Laute vereinigt, der etwas unendlich Friedvolles und Beruhigendes hat. Durch keine wohltuendere Musik kann man in Schlaf gesungen werden als durch diese. Das Kiuh, eine ganz kleine, nur im Süden heimische Eulenart, läßt seinen melodischen Klageruf ertönen, der sich in kurzen, immer gleichen Pausen wiederholt, feierlich, gesetzmäßig, unausbleiblich wie die Notwendigkeit. Erst gegen Morgen verstummt er, kurz bevor die Tagesvögel durch ein rasches helles Zwitschersignal den Sonnenaufgang ankündigen.

Der Reisende glaubt die Umgegend von Florenz zu kennen, wenn er in solchen Blütentagen nach Fiesole oder über die Colli gefahren ist, aber in Wahrheit geben diese Eindrücke von der unendlichen Mannigfaltigkeit der florentinischen Landschaft gar keinen Begriff. Schon in nächster Nähe dieser viel begangenen Wege tun sich Gegenden von völlig anderem Charakter auf.

Seitlich von Fiesole verwandelt sich der Zaubergarten in eine steinige Wildnis, wo nur verkrüppelte Zypressen und würzige Myrten sprossen, dort liegen die märchenhaften Steinbrüche des Monte Ceceri. Südlich von der Certesa, an den steilen Ufern der Ereve, findet man wiederum eine von ihrer Umgebung völlig verschiedene Welt. Die hochgeschwungene Brücke, die über das Wasser führt, heißt *Ponte agli scopeti,* von scopa, Heidekraut, denn auf weiten Strecken steht am Ufer die mannshohe Heide, die sich zur Blütezeit mit einer Unzahl winziger weißer Glöckchen bedeckt. Neben ihr blüht der Ginster, der Pfriemenstrauch und andere gelbe Schmetterlingsblütler, die berauschende Düfte spenden. Selbst im Winter kommt man von dort nicht mit leeren Händen nach Hause, denn alsdann blüht die zarte lichtgrüne Weihnachtsrose, die unser Mörike besungen hat, dort zu Tausenden an den schattigen Abhängen.

Im April oder Mai sollte man den Monte Morello, den höchsten Berg in der Nähe der Stadt, besteigen, dann sind seine rötlichen sonnenbeschienenen Halden – für den Rest des Jahres nur eine Steinwüste – in einen lachenden Rosengarten verwandelt.

Dagegen ist der östlich von der Stadt gelegene Monte Incontro auf seinem Nordabhang bis zur Spitze vollkommen lichtblau gefärbt durch die Kultur der blauen Schwertlilie (Iris florentina), die den schattenlosen dürren Boden viele Meilen weit bedeckt. Sie liefert das weltberühmte Veilchenpulver, das aus der Iriswurzel gewonnen wird und von der Apotheke von Santa Maria Novella aus als edelster Wäscheriechstoff über die ganze Erde wandert.

Die königlichen Schlösser Castello, Petraja, die alte Mediceervilla Poggio a Cajano muß man gleichfalls während der Rosenzeit besuchen. Mauern, Lauben, Dachvorsprünge sind dann von roten, weißen und gelben Rosen förmlich überschüttet. Auch die Gärten in und vor der Stadt, besonders die Anlagen des Boboli und des Bobolino, sind um diese Zeit ein Rosenmärchen. Die Zitronen- und Orangenbäume brauchen die ganze Kraft ihrer starken Arme, um ihre goldene Last zu tragen, und daneben dauert die Blüte fort. Die gelbe Mispel reift, die labendste unter den Früchten des Frühjahrs. Bei den wilden Rosen stehen die Knospen in dicken Büscheln und sind nicht zu zählen, aber auch die edelsten Arten wie Marschall-Niel- und Dijon-Rosen kommen in besonders günstigen Rosenjahren so massenhaft, daß sie sich gegenseitig fast erdrücken.

Dies ist der Frühling, wie ihn Botticelli in seiner »Primavera« gemalt hat, und man muß solche florentinischen Blüten- und Zaubernächte erlebt haben, um die Märchenstimmung des wunderbaren Bildes ganz zu begreifen.

Der Zauber hat jetzt seinen Gipfel erreicht; neue Blumengeschlechter verdrängen die dahinsinkenden, und mit ihnen entwickelt sich auf dem unveränderlichen Hintergrund eine völlig neue Farbenskala. Zwischen dem reifenden Getreide bei Mohn und Kornblumen steht in Massen die hohe rote Gladiole, Adonisröschen glänzen wie kleine Blutstropfen hindurch, der wundersame schwellende Purpurklee macht den Eindruck, als seien brennend rote Plüschteppiche über die Felder hingebreitet. Der Kapernstrauch entfaltet seine Wunderblüte, an Spalieren rankt die gaggía, eine Mimosenart, deren kugelige gelbe Blüte der ländliche Stutzer im Knopfloch trägt. Die verbreitetste Blume der Jahreszeit, die wilde Calla, steht überall an Mauern und Schutthaufen.

Der Frühling ist in dieser letzten Phase göttlich schön, aber erquickend ist er nicht mehr. Aus den Gärten strömt ein sinnverwirrender Wohlgeruch durch die weichliche Abendluft, gemischt aus Jasmin und Lilien, aus Linden- und Orangenblüten; von den Wiesen duftet das gemähte sonndurchtränkte Heu und die zarte, aber berauschende Rebenblüte, die schon die Gewalt des künftigen Weines ahnen läßt. Die Leuchtkäfer führen ihren bacchantischen Fackeltanz in den Lüften auf und scheinen sich unter die Sterne zu mischen, die Nachtigallen flöten und schmettern mit einer Inbrunst, als müßten sie ihre Seele in Tönen verhauchen. Nachtschwärmer durchziehen mit Gesang und Mandolinenbegleitung die Straßen; die Luft ist schwül und beklemmend.

Wer jetzt bei Einbruch der Dunkelheit über die Hügel geht, der sieht die Frühlingsgestirne im Untergang, Orion ist schon verschwunden – er wird erst im Spätsommer zu früher Morgenstunde am östlichen Himmel wieder sichtbar –, die Zwillinge sinken nach, während sommerliche Sternbilder den Zenit ersteigen.

Immer wilder, immer leidenschaftlicher wird das Blühen, der Rosenbusch kann sich nicht genug tun, der Oleander steht wie in Flammen, der Granatbaum schmückt sich mit korallenroten Rosen, die Magnolienblüte bricht auf und versendet einen Wohlgeruch, der Schwindel erregt. Alles, was an Lebenstrieben übrig ist, will sich schnell noch austoben, denn das Ende der ganzen Herrlichkeit ist nahe.

Eines Morgens ganz früh, wenn kaum die Vögel wach sind, ertönt ein schriller Laut in der Campagna, der in einen andauernden Lärm wie das Rasseln einer blechernen Kinderklapper übergeht – es ist die Zikade mit den durchsichtigen Flügeln, und ihre Stimme gibt das Signal, daß die Herrschaft des Sommers begonnen hat.

Jetzt verlischt mit einem Male die Farbenglut, die Blumen sind rasch ganz verschwunden, das Grün verschmachtet unter dem immer schärferen Gluthauch. Die Wege werden blendend weiß, eine Staubschicht legt sich über die Bäume; die Frühlingsstimmen verstummen, und die große glühende, farblose Stille des Hochsommers beginnt, wo nur die Zikade fort und fort bis zu Betäubung schrillt. Der große Strom der Reisenden ist längst über die Alpen zurückgeflutet, jetzt fliehen erschreckt auch die letzten Nachzügler, und die Einheimischen geben sich der Urgewalt der Hitze hin, wo der Geist die Arbeit einstellt und der Mensch sich bescheidet, als ein Stück Natur bewußtlos mit Busch und Wiese weiter zu leben.

UGO PROCACCI
DIE SPRENGUNG DER
ARNO-BRÜCKEN

1944

Am Morgen des 29. Juli 1944 wurde der Stadtverwaltung von
Florenz mitgeteilt, daß das deutsche Oberkommando umge-
hend eine genaue Karte des Stadtgebietes in der unmittelbaren
Nähe der Arnobrücken benötigte. Ingenieur Giuntoli, der
Leiter des technischen Amtes, eilte sich, Superintendenten
Poggi zu warnen, der in Begleitung anderer Florentiner Nota-
beln sich sogleich zu seiner Eminenz, dem Kardinal-Erzbischof
von Florenz begab. Angesichts des wachsenden Ernstes der
Lage wurde Superintendent Poggi aufgefordert, ein Memorandum vorzubereiten, in dem auf die Versprechungen hinge-
wiesen wurde, Florenz als eine »offene Stadt« zu behandeln.
Das sollte am darauffolgenden Morgen dem deutschen Kommandanten, Oberst Fuchs, übergeben werden.

Mittlerweile wurde durch öffentlichen Anschlag in der ganzen Stadt die Bevölkerung der Stadtteile am Arno aufgefordert, ihre Häuser bis 12 Uhr mittags des folgenden Tages zu
räumen. Diese Vorsorge wurde dadurch gerechtfertigt, daß
gleichzeitig mitgeteilt wurde, daß das Deutsche Oberkommando Florenz sehr wohl als eine »offene Stadt« erklärt und
behandelt hätte, der Gegner jedoch nicht gesagt hätte, ob er
Florenz als »offene Stadt« anerkennen würde oder nicht. Die
Verordnung hatte den Zweck, im Falle irgendwelcher An-
griffe oder Anschläge auf die Brücken der Bevölkerung Ver-
luste zu ersparen. Um die Öffentlichkeit noch mehr zu be-
ruhigen schloß die Verordnung mit den Worten, daß der
Abtransport persönlichen Eigentums, insbesondere der von
Möbelstücken nicht notwendig wäre.

Das von Poggi verfaßte Memorandum wurde Oberst Fuchs

überreicht und dabei verlesen. Es wurde daran erinnert, daß der Stabschef im Führerhauptquartier im Namen des Führers erklärt hatte, »daß jeder Versuch unternommen werden sollte, dem Feind keinen militärischen Anlaß zu geben, Florenz, das ›Juwel Europas‹, anzugreifen«. – Oberst Fuchs nahm einen der kleinformatigen Aufrufe zur Hand, die alliierte Flugzeuge am Tage zuvor über Florenz mit Anweisungen an die Florentiner aus General Alexanders Hauptquartier abgeworfen hatten und meinte dazu, daß die Alliierten Florenz nicht als »offene Stadt« behandelten.

Wir mußten für Hygiene, Nahrung und Wasser sorgen. Wir arbeiteten auf allen Gebieten, denn unser ganzes Glück bestand nur darin, einander helfen zu können in einer allumfassenden Verbrüderung bei dieser tragischen Katastrophe.

An jenem Abend begab ich mich mit meiner Frau zu der Masse der Evakuierten im Schloßhof des Palazzo Pitti. Plötzlich, es war kurz vor neun, ereignete sich eine gewaltige Explosion; alles schien zu zerbröckeln, und einen Augenblick lang dachten wir, das sei das Ende. Die Erde schien zu zittern und der große Palast schien sich auflösen zu wollen; im gleichen Augenblick regneten von allen Seiten Glas und Teile von Fensterrahmen auf die Menge, und man konnte kaum noch atmen. Panische Angst erfaßte die Menge; ein paar schrien: »Die Brücken, die Brücken!« Jetzt kehrte ein wenig Ruhe ein. Die meisten flohen in die untersten Geschosse und in die Luftschutzräume, die mutigeren bemühten sich darum, den Verwundeten zu helfen.

Nach einigen Minuten traf mein Bruder ein, der am höchsten Punkt der Bobloi-Gärten zu dem Zeitpunkt gestanden hatte, als die erste Explosion stattfand. Er hatte gewaltige Rauchwolken die via Guicciardini hinaufziehen sehen. Nichts blieb jetzt mehr zu hoffen übrig. Meine Gedanken kreisten nur um die Ponte Santa Trinitá – wenn sie nur verschont bliebe. Die nächsten Stunden brachten keine weiteren Explosionen.

69. *Der Lungarno Acciaiuoli nach der
Bombardierung 1944*

Gemeinsam mit meinem Bruder stieg ich in die im obersten
Stockwerk des Palastes gelegenen Räume, die zum Arno hin
ausgerichtet waren. Wir hofften etwas erkennen zu können,
aber Dunkelheit umgab die ganze Stadt. Gegen Mitternacht
hörten wir wieder Explosionen, die wenngleich lauter, so doch
weniger erschreckend waren als die ersten zwei. Bis zum
Morgengrauen dauerten sie fort. Im frühen Morgenlicht sah
ich von einem der Fenster auf die Piazza vor dem Palast.
Zunächst war niemand zu sehen, aber plötzlich kamen um die
Ecke von Piazza San Felice zwei Partisanen. Ich öffnete das
Fenster und rief: »Wo sind die Deutschen?« »Auf dieser Fluß-
seite sind keine mehr, sie haben sich auf die andere Seite
zurückgezogen«, antworteten sie mir. »Und die Brücken?«
»Alle gesprengt, mit Ausnahme der Ponte Vecchio. Viva Italia«
rief einer von ihnen. »Viva Italia« rief ich zurück.

FREDERICK HARTT
DIE ZERSTÖRUNG VON FLORENZ

1944

Am 11. August zogen sich die deutschen Streitkräfte, die das
Norduafer des Arno mitten in Florenz gehalten hatten, an den
Stadtrand zurück und überließen den größten Teil der Stadt
den Partisanen, machten sich jedoch noch durch Artillerie-
Sperrfeuer bemerkbar! Nur wenige Offiziere der Alliierten
und ihre angeworbenen Helfer erhielten – zum Zweck der
bitter notwendigen Versorgung der Zivilbevölkerung mit
Nahrungsmitteln, Wasser und Medikamenten, auch die klein-
ste Menge war hochwillkommen – Zugang zur Altstadt. Neun
Tage lang waren die Menschen in ihren Häusern eingeschlossen gewesen, und alle öffentlichen Dienste waren zusammengebrochen, da die Deutschen, wie immer vor dem Rückzug
aus einer Stadt – gleichsam als letzte nette Geste die Wasser-,
Gas- und Stromleitungen in die Luft gejagt hatten. Am 12.
August war die Spannung des Wartens auf einen Marschbefehl
nach Florenz für mich unerträglich geworden, und ich fuhr ins
Hauptquartier der VIII. Armee um den Prozeß abzukürzen,
erfuhr aber dort, daß am Tag vorher Hauptmann Ellis schon in
Florenz gewesen war. Er hatte jedoch nicht den Fluß über-
quert, und die noch prekäre Lage auf dem Südufer hatte ihn
daran gehindert, sich gründlich umzusehen. Er konnte lediglich berichten, daß die Hauptmonumente im Süden, etwa der
Palazzo Pitti und die Kirchen Santo Spirito und Carmine
anscheinend intakt wären, obgleich die Masaccio-Fresken
kürzlich zugemauert und daher nicht sichtbar waren. Der
Ponte Santa Trinitá, die schönste Brücke der Renaissance und
vielleicht die schönste Brücke Italiens war gänzlich und für
immer vernichtet worden. Ein kürzlich an den Tag gekom-
mener Brief hat gezeigt, daß der Entwurf für dieses Meister-

werk Bartolomeo Ammanatis von Michelangelo selbst verbessert und überarbeitet wurde!

Für mich war es daraufhin zu einer unbedingten Notwendigkeit geworden, mit der Denkmälerverwaltung Verbindung aufzunehmen, um über das Schicksal der übrigen Kunstschätze etwas zu erfahren. Es gelang mir, die Erlaubnis des Geschwaderkommandanten zu erlangen, zum Südufer des Arno vorzudringen, jedoch lediglich zu dem Zweck der Befragung des leitenden Personals der Denkmälerverwaltung im Palazzo Pitti: Es war mir streng verboten, den Fluß zu überschreiten, denn die militärische Lage war alles andere als gefestigt, und die Stadtmitte, in der sich nur kleine Partisanengruppen – neben den für sanitäre und Polizeizwecke unentbehrlichen AMG (?) Offizieren – aufhielten konnte jederzeit von den Deutschen wiedergenommen werden. Ich war deshalb am nächsten Morgen auf meinem Weg nach Florenz fiebrig erregt, und die Erinnerung an das, was sich mir an jenem Tage darbot, erschwert mir noch heute – zwei Jahre später – das Schreiben. In San Casciano präsentierte ich meinen Passierschein bei der Militärpolizei und nahm dabei kaum wahr, daß das ehemals elegante Städtchen, eine der lieblichsten Siedlungen um Florenz, durch alliierte Luftangriffe in Trümmer gelegt worden war. Überwältigt von einem Gefühl tiefer Trauer fuhren wir von San Casciano ins Grevetal hinab. Die Zerstörung von Florenz schien das Ende der Zivilisation zu bedeuten. Wie lange würde dieser Zustand noch andauern? Würde Florenz ein zweites Cassino werden? Schon diese unbedachten jungen Stabsoffiziere, die sich über seine tiefere Bedeutung im Unklaren waren, führten diesen Vergleich leichtfertig im Munde. Was wußten Sie davon, die nie Florenz zwischen den Zypressen von Bellosguardo aus seinem Tal hatten heraufschimmern sehen; oder bei Sonnenuntergang von San Miniato heruntergeblickt hatten wo sich vor ihren Augen der Arno unter seinen Brücken mit einem Kupferglanz überzog, während der Dom knöcheltief in seinem Dächermeer stand, in einsamer Majestät, von Giottos Campanile begleitet, eskortiert von den Türmen des Bargello und des Palazzo Vecchio, sie, die nie in feierlicher Ergriffenheit durch den unvergleichlichen räumlichen Zusammenklang von Santa Maria Novella und Santo Spirito gewandelt waren? Wir fuhren unterhalb der Certosa di Galuzzo vorbei, die unzerstört stand – ich hatte sie vor Jahren als junger Student gesehen. An der Straßengabelung unterhalb von Poggio Imperiale war die direkte Straße durch die Porta Romana, das große Südtor der Stadt, durch ein Schild gesperrt, das die Worte trug: »Unter Feindeinwirkung«. Wir bogen rechts ab, nach Poggio Imperiale hinauf, dann ging es die durch Bäume vor Feindeinsicht geschützte Straße zur Porta Romana hinunter. Zwischen den Bäumen offenbarte sich mir flüchtig das lichtvolle Schauspiel der Stadt, das niemand, der es vom Hügelkranz her gesehen hat, je vergessen kann. Das Tal ringsum erdröhnte von Artilleriebeschuß.

Die Menschen auf den Straßen erschienen mir wie von langer Krankheit Genesende. Sie waren erschöpft, bleich, klapperdürr nach der langen Belagerung. Ich fuhr zur Villa Torregiani hinauf, in deren Gärten das provosorische Hauptquartier der Alliierten Militärregierung vor einigen Tagen eingerichtet worden war und drang nur mit Mühe in dem Wirbel von Lastwagen, Jeeps, Offizieren, Soldaten und italienischen Zivilisten vor. Plötzlich erkannte mich der Provinzgouverneur, der junge britische Oberstleutnant Ralph Rolfe. Der gab mir sofort einen Marschbefehl in den Nordteil der Stadt. Ich sollte dann Marschbefehle für das ganze Personal der Sopraintendenza ausschreiben. Ich fand es komisch, daß, nachdem ich neun Tage lang darum gekämpft hatte, selbst einen Marschbefehl nach Florenz zu erhalten, meine erste Tätigkeit in der Stadt die war, solche Marschbefehle für zwölf weitere Personen auszuschreiben. Wir quälten uns durch die überfüllten Straßen von Oltrearno mit dem Ziel, Palazzo Pitti zu erreichen. Aus dem Schatten der Via de' Serragli, mit ihren überhängenden Dächern fuhren wir durch Scharen befreiter Florentiner hindurch in die sengende Sonne auf der Piazza Pitti hinein und den Hang zu dem Palast hinauf, der wie ein Berg vor uns aufragte. Wie viele Besucher der Stadt aus allen Ländern waren schon durch das Portal geschritten und hatten über den Innenhof des Ammanati hinweg über die Fontäne, die sich gegen den Himmel abzeichnete, in die Oleander- und Zypressenbäume der Boboli-Gärten hineingeblickt. Heute wimmelte der riesige Innenhof von elendem Volk. Der Palast der Großherzöge der Toskana wirkte wie ein gedrängt bevölkerter neapolitanischer Slum. Mütter, Babies, Männer, Knaben, alle mit Kleiderbündeln, Matrazen und Überresten ihres einstigen Besitzes bepackt, lagerten unter den Riesenbögen, rannten scharenweise im Hof und auf den Treppen umher und kreischten aus den Palastfenstern. Bettücher und Kleidungsstücke hingen dichtgebündelt von allen Balkonen. Da und dort dienten Tische und kleine Holzkohlenöfchen der Vorbereitung kümmerlicher Mahlzeiten. Nur eine Wasserzapfstelle funktionierte – rund sechstausend Flüchtlinge hatten hinter der unerschütterlichen Palastmauer Schutz gesucht, nachdem die Deutschen alle Wohnbezirke am Flußufer evakuiert hatten. Selbst die Königsgemächer waren dieser Flutwelle menschlichen Elends geöffnet worden, und die romantischen Laubengänge der Boboligärten dienten den Tausenden zur Verrichtung ihrer Notdurft. Erst Monate später konnten die Gärtner den ursprünglichen Zustand wiederherstellen.

Als ich, bei meinem Gang durch das zerstörte Florenz, in Begleitung von Ugo Procacci, endlich auf der Ponte Vecchio stand, konnte ich umherschauen und mir einen Überblick über die Folgen der Katastrophe verschaffen. Von der Loggia del Mercato Nuovo – mitten zwischen den Häusern des Nordufers – bis zum Palazzo Pitti lag eine Schneise der Verwüstung über der sich nur noch zwei Gebäude und bizarrgeformte Gebäudereste und noch ein paar der massigen mittelalterlichen Geschlechtertürme erhoben. Por San Maria, beinahe die ganze Via Guicciardini, die via de' Bardi und die Hälfte des Borgo San Giacopo waren vernichtet. Die Hälfte des Lungarno Acciaioli mit seinen Palästen war nicht mehr da. Am Südufer die wundervollen alten Häuser, die über den Fluß hinausragten, diese wie von selbst gewachsenen Hervorbringungen vieler Generationen, ein Stockwerk das andere übertürmend, Balkone, gedrängte Dachgeschosse, das Ganze von Konsolen über dem Wasser abgestützt – wie oft hatten wir sie betrachtet, wie oft waren wir nachts entlanggegangen, um durch Vasaris Bögen die malerische Häuserfront mit ihrem Spiegelbild im ruhig fließenden Arno anzuschauen. Diese Häuser hatten dem Ponte Vecchio seine Schönheit verliehen, eine Stadt, die den Fluß überwölbte. Nun stand er nackt da, alle Häuser waren eine gigantische Schutthalde, die sich in den Arno ergoß.

Man konnte bis zu dem gigantischen Bau von Orsanmichele und zur Kuppel der Kathedrale hindurchblicken – so wenig war dazwischen stehengeblieben. Dies aber war einst das Herz von Dantes Florenz gewesen, waren die Straßen und Plätze, die sich kaum gewandelt hatten, seit Giotto und Masaccio sie durchschritten. Hier war das mittelalterliche Florenz wie nirgends sonst in der Stadt erhalten geblieben. Jetzt lagen Häuser, Türme, Paläste mit allem ihrem Inhalt und mit den Erinnerungen, die sich daran knüpften, in Trümmerbergen zuhauf. Form war Chaos, Schönheit Grauenhaftigkeit, Geschichte Amnesie in einem betäubenden Schlag geworden.

BERNARD BERENSON
SCHUTTBERGE UND
RUINEN

1944

Gestern schickte mir am Nachmittag Major Sampson einen Wagen, der mich zu meinem Haus bringen sollte.

Zuerst hatten wir noch an der Piazza dei Giudici am Arno – dicht hinter den Uffizien – etwas zu erledigen. Während der Fahrt konnte ich mir einen Eindruck davon verschaffen, was geschehen war. Zu beiden Seiten des Mugnone waren nahezu alle Häuser leere Hülsen – wie Häuser in Reims, an deren Anblick ich mich aus der Zeit nach dem deutschen Rückzug während des letzten Krieges erinnere. Auf der Fahrt längs den äußeren Alleen in der Richtung auf den Arno zu nahm der Grad der Zerstörung zusehends ab, bis wir am Ziele waren. Dort stieg ich aus und ging zu Fuß zum Ponte Vecchio. Auf dieser kurzen Strecke sah ich nur Ruinenhügel die aufgetürmt waren wie die antiken Reste in Wiedergaben der Römischen Campagna aus dem 18. Jahrhundert. Nur die frühmittelalterlichen Türme standen noch. Von der Brücke Santa Trinitá waren nur noch Teile der Pfeiler da. Die malerische und einheitliche Front der Häuserzeile zwischen den beiden Brücken war zu Staub zerstampft worden. Ich zweifle daran, daß je zuvor in der Geschichte eine geplante Verwüstung dieses Ausmaßes stattgefunden hat. Attila der Hunne und Geiserich der Vandale mögen den Willen dazu gehabt haben, aber ihnen fehlten die Mittel. Erst die Wissenschaft im Dienst des entmenschten Militarismus hat das zustande gebracht, was ich gesehen habe.

Was ich hörte, war noch schlimmer. Ich kann dergleichen kaum über die Lippen bringen, aber eine »edle« Nazitat muß ich doch festhalten. Mir wurde versichert, daß die Deutschen

Minen in die Schuttberge der Ruinen eingegraben hätten, so daß der erste, der darin graben würde, in die Luft flöge.

Diese Ungeheuerlichkeiten auf Befehl eines Kommandanten, der ein eifriger Katholik ist – aber was nützt schon der Römische Katholizismus, wenn in demselben Individuum der Potsdamer Militarismus lebendig ist.

Hätte es sich darum gehandelt, eine Stadt in hartem Kampf zu nehmen, hätte das eine schwache Entschuldigung sein können. Aber diese sadistische Zerstörung eines der schönsten und historisch bedeutsamsten Orte auf der Erde sollte ja ausschließlich zu dem Zweck dienen, den Vormarsch ihrer Feinde höchstens ein paar Tage aufzuhalten.

Sie fahren fort, Florenz zu bombardieren. Schon haben sie 350 Menschen umgebracht, meistens Zivilisten, denn es sind erst wenige alliierte Soldaten in der Stadt – so wenigstens wird es mir dargestellt. Wenn ich nach den unzähligen Tanks, Panzerwagen, Raupenschleppern urteilen sollte, die wir bei unserer schnellen Vorbeifahrt am Rand der Straße aufgereiht sahen, würde ich sagen, daß es sehr viele wären. Auf dem ganzen Weg zu meinem Haus waren Einfahrten, Äcker und Obstgärten mit Fahrzeugen vollgestellt und wimmelten von Truppen. Sie sahen alles andere als militärisch aus, vielmehr – in ihren Latzhosen – wie Fabrikarbeiter, Arbeiter in der Stahl- oder Schwerindustrie. Hier berühren wir einen wesentlichen Punkt: der Krieg ist nun einmal ein Ventil für Überproduktion und Arbeitslosigkeit – wie immer er auch entstanden sein mag und was auch immer unsere Haltung ihm gegenüber ist. Dasselbe in mythologischer Sprache ausgedrückt: der Krieg in unseren Tagen vereint in derselben Person Mime, den Schmied des Schwertes und Siegfried, den Schwerthelden.

ALBERT CAMUS
IM KREUZGANG DER SANTISSIMA ANNUNZIATA

Der widerwärtigste Materialismus ist nicht der den man allenthalben anführt, sondern vielmehr der, der uns tote Ideen als lebendige Realität verkaufen will, und der unsere hartnäckige und helle Aufmerksamkeit, die wir dem, was von uns sterblich ist zuwenden, auf sterile Mythen lenken will. Ich erinnere mich, daß mich in Florenz, im Kreuzgang der Toten der Santissima Annunziata, etwas, das ich zunächst für Traurigkeit hielt überkam, was aber schließlich nur Zorn war. Es regnete. Ich las die Inschriften auf den Grabplatten. Dieser war zärtlicher Vater und treuer Ehemann gewesen; jener zur gleichen Zeit der beste der Ehegatten und schlauer Kaufmann. Eine junge Frau, die alle Tugenden in sich vereint zu haben schien, sprach »Französisch wie ihre Muttersprache«. Dort war ein Mädchen die ganze Hoffnung der Familie gewesen, »aber die Freude ist nur Gast auf Erden«. Und doch machte mich all das nicht betroffen. Fast alle waren, den Grabinschriften zufolge, dem Tod ergeben gefolgt, ohne Zweifel zu hegen – so wie sie auch die anderen Pflichten ihres irdischen Daseins akzeptiert hatten. An jenem Tag hatte eine Gruppe von Jungen den Kreuzgang in Besitz genommen. Über die Grabplatten, die bestrebt sind die Tugendhaftigkeit desjenigen, der an ihnen vorübergeht anzusprechen, spielten sie Bockhüpfen. Der Abend brach herein; ich hatte mich auf den Boden gesetzt, den Rücken an eine Säule gelehnt. Ein Priester hatte mir im Vorübergehen zugelächelt. Aus der Kirche tönte der dumpfe Klang der Orgel, deren warme Stimme von Zeit zu Zeit zwischen den Rufen der Kinder zu hören war. Allein, gegen die Säule gelehnt, fühlte ich mich wie einer den man erwürgt, und der seinen Glauben wie ein letztes Wort herausbrüllt. Alles

70. *Joseph Cornell, Mediceische Prinzessin*

in mir protestierte gegen eine derartige resignative Haltung. »Man muß« sagten die Inschriften. Aber nein – meine Auflehnung war berechtigt. Jene Freude, die unbeteiligt wie ein Gast auf dieser Welt umherzog, wollte ich Schritt für Schritt verfolgen. Und, was das Übrige anbetraf, so sagte ich nein. Ich sagte Nein mit allen meinen Kräften. Die Grabsteine lehrten mich das es nutzlos sei, und daß das Leben mit Sonnenaufgang beginnt, und mit ihrem Untergang zu Ende geht. Aber selbst heute sehe ich nicht, was die Nutzlosigkeit meiner Revolte nimmt, sondern vielmehr das, was ich mit ihr erreiche.

Florenz! Einer der wenigen Orte der Welt wo ich begriffen habe, daß meiner Revolte ein Konsens zugrunde liegt. In seinem von Tränen und Sonne durchsetzten Himmel habe ich gelernt die Welt zu bejahen und in der dunklen Flamme ihrer Feste zu verbrennen. Ich fühlte . . . aber was für ein Wort? Welches Unmaß? Wie erzielt man die Verschmelzung von Liebe und Revolte? Die Erde! In diesem großen, von den Göttern geflohenen Tempel haben alle meine Idole tönerne Füße.

KASIMIR EDSCHMID
BELLOSGUARDO

1957

Im Kreis der Hügel, die wie mit Engelsflügeln, silbern und rosa
überhaucht, Florenz umschwingen, ist die Anhöhe von Bellosguardo vor allen anderen durch eine schlichte und somit besonders kostbare Landschaft ausgezeichnet, und die Terrasse
der Villa »Torre di Bellosguardo« ist darum das himmlische
Belvedere von Florenz.

Der Hügel von Bellosguardo beginnt sich unmittelbar ne-
ben der Porta Romana zu wölben. Dicht hinter dem schönen
Tor, das einem Triumphbogen gleicht und das der Meister
Orcagna im Jahre 1328 hier errichtet hat, fangen Oliven- und
Feigenwälder an, die rote, pflugdurchzogene Erde der Anhöhe
hinaufzuwandern.

Hier wie überall in Florenz, wo man ein erlesenes Haus oder
einen Park betritt, beginnt auch sogleich die weitgespannte
Landschaft.

Die Maultiere galoppieren zwischen den Ulmen einher, die
Rebengirlanden schwingen sich von Stamm zu Stamm, der
Boden duftet, und die Vögel singen in den Zweigen das Lied
der Sommer und der Winter, die gelassen und freudig über das
immergrüne Gelände dahinziehen.

Wer von Süden, von Siena sich Florenz nähert, wer von
Norden, von Mailand über den Porettapaß und Pistoia zur
Stadt hinabsteigt, wer vom Tyrrhenischen Meer und seinen
farbentrunkenen Seefahrerstädten, von Livorno, von Lerici,
von La Spezia nach Florenz hinüberfährt – der braucht nur den
Blick zu heben, und er sieht, genau wie es die Chronikbilder
des Mittelalters schon zeigten, auf dem Hügel thronend, von
Zypressen umgittert, von Pinien wolkenschön überbauscht,
die viereckige Anlage der Villa und die »torre«, den uralten in

die Flanke des Hauses hineingewachsenen Turm mit der flachen Haube.

Die toskanischen Villen unterscheiden sich von denen Roms durch ihre Einfachheit und ihren Mangel an Prunk. Sie sind gebaut mit einem besonderen Empfinden für die Landschaft und die Luft, zu der sie gehören, und sie sind errichtet mit dem Vorgefühl dafür, daß schöne Wege, von Zypressen flankiert, auf sie zuführen werden, und mit der Gewißheit, daß ihre Lage allein schon ihnen einen liebenswürdigen Reiz verleihen wird.

Sie besitzen deshalb eine besondere Ordnung in den Maßen, sie haben eine ungewöhnliche Reinheit in den Linien, sie sind entzückend ausgewogen in den Proportionen, und sie baden förmlich in der anmutigen Disziplin ihrer ganzen Form.

Der einzige Schmuck der toskanischen Villen ist das weit überhängende Dach – ein fast flaches Dach, das den Himmel graziös abschließt und die Erde gleichzeitig schützt. Dazu die Torre ... der Turm, der, wetteifernd mit Pinien und Lebensbäumen, zuerst auf der Grundmauer stand und um den sich im Lauf der Jahrhunderte die Villa entwickelte und entfaltete.

Achthundert Jahre lang mag der germanische Kastelladel, mögen deutsche Barone aus der Gefolgschaft der Theoderich, gotische Grafen, langobardische Herzöge, fränkische Residenten, Statthalter der Ottonen, der Salier, der staufischen Kaiser von der Torre Bellosguardos aus wachsam in die Weite geblickt haben – nach den Burgen und Türmen auf den unzähligen anderen Hügeln, weit ins ebene Talbecken des Arno nach Prato und dem Meer zu, nach der hellen Pyramide von Fiesole hinüber, zu den violetten Rändern des wolkenschönen Morelloberges, zu dem Silberglanz, der unwirklich über den Höhen von Impruneta und der Certosa von Galluzzo liegt, zu den Bauten von Settignano, zu der Kirche von San Miniato, die ihre Fassade wie ein hilfloses Lächeln nach Bellosguardo hinüberwendet ... und nach Vallombrosa und der Stelle hin, wo

71. *Pepi Merisio, Die Arno-Brücken*

der Arno aus dem Apennin heraustritt und das weite Gelände durchquert, in dem Florenz liegt.

Achthundert Jahre lang mischte sich der Kastelladel mit dem eingesessenen Landadel, und als im dreizehnten Jahrhundert die »Reitenden«, die Cavalcanti, auf Bellosguardo saßen und mit Guido Cavalcante plötzlich in das Licht der Geschichte hineinpreschten, da war Florenz, das als Stadt lange keine Bedeutung hatte, bereits eine der reichsten Siedelungen Europas, und man wußte schon nicht mehr, aus welchem Teil Deutschlands die Familie der Cavalcanti stammte.

Damals war Florenz noch mit Mauern eingeschnürt, aber die großen Familien hatten ihre Villen und Landhäuser auf den Hängen und in den Tälern, und wahrscheinlich war Florenz damals, als Guido Cavalcante, der erlauchteste Vertreter seines Stammes, die italienische Dichtung aus dem strengen Latein in die süße neue Wollust der Volkssprache hineinführte, schon so ausgedehnt wie im zwanzigsten Jahrhundert, nicht als Stadtzentrum, sondern als lockere Ansammlung von Villen, die um die Türme herum wuchsen und von denen aus man dreißig Kilometer im Umkreis überblickte.

Florenz war stets mehr als eine Stadt, es war eine Landschaft, ein Raum so groß wie London, nur daß nicht undurchbrechbare Gebisse von Häusern, sondern Blumen und Parke, Äcker und Bäume das Gelände zwischen den hellen Grenzpfählen der Villen ausfüllten.

Der Turm von Bellosguardo wurde wie alle die Türme, die Wahrzeichen der Macht waren und die aus den Häusern des Stadtadels oft zu Hunderten in die Höhe strebten, gebrochen, wenn die herrschenden Familien zu Fall kamen. Und sie wurden wieder aufgebaut, wenn in den Strömungen der Bürgerkriege die niedergeschlagenen Parteien ihre Wappen wieder sieghaft über den Portalen einmauerten.

Dante mag wohl, solange die Cavalcanti im Verlauf der Bürgerkriege noch nicht verbannt waren, diesen adligen und mächtigen Mann, den Dichter Guido Cavalcante aus der Familie der »Reitenden«, seinen Freund, manchmal auf Bellosguardo besucht haben.

Im sechzehnten Jahrhundert bauten Mönche, welche die Torre und die darumstehende Villa besaßen, einen Flügel an, in dem sie speisten und dessen Decke sie mit guten Fresken dieser Zeit zieren ließen. Später verfiel der Besitz in den Märchenschlaf, der Italien umhüllte, in jenen Traumzustand, aus dem die Paläste und Schlösser, halb zerfallen, wie romantische Ruinen herausragten.

Die große Halle, in welche die rührenden romanischen Bogen der offenen Loggia nunmehr eingebaut waren, wurde in einzelne Räume abgeteilt, und als, durch einen Zufall, die Villa aus dem Besitz von Engländern, für die Florenz ein ganzes Jahrhundert lang etwas wie eine Kolonie nicht des Imperiums, sondern der Schönheit war, in den Besitz einer ordnenden Hand kam, da wurden erst wieder die Säulen freigelegt und die Kapitäle ans Licht geholt, die unter einer Mauerschicht staken und die nun, wie zur Zeit der »Reitenden«, ihre zarte und starke Würde von neuem offenbarten.

Unter der Rasenterrasse von Bellosguardo schwebt Florenz wie ein Spiegelbild, in dem alle Reize Italiens, beinahe absichtlich und fast nackt, so ohne Scham, wie nur himmlische Dinge sein können, ausgebreitet liegen.

Da schwebt Florenz, so plötzlich, so verheißungsvoll erscheinend, wie ein heilige Stadt . . . wie Jerusalem unter dem Ölberg auftaucht, wie Cuzco mit den Inkapalästen unter dem Kastell der Indianerkaiser sich ausbreitet, wie Rio sich hinzieht, mit einem einzigen Blick zu umfassen und zu besitzen, aber nie zu enträtseln, nicht starr, aber trotz der farbigen Belebtheit der Luft doch in unerschütterlicher Ruhe.

Wie aus Smaragd und Glas gebildet, mit Perlmuttstreifen überzogen, wölbt sich in wunderbarer Schwebe der riesige Ballon der Domkuppel Brunelleschis über die Häuserflut.

Prinzlich steht daneben der flötenzarte Campanile Giottos, dessen grünliche Marmorhaut blaß erschimmert. Wie ein Wikingerschiff streckt sich der lange Leib der Bettelmönchkirche von Santa Croce in die grauen Straßenwellen hinein. Gleich dem schönen Rücken einer Schildkröte schwimmt die Kuppel der Medicigruft auf dem leichten Dunst, der Florenz umspielt und aus dem Santa Maria Novella und Santo Spirito und die Paläste mit den Säulenloggien gespenstisch hervorragen.

Und wie ein Leuchtsignal der Geschichte erhebt sich über dem Vorgebirge des Palazzo vecchio, diesem Klotz an Machtanspruch und Herrschsucht, der schlank aus seiner Brust emporschießende Turm mit den Zinnen.

Aber gleichzeitig sieht man von allen Seiten die Landschaft in diese große Stadt eindringen, mit Landzungen und Halbinseln, mit Golfen und Eilanden von Grün . . . und man sieht, wie die Stadt in dieselbe Landschaft zurückströmt, man sieht die Villen wie Schwalbennester in den Rebbergen und Olivenplantagen hängen, die Kastelle wie sehnsüchtige Geschöpfe hinter den Zypressenalleen hervorleuchten, man sieht die Fenster der Schlösser auf den Hügeln der Natur entgegenträumen, und man empfindet, wie grenzenlos räumlich und wie geistig geordnet wiederum dieser Stadtraum ist, der von immer tiefer entweichenden, aber dennoch stets nah erscheinenden Hügeln und Höhen umwallt ist, deren silberner und violetter Schein ihnen nicht das Aussehen von Grenzen, sondern von freundlichen Wolken verleiht.

KASIMIR EDSCHMID
RISTORANTI

1957

Zwar sind die Läden der Via Tornabuoni so, daß sie nicht eigentlich für eine Stadt zeugen, deren Bewohner geizig sind, und manchmal ertönen die Varietétheater noch bis Mitternacht von den kräftigen Schlägen flacher Hände, die begeistert gegen die Außenbrüstungen der Logen klatschen, und dennoch ist Florenz um elf Uhr schon eine schlafende Stadt.

Aber zwischen acht und zehn Uhr füllen sich die Restaurants, die kleinen, die winzigen, die so sauberen und Appetit erregenden liliputanischen Gaststätten. Hier geben sich die Florentiner mit einer gewissen Eile dann dem Lebensgenuß hin. Sie essen rasch, sie essen einfach, sie essen wenig, aber sie essen, wie die Bewohner weniger Städte, mit heller Freude.

Sie essen bei »La Nandina«, nahe dem Arno, nahe der Piazza Trinità mit der antiken Granitsäule, nahe den schönen Palästen Bartolini-Salimbeni und Ferroni. Sie essen bei »Pennello« und in der keck ausgemalten »Buca San Firenze«, nahe der Signoria, und sie essen in der Via Porcellana, nahe der Piazza Goldoni, in einem Ristorante, das keinen Namen trägt.

Es trägt keine Bezeichnung außer dem Witznamen des Besitzers, ein unübersehbares Scherzwort, das, weil es an den trojanischen Krieg erinnert, den Verfasser eines Buches über die italienischen Gaststätten, »il ghiottone errante«, zu schwerwiegenden Ausflügen in die Mythologie verleitete.

Man kann nämlich über die italienische Küche kein Buch schreiben, wie man es über die französische mit Leichtigkeit vermag, denn die französischen Provinzen besitzen, jede für sich, eine Menge Gerichte und eine Legion an Rezepten und Zubereitungsmöglichkeiten. Die französische Küche ist in ihrem Aufbau kompliziert. Die Phantasie findet in der Unzahl

338

der Speisen und in der Verbindung zwischen Saucen und Gerichten ein kaum zu erschöpfendes Material. Und überdies wird mit so viel Weinen, Champagner und Likör gekocht, daß des Erfindens, Lobens, Kennenlernens und Tadelns hier kein Ende ist.

Die italienische Küche hingegen ist einfach, sie hat nicht viel Auswahl in den Gerichten, aber sie hat wunderbare Grundsätze: Leichtigkeit und Naturnähe. Die französischen Vorspeisen sind meist schwer, die italienischen sind häufig nur junges Gemüse. Das Öl der Italiener ist nicht besser als das Öl der Provenzalen, aber die italienischen Speisen sind davon benetzt, sie ertrinken nicht darin, die Fische sind mit rascher Hand durch das siedende Öl hindurchgezogen – und wie dünn, wie lieblich sind die Fleischstücke, die nur ein paar Minuten über das Herdfeuer geschwenkt werden.

Ist eine Küche nicht köstlich, die aus den kleinen Meercalamaretti ebenso wie aus den gelben Blüten des Kürbis eine Frittur zu machen versteht, eine Küche, in der es Käse von Schaf, Ziege und Büffel gibt und in der die Spannweite der Käse von den mit Zucker gegessenen Sorten bis zum grünlich bitteren Gorgonzola reicht . . . eine Küche, die ihre Darbietungen ein halbes Jahr lang mit süßen Trauben begleitet und in der man in ein paar Minuten aus ein wenig Eigelb, Wein und Marsala etwas so Reizvolles wie einen Zabaione zu schlagen versteht?

Die Küche jedes Volkes hat ihre feste Beziehung zum Klima des Landes, aber auch eine nicht weniger bestimmte Verbindung mit dem Temperament des Volkes. Die Italiener essen so, wie sie sind. Man kann zu ihrem Ruhm sagen, daß das Aromatische, das Naturgewürzte der Speisen ihrer Lust am Singen, die leichte Art der Mahlzeiten aber ihrer Grazie entspricht.

Man kann, wenn man einen Garten, eine Ziege, Hühner und etwas Spaghetti im Haus hat, vorzügliche Gastfreundschaft

72. *Pepi Merisio, Unter dem vasarianischen Gang*

gewähren. Frischer Salat, kleine Lebern mit Salbei, ein Pollo am Spieß, über Holzkohle geröstet und beim Feuerschein mit Öl bestrichen, bis die Haut leicht kracht, ein Löffel Eigelb mit Essig und Pfeffer, Feigen und Melonen, eine Sauce mit Kapern und Rosmarin, gebackene blaue Tomaten, Spiegeleier mit weißen Trüffeln im Herbst, Pilze in Öl geschmort, junge Erbsen so zart wie Seide, Mandeln und Nüsse, weiße Bohnen mit Pfeffer, Öl und Essig, Riesenbirnen, pere giganti, die herb und zugleich süß sind, Granatäpfel im Winter und Oliven, die man in Meerwasser und in nasse Asche von Holzkohle legt, um ihnen Schärfe zu geben und Bitterkeit zu nehmen, Sellerie, die man mit Käse ißt, und niedliche Gurken, die man kocht.

Die kleinen Dinge des Gartens, nicht die interessanten Kombinationsschöpfungen der Köche sind der Inhalt und der Reiz der italienischen Küche. Zwischen die Spaghetti, die genau fünfzehn Minuten, nicht kürzer und nicht länger, gekocht werden dürfen, um nicht zu hart und nicht zu weich zu sein, zwischen die Spaghetti und den Käse schieben sich diese kleinen Dinge, die roten Erdbeeren und die bodenduftenden Salate, die nach Rauch schmeckenden Hühner und die grünen und blauen Feigen, die kleinen Fische und Krevetten, die Gamberi und die Scampi, die Langusten und die Sole unverbindlich und liebenswürdig ein . . . kleine Platten, kleine Portionen, leichte Speisen.

Die Italiener sind genügsam und lebenslustig zugleich. Ihre Küche ist zart und reizvoll dazu. Das Öl, das fast jedermann selbst bereitet, hat so viele Grade und Unterschiede wie in anderen Ländern der Wein, und dieses Öl ist auf die Dauer angenehmer als Butter und leichter als Fett. Es kommt wie das Gemüse und das Obst aus dem Garten.

Die Oliven, welche zu Hunderten an jedem Zweig der Ölbäume hängen, wandern vom Baum in die großen Tröge, in denen die Fasern zerquetscht werden, und aus den Trögen unter die Pressen, in denen die zerstampfte und zerrissene Masse ausgedrückt wird. Jedermann ist stolz auf sein Öl, und die Familien schenken und verehren es sich gegenseitig mit dem gleichen Stolz, mit welchem die Weinbauern an der Mosel sich bei festlicher Gelegenheit Wein aus ihren Wingerten senden.

Das Öl ist die Grundlage der italienischen Küche, und diese so gestützte Küche ist, wenn sie auch an Kunst und Vielfalt nicht die phantasievoll ausgeweitete und durchdachte französische erreicht, in ihrer Einfachheit und ihrem Nuancenreichtum, in ihrer hübschen Anmut und naturnahen Gefälligkeit die wohlschmeckendste und bekömmlichste des Kontinents.

CURZIO MALAPARTE
IM SOMMER, DAS WEISS MAN,
WIRD DEN FLORENTINERN
HEISS

1956

Unter allen Statuen in Florenz ist die Statue des Giovanni delle
Bande Nere diejenige, die am meisten ein paar Ohrfeigen ins
Gesicht verdiente. Schau ihn dir nur an, wie er da gemächlich
auf dem Platz vor San Lorenzo sitzt, mit seinem halben Knüppel in der Faust. Ob es regnet oder stürmt, Giovanni ist immer
da, mit seinem weichen Lächeln im bärtigen Gesicht. Und was
für ein Gigerlbart, lauter kurze Locken, wohlgekämmt und
wohlgeglättet; um einen Mund, der aussieht wie der Mund
einer gurkenlüsternen Frau. Giovanni rührt und ruckt sich
nicht einmal, wenn du ihn mit einer Nadel ins Hinterteil
stichst. »Hier sitz ich, und hier sitze ich gut«, scheint er zu sagen,
»versuch's nur einmal, ob du es fertigbringst, daß ich aufstehe.«
Und was will er mit dem Stock in der Hand? Weshalb gebraucht er ihn nicht? Ja doch, weshalb gebraucht er ihn nicht?
Man kann nicht behaupten, daß ihm in diesen jüngsten Zeiten
Anlaß und Gelegenheit gefehlt haben.

Das war damals eine antike Zeit. Eine Zeit der großen Ideen
und der großen Begebenheiten. Man spürte etwas Ungewohntes und zugleich Altvertrautes in der Luft, etwas, das alltäglich
und zugleich eigenartig und sehr fern war. Die Florentiner
merkten es nicht, gewohnt wie sie waren, diese Luft zu atmen,
zwischen diesen Mauern zu spazieren, über diese Plätze und
durch diese Straßen, kurz, inmitten von alldem zu leben. Aber
die anderen, die von draußen kamen, die auf dem Land und in
den kleinen Orten um Florenz wohnten, spitzten die Ohren,
sobald sie die Stadt betraten, und hoben die Nase witternd in

73. *Beppe Zagaglia, Via dell'Oriuolo und Dom*

den Wind. Dienstags und freitags, an den Markttagen, gingen die Bauern, die Verwalter, die Pächter mit argwöhnischer Miene durch die Straßen, als fürchteten sie jeden Augenblick einen Hieb zwischen Kopf und Hals davonzutragen. Die Beherztesten setzten sich den Hut in den Nacken oder auf Sturm, und die erloschene halbe Zigarre im Mund, Hände in der Tasche, stolzierten sie aufrecht inmitten der Straße und blickten hinter staubweißen Lidern starr vor sich hin. Aber das waren wenige, und alle aus der Gegend von Prato und Campi Bisenzio. Die anderen schlichen behutsam längs der Mauern, auf Zehenspitzen, mit gestrecktem Arm, Hut in der Stirn, vornübergebeugt und blinzelnd, mit der Miene eines, der von nichts weiß, nichts sieht, nichts will.

Alle versammelten sie sich zu bestimmter Stunde auf der Piazza della Signoria und vor dem Porcellino; dann, nach dem

Essen, trafen sie sich wieder bei San Lorenzo, zwischen den Buden und Ständen der Marktleute, vor den Läden der Trödler, sprachen über Kauf und Verkauf, über Vieh, Getreide, Wein, über Strohflechten, über Geld und über Frauen. Von seinem hohen Sockel herab, breit auf dem Gelärme und Gestikulieren der Menge thronend, schaute Giovanni delle Bande Nere niemandem ins Gesicht, mit unbeweglicher Miene, aufrechten Hauptes, aufwärtsgebogenem Spitzkinn, den überflüssigen Stock in der Hand. Er stellte sich taub, doch entging ihm kein Wort von den Reden der Leute. Und das war keine kluge Vorsicht von ihm, sondern Trägheit, Gleichgültigkeit und Hochmut. Dinge, die sicherlich nicht für Toskaner erfunden wurden. Tun- und Redenlassen ist kein Salat von unseren Feldern. Toskanischer Salat ist das Hör-auf-mich, das Sei-still-du-Tölpel, das Faß-mich-an-die-Nase, wenn du Mut hast, das Hebe-dich-von-hinnen, und das Tun-Sie-mir-den-Gefallen.

Das war eine sehr schöne Zeit damals, für uns, als wir Jungen waren. Eine Zeit der Verliebtheiten, des Ausreißens, des »Guido, ich möchte, daß du und Lapo und ich . . .« man hing aneinander und verstand sich wie Brüder, und die Tatsache, daß man sich zuweilen in die Rippen schlug, war kein Zeichen von Feindschaft, sondern von Vertraulichkeit. Es waren brüderliche Prügel, Prügel innerhalb der Familie. Lauter brave Jungen, im Grunde; der Krieg hatte uns lediglich Schwielen an den Händen hinterlassen, wir waren voll Nachsicht und voll Duldsamkeit. Unser einziger Fehler war, daß wir nicht ertragen konnten, wenn andere nicht dachten wie wir. Von dem abgesehen, lebte man in Liebe und Eintracht, und schließlich war es kein großes Übel, daß jedesmal wenn man sich traf, die Schwarzen auf der einen und die Weißen auf der anderen Seite – unter den Augen der Bürger, der Greiner, der Durchwachsenen, die uns aus den Fenstern zuschauten –, Hiebe fällig waren. Nicht aus Bösartigkeit, wohlverstanden, sondern aus spielerischem Übermut. Alte Geschichten, Familiengeschichten. Hiebe setzte es, daß die Mauern wackelten, Hiebe auf der Piazza, daß sogar der David Michelangelos unter die Loggia dei Lanzi flüchtete.

Doch auch im Fieber des Parteigeistes blieb ein grausamer Verdacht im Herzen der Florentiner wach: der Verdacht, daß in ganz Florenz der einzige, der Angst vor Prügel hätte, gerade Giovanni delle Bande Nere sei. Schade, daß ein so großer Name, daß ein junger Mann aus so guter Familie sich auf solche Weise ins Gerede bringen ließ! Es war schon bald ausgemacht, daß dieses bärtige Gesicht, dies verstellte Lächeln, diese hochmütige Miene Verrat brüteten. Wenn wir durch San Lorenzo kamen, schauten die Frechsten von uns zu ihm hinauf, wie um zu sagen: »Warte nur, eines Tages komme ich dir schon!« Es war in der Tat ein nie gehörter Skandal, daß in einer Stadt wie Florenz, wo alle fröhlich und nach den Regeln der Kunst einander vornahmen und für die jeweilige Fahne die Knochen riskierten, er allein, Giovanni, er allein, ein Medici, ganz ruhig und abseits auf seinem Marmorsessel saß, als gehe ihn die Sache nichts an. Dann kam der Sommer, und im Sommer, weiß man, wird es den Florentinern heiß.

Längs des Mugnone verströmten die Holunderhecken ihren starken, berauschenden Duft, die Weinreben beugten sich unter der Last der noch grünen, aber bereits prallen und saftigen Trauben, goldener Überfluß leuchtete auf den Feldern, und die Häuserwände schienen aus festem blutigem Fleisch, auf dem die eintätowierten »Evviva« und »Abasso« blau wie Adern pulsierten. Bis eines Abends das Gerücht aufkam, es habe einen Toten gegeben. Gruppen von jungen Leuten liefen lärmend und stürmend durch die Straßen, fröhlich und heiter, die Hände voller Blasen, so juckte es sie. Mit wem sollten sie anbinden? Sie klopften an die Türen, streckten den Kopf in die Cafés und in die Weinstuben, riefen: »Wer etwas nötig hat, soll herauskommen! Wer noch nicht dran war, soll herauskom-

74. *Beppe Zagaglia, Via San Gallo*

men! Wer sucht, was ihm zusteht, soll herauskommen!« Niemand jedoch machte sich auf und kam. Die Gewitztesten waren hinaus in die Gärten und auf die Felder geflüchtet, oder sie verhielten sich still, in den Kellern und unter den Dächern zusammengekauert. Für Florenz klang dieser jugendliche Ruf: »Wer etwas davontragen will, komme heraus!« freudig und voll lustigem Spott, war wie das Echo längst vergangener Stimmen.

Es war bereits Nacht, als ein Umzug von San Lorenzo ankam und jemand, aufschauend, rief: »Gli è stato lui!«, der dort ist's gewesen! Dieses »gli è stato lui« flatterte über den Platz, alle stellten sich auf die Zehenspitzen, um sehen zu können. Giovanni, sitzend, mit kerzengeradem Bart, seinen Knüppel in der Hand, stellte sich taub, er war wirklich wie eine Statue. Eine große Menschenmenge war inzwischen zusammengekommen, alle Facchini vom Mercato Nuovo waren da, die Droschkenkutscher, die Kellnerburschen aus den Cafés und Trattorien und Gruppen von Mädchen in Atlaskleidern, die bei dem Lärm aus den Gassen ringsum herbeigeeilt kamen, mit ihren Papierrosen im Haar. »Er ist's gewesen, gebt's ihm, gebt's ihm, er ist's gewesen!« Die Menschen begriffen anfangs nicht, man hörte von allen Seiten fragen und antworten, wer ist's? Wer ist's gewesen?, haben sie ihn gefunden?, wo ist er?, haben sie den Mörder?, bis der Name des Giovanni delle Bande Nere und der des Toten sich miteinander vermischten und die Entferntesten zu rufen begannen: »Holt ihn herunter! Gebt's ihm, macht ihm die Birne weich!« und etliche jener Florentiner Ausdrücke hinzufügten, wie »rivogata, ripassata, rinfrescata«, die alle dieselbe Sache bezeichnen, und das ist eine heilige Sache. Aber Giovanni, stur und taub, saß auf dem seinigen, und er schien zu sagen: »Mich gehen eure Sachen und Händel nicht das leiseste an, ich sitze auf dem meinen und bleibe hier, und mit diesem Knüppel mache ich, was mir gut scheint, wenn ich ihn nicht gebrauche, so darum nicht, weil ich keine Lust habe, und wenn ihr etwas auszumachen habt, so macht es unter euch aus, ich habe nichts damit zu schaffen und will meine Ruhe.« Derart schien er zu sprechen. Aber den Hitzigsten klangen seine Worte anders in den Ohren, etwa wie: »Versucht nur, mich zu belästigen, und ihr werdet's dann schon sehen, diesen Stock haue ich euch auf den Schädel.« Derartiges und Schlimmeres. Bis schließlich ein junger Mann, hitziger und beherzter als die anderen, am Sockel emporkletterte und sich an den Kugeln des Mediceerwappens festhielt. Als er oben war, sah man, wie er die Hand hob und dem steinernen Gesicht ein paar Ohrfeigen versetzte, die über den ganzen Platz hallten. Alles freute sich und lachte und klatschte in die Hände, es war ein Lärmen, als gelte es einem Triumph.

Doch, war es der Widerschein der Lampen, die im Nachtwind schaukelten, waren es die Schatten der Menschen, die an den Häuserfronten bis zu den Dächern hinaufjagten und -kletterten, war es der unschlüssige Mond, den die ziehenden Wolken bedeckten und enthüllten: es wollte scheinen, als erhebe

Giovanni delle Bande Nere seinen Stock. Sicher ist, daß der junge Mann hintenüberfiel, in der Menge verschwand, als habe ihn ein Schlag über den Kopf hinabgestürzt. Es war ein gewaltiger, wilder Aufschrei, zwanzig junge Burschen stürzten als Rächer nach vorn, kletterten den Sockel hinauf und versetzten Giovanni Schlag um Schlag ins Gesicht, auf die Schultern, über den Kopf. Der verteidigte sich, so gut er vermochte, und es war wirklich, als lasse er seinen Knüppel kreisen, als versetze er den Angreifern Tritte und Stöße in den Magen, doch immer im Sitzen, mit einer ruhigen Würde, die in anderen Augenblicken ohne Zweifel allen Lobes wert gewesen wäre. Die anderen unten stachen ihn mit ihren Stöcken in die Basis des Rückens, damit er aufstehen sollte, doch stur blieb er sitzen, die anderen stachen und schlugen, und die Püffe flogen mit fröhlichem Rauschen durch die Luft.

Was all diese Prügel anlangt, so sagten, die sich darauf verstanden, daß es rechte Prügel waren. Und daß sie wohl gezielt wurden. Denn niemand in Florenz, und man kann sagen in ganz Italien, hat das Recht, am Fenster zu stehen und an den Angelegenheiten der anderen nicht teilzunehmen, oder wie man sagt, keine Fahne zu haben, während die Freiheiten des Volkes in Gefahr sind. Und es war dies eine vorbildliche Abreibung, die rühmlichste, die man je in Florenz erlebte. Wo alle das Recht haben, ihre Schuldigkeit zu tun; nicht nur als Lebende, sondern auch als Tote, ganz besonders, wenn sie aus Marmor sind und ihre Wohnung die Piazza ist.

GEORG STRAUSS
UNTERWEGS ZU MICHELANGELO

1959

An diesem Morgen war ich nach einem ausgedehnten Streifzug über S. Maria Novella und den Domplatz im Begriff, die Casa Buonarotti aufzusuchen, ein längst geplanter Abstecher in die Peripherie der Michelangelesken Welten, da ich der magnetischen Anziehung der Medici-Kapelle in abergläubischer Vertagung des unvermeidlichen Mysteriums noch immer widerstand. Ich hatte mich an den Florenz ureigensten Linien sattgesehen, den Arkaden im Klosterhof von Maria Novella und der zauberhaften Loggia schräg gegenüber, wo der Platz in die Via della Scala mündet. Nirgends schwingt der Geist der Frührenaissance freier und kühner, als in den gewichtlosen Wölbungen über diesen zarten Säulen, die der zwecklosen Schönheit dienen, die kein Tempeldach tragen, wie zum selbstgenugsamen Spiel erschaffen, der Musik der Lebensfreude gewidmet ohne beschwerendes Programm. Zauberhafte Klänge der Bögen über den schlanken Pfeilern, die den Aufbruch aus dem Mittelalter singen, den finsteren Ernst der Rusticakasernen mit ihrem morgendlichen Jubilieren übertönen wie die leuchtende Fassade vor dem düsteren Kirchenschiff die gotische Dämmerung. Gibt es ein tiefsinnigeres Lehrbuch der Geschichte, als diese einzige Stadt, wo die Übergänge traumhaft ineinander verlaufen, die Epochen sich so innig verflechten, daß man im Nu den Weg vom Knospen zur Blüte durcheilt? Die Blüte – ich gehe auf sie durch die kühl besonnten Straßen so nachtwandlerisch zu, wie auf Mantegnas Sebastian im Louvre, auf die traumhafte Madonna Botticellis im Museo Poldi-Pezzoli oder Correggios schimmernde Danae in der Villa Borghese, und wie sehr ich auch selbst über meine törichte Manie lächle, beginne ich die Andacht vor Ghibertis

Bronzetoren stets mit dem Gedanken an die eifersüchtig ge-
bannten Blicke, die der junge Buonarotti auf dem täglichen
Gang in die Werkstatt, wo er am David meißelte, auf sie warf.
Merkwürdig, wie wenig die Verknüpfung mit dem Titanen
der Schöpfung des im winzigsten Umfang dichtenden Gold-
schmieds Abbruch tut. Da stand ich mitten im Straßenlärm
und spürte den ewigen Pulsschlag von Florenz atemnah an der
Stelle, wo das ringende und zweifelnde Genie mit wahlver-
wandten Stoffen Zwiesprache hielt, berauscht von einer Harmonie, die nicht die seine war, in der zweifelnd bewundernden
Seele dunkel die Formen ahnend, mit denen es ihren unna-
chahmlichen Zauber zu überbieten galt. Von den epischen
Miniaturen auf den Bronzetüren, die er die Pforten des Paradieses taufte, bis zum Menschheitsgedicht der Sistina – so weit
etwa kam ich, doch schließlich nahm mich die gegenwärtige
Schönheit ganz gefangen, und ich fühlte bald, daß in der
Stimmung dieses Morgens ein besonderes Fluidum lag, den
Sinnen die Wunder Ghibertis aufzuschließen. Wußte ich,
wann die günstige Stunde wieder schlagen würde? Mißtrauisch gegen die Verläßlichkeit des Gedächtnisses für die
Ernte solcher Augenblicke schrieb ich in mein grauleinenes
Notizbuch, was sich in dürftigen Worten von dem Unsagba-
ren, Unbeschreiblichen auffangen ließ. Als ich dann den Weg
in Richtung auf S. Croce zu einschlug und zur Wölbung über
Maria dei fiori aufsah, war mir zumute, als hätte ich an diesem
Morgen im Florentinischsten aller Dreiklänge geschwelgt –
den frühlingshaften Arkaden, der Schönheitsseligkeit Ghibertis und Brunelleschis Kuppel als Dominante des jubilierenden
Akkords. Wunschlos und glücklich ging ich durch die schmalen Straßen, ohne Bedürfnis nach weiteren Eindrücken, mit
der stillen Überlegung, ob es mit Rücksicht auf den Neid der
Götter nicht ratsam sei, sich für heute mit dem Erlebten zufrieden zu geben und auf das Michelangelo-Haus zu verzichten.
Vielleicht hätte ich der Regung nachgegeben, wäre mein Blick

75. *Beppe Zagaglia, Piazza Santo Spirito*

nicht auf ein Schaufenster gefallen, vor dem ich wohl deshalb
unwillkürlich halt machte, weil die einzige Auslage in rebelli-
schem Kontrast zum Grundton meiner Empfindung stand.
Vor einem braunsamtenen Hintergrund war ein Bild in hellem
Rahmen ausgestellt, das über den avantgardistischen Charakter
des, nach dem Firmennamen zu schließen, Emigranten gehö-
renden Kunstladens keinen Zweifel ließ: In Pastelltönen abge-
stufte, ineinandergeschobene, labyrinthisch verschachtelte
Fragmente, der Natur so fern, daß erst nach längerem Studium
sich gewisse Anklänge an Objekte, teils als Stilisierungen, teils
als Abbreviaturen wirklicher Formen zu erkennen gaben. Bei
näherer Betrachtung tauchten deutbare Umrisse aus den Über-
schneidungen auf – Krüge und Gläser, eine Klaviatur weißer
und schwarzer Tasten, die Schrägansicht einer Gitarre mit
streng liniertem Griffbrett und überbetonten Wirbeln, spiel-
zeugartige Kugeln mit opalen Intarsien, Würfel, schachfigür-
liche Motive. Merkwürdig, beim Versuch der Entzifferung des
gegenstandslosen Kuriosums stellte sich ein Gefühl der Span-

nung ein; denn wie nichtssagend auch immer das Detail erschien, im Ganzen trat eine Absicht hervor, machte ein Wille sich geltend, der die Gedanken beschäftigte und rasch auf die Sinne übergriff. Unwillkürlich forderte die unmenschliche Sachlichkeit des Experiments zur Anteilnahme heraus und mehr noch, der schmächtige Reiz einer kalten Schönheit appellierte an Empfindungen, in denen sich die Abneigung gegen die zeitliche Note mit einem unerwarteten Interesse eigentümlich verschlang. Die Farbenskalen impressionistischer Naturtreue hätten sie nicht ausgelöst, dachte ich verwundert, und indem mir dies bewußt wurde, kam ich auf die Ursache der die Abwehr begleitenden Anziehung: In der verzweifelten Ausgeburt regte sich etwas wie der matte Flügelschlag eines Aufschwungs aus dem Chaos zum Ansatz einer neuen Komposition. »Accordi« las ich jetzt erst auf dem kleinen Schild zur Seite des Rahmens. Welch paradoxes und zugleich rührendes Echo auf die kurz zuvor belauschten Harmonien, welch erschütternde Lektion über die Lüge des Fortschritts, den ewigen Rücksturz von den Gipfeln in die Höhlenwelten, welcher Weg von den ehernen Pforten des Paradieses zum Inferno unserer kriechenden, stammelnden, nach Bruchstücken einer verleugneten Wirklichkeit haschenden Infantilität! Ich warf einen letzten Blick auf die gebrochenen Akkorde des Stillebens und spürte noch eindringlicher als vorher das tastende Bemühen nach einer neuen Sinngebung, durch die verquälten Dissonanzen den Aufschrei in das Dämmern einer frischen Tonalität. Wie treffend doch der romanische Sprachgeist das Wesen des irrealen Vorwurfs bezeichnet – natura morta! Auf dem Wege zu Michelangelo bewegte mich die Doppeldeutigkeit des Begriffs: Seine gegenwärtige Hoffnungslosigkeit und ein zagendes Versprechen, das die desperate Sehnsucht nach höheren Formen als den nachgeahmten Mustern des Natürlichen wie unbestimmt auch immer verheißt.

MONIKA VON ZITZEWITZ
›LO SCOPPIO DEL CARRO‹

1962

Unter den traditionellen Festen der Florentiner ist der Scoppio del Carro das verblüffendste. Ein Fest der Kirche, in der Heiliges und Weltliches, Hochamt und Feuerwerk ineinander übergehen.

Der Ursprung dieses Brauches: ein florentinischer Kreuzfahrer brachte aus dem Heiligen Land einen Splitter des Steines mit, der Christi Grab verschloß. Der Splitter wird als kostbare Reliquie im Hochaltar des Doms aufbewahrt. Am Ostersamstag wird symbolisch aus ihm ein Funke geschlagen, den »eine Taube« zum »bel San Giovanni«, dem Baptisterium, trägt. Zwischen Dom und Baptisterium aber steht der Carro und beginnt die Volksbelustigung.

Den ganzen Ostersamstag über werden fieberhaft Tribünen vor der Domfassade, dem Campanile Giottos und der Loggia del Bigallo gezimmert. Am Abend versammelt sich ganz Florenz auf der Piazza.

Ein weißes Ochsenpaar zieht den »Carro«, ein hohes, mit Bildern und Blumen geschmücktes Holzgebilde, das ringsum mit Feuerwerkskörpern besteckt ist und am ehesten einer chinesischen Pagode ähnlich sieht, auf den Platz zwischen Campanile und Baptisterium. In das Schweigen der Piazza klingt das Glöckchen des Hochamts, das der Erzbischof im Dom zelebriert. In dem Augenblick, in dem das Gloria von dem Altar ertönt, zischt ein Blitz – das mechanische Surrogat der Taube – aus dem Portal, schlägt gegen die Spitze des Carro und entzündet ihn. Indessen der Carro sich in dampfende Rauchschwaden hüllt, knattert, kracht und explodiert, beginnen alle Glocken der Stadt dröhnend zu läuten. Erst jetzt wird es den meisten klar, was ihnen zwei Tage lang gefehlt hatte: das

Geläut. Ohne ihre Glocken ist Florenz eine tote Stadt. Seit dem Abend des Gründonnerstag schweigen sie im Schmerz um Golgatha. Sie sind nach Rom geflogen, sagen die Mütter ihren Kindern. Jetzt sind sie auf einmal alle wieder da und läuten mit jubelndem Gedröhn Christi Auferstehung ein.

Aber nicht nur die Glocken tönen. Die Menschen springen plötzlich alle auf und begleiten mit Triumphgeschrei das prasselnde Feuerwerk. Denn die Überlieferung will es, daß die geglückte Explosion des Carro ein gutes Jahr, Früchte, Korn und Oliven im Überfluß verheißt.

Natürlich wissen es alle, daß der Carro immer explodiert, auch im strömenden Regen. Dafür sorgen die Feuerwerker – und Italiens Feuerwerker lassen sich von niemand etwas vormachen, seitdem Marco Polo als erster diese chinesische Kunst auf europäischen Boden brachte. Wenn es gar zu sehr gießt, haben sie die Knallkörper, die rings um den Carro befestigt sind, in Cellophan gepackt und den Tapfersten ihrer Gefährten in dem hohlen Holzturm versteckt, damit er nachhelfe, wenn die Taube ihren Flug verfehlt.

Wenn die Dampfschwaden der Explosion sich verzogen haben, wenn das Ochsenpaar mit dem schwankenden Carro in den engen Straßen verschwunden ist und die Menschenmengen sich verlaufen haben, sollte man noch einmal aufblicken zu dem Gebirge aus schwarzweißem Marmor, das Santa Maria del Fiore heißt. Über dem Portal in der prächtig verpfuschten Fassade, die die Florentiner im 19. Jahrhundert ihrem Dom zur Verschönerung aufklebten, steht das Medaillon mit dem Lamm. Das Symbol Christi? O nein, das Zunftzeichen der Wollweber, in deren Auftrag Arnolfo del Cambio im 13. Jahrhundert den Dombau begann. Die Wollweber waren die mächtigste und reichste der Florentiner Zünfte und sie wollten, daß aller, auch des Herrgotts Augen, das sahen. So lautete ihr Auftrag an Arnolfo auf nichts Geringeres, als die größte

76. *Beppe Zagaglia, Via dell' Ariento*

und prächtigste Kirche zu bauen, die Menschenaugen je gesehen hätten.

Zu Ehren Gottes, der Madonna und – der Wollweber.

Aber dann kam die Geschichte mit der Kuppel. Neben dem riesigen Chor sollte sich die erste, freischwebende Kuppel seit der Antike wölben. Der Mann, der sie ohne Gerüst baute, ein Menschenalter vor der Kuppel des Petersdomes, größer als sie und ihr Vorbild, hieß Brunnelleschi. Er hatte es sich wohl selbst am wenigsten träumen lassen, daß er Arnolfos Werk krönen würde, damals, als er mit Donatello und Ghiberti wetteiferte um den Auftrag für die Türen des Baptisteriums. Ghiberti gewann den Auftrag und arbeitete ein Menschenleben lang an den beiden Türen, deren eine, die »Goldene Tür« gegenüber der Domfassade, Michelangelo für wert erklärt hat, das Tor zum Paradies zu sein. Brunnelleschi aber, bitter in seinem

Ehrgeiz gekränkt, verließ die Vaterstadt, um ein Handwerk zu lernen, in dem ihm keiner, und schon gar nicht dieser Ghiberti, den Rang ablaufen könne. Jahrelang blieb er für Florenz verschollen. Er lebte in Rom und studierte die Geheimnisse der antiken Architektur. Jeden Tag stand er vor dem Pantheon, maß und prüfte mit Händen und Geist die Kuppel der römischen Bauleute. Dann kehrte er nach Florenz zurück, trat vor die Signoria und erbat den Auftrag, die Kuppel des Domes zu wölben. Was er schuf, galt in seinen Tagen zu Recht als ein neues Weltwunder.

Die Florentiner setzten ihm zum Dank ein Denkmal. In einer Nische der Häuserwand vorm Längsschiff des Doms, nicht weit vom Standbild seines Vorgängers Arnolfo, sitzt der steinerne Brunnelleschi und blickt zu seiner Kuppel empor. So, als müßte er immer noch die Steinmetzen da oben überwachen und könnte in Zeit und Ewigkeit nicht mehr den Blick von dem Wunder wenden, das er schuf.

DAGMAR VON ERFFA
DIE FLUTKATASTROPHE
VON 1966

Es gab keine Warnung; Florenz' größte Überschwemmungskatastrophe fand die Betroffenen unvorbereitet. Ein paar Ausnahmen, wie die Unterrichtung einiger Juweliere des Ponte Vecchio durch den Nachtwächter, ändern daran nichts. Zwar gab es in den Archiven und Bibliotheken der Stadt reiches Material über eine lange Reihe früherer Arnoüberschwemmungen im Stadtgebiet, aber die Erinnerung daran war in dieser sonst so geschichtsbewußten Stadt offenbar verdrängt. Auch die schweren Regenfälle, die sich seit dem Morgen des 3. November 1966 zu immer heftigeren Wolkenbrüchen gesteigert hatten, vermochten dies Wissen nicht freizulegen. Durchweg begannen die Menschen erst zu handeln als die Gefahr schon vor ihnen stand, das Wasser sie im Zimmer, oft sogar schlafend im Bett überraschte. In den höher gelegenen Teilen der Stadt, wo die Straßen erst im Lauf des Vormittags zu Kanälen wurden, standen die meisten Anwohner in den Türen ihrer Häuser, gebannt von dem gefährlichen Schauspiel, in dem sie erst selber nasse Füße bekommen mußten, ehe sie merkten, daß sie Mitspieler waren.

Die Katastrophe fiel in eine Reihe von Feiertagen. Der 4. November ist als »Giornata delle forze armate« italienischer Nationalfeiertag, und für diesen Tag waren die Plätze der Stadt bereits geschmückt, Stände für Andenkenverkäufer, Buden mit Ausstellungsstücken aufgestellt. Im Palazzo Vecchio sollten Feiern stattfinden. Viele Leute hatten die zusammenhängenden arbeitsfreien Tage genutzt, um die Stadt zu verlassen. So waren – ein ungewohntes Bild – wenig Wagen auf den Straßen, und so kam es auch, daß fast nirgends etwas aus Bibliotheken, Kirchen, Museen, auch Läden und Werkstätten gerettet werden konnte. Wo, wie in den Restaurierungswerkstätten der Uffizien und im Musco di Storia della Scienza verhältnismäßig spät noch mit den Bergungsarbeiten begonnen werden konnte, war dies dem Zufall und der Privatinitiative weniger Menschen zu verdanken. Zufall war es, daß das Telephon noch funktionierte, durch das ein Angestellter die Direktorin der Uffizien morgens um 7.00 Uhr benachrichtigte; eine harte Entscheidung aber war es, daß die Direktorin des Museo di Storia della Scienza die eigene Wohnung ihrem Schicksal überließ, um die kostbarsten Stücke ihres Museums – zum Teil unter dramatischen Umständen – immer weiter in sichere Zonen hinaufzutragen.

Die meisten Betroffenen wurden erst durch das Wasser selbst benachrichtigt – und zugleich schon isoliert. Das brachte mit sich, daß jede kleine, oft auch ganz zufällig gefügte Gemeinschaft allein auf sich gestellt handeln mußte. Was in den übrigen Teilen der Stadt geschah, was überhaupt in der Toskana vor sich ging, das konnte man nur ahnen. So stellte sich nach dem Rückzug des Wassers heraus, daß ganz falsche Vorstellungen von der Höhe der einzelnen Stadtteile und Straßen und auch von den Niveauunterschieden innerhalb der Straßen bestanden. Man bangte um Menschen, deren Wohnung man schon völlig untergegangen wähnte – und es stellte sich später heraus, daß sie zum Glück 2 m oder 3 m höher angesiedelt waren als man angenommen hatte. Schon während der Flut dachte man über die Folgen nach, und dann stellte sich hernach doch heraus, daß alles noch viel schlimmer und auch anders war, als man es während der Flut eingeschätzt hatte.

Als das Wasser abgeflossen war, begann zugleich mit den Aufräumungsarbeiten das Sammeln von Informationen über Ursachen, Verlauf und Folgen der Katastrophe. Allein die Frage nach den Ursachen schließt doch ein, ob in Zukunft solche Katastrophen sich werden vermeiden lassen und ob diese Katastrophe vom 4. November 1966 durch schuldhafte

77. *Die Flutkatastrophe von 1966. Piazza Santa Croce*

Versäumnisse herbeigeführt oder doch verschlimmert worden ist. Nach der Antwort hierauf wird es sich auch richten, ob Schadensersatzansprüche gestellt werden können. Wenn solche Ansprüche ihrer Höhe wegen auch gar nicht zu realisieren sind, so spielt das im Grundsätzlichen keine Rolle. Sehr bald stellte sich schon heraus, daß ein mögliches Verschulden »nur« den letzten Anstieg um 1 bis 1,50 m betreffen kann. Die Überschwemmung vom 4. November 1966 hat, wie alle anderen in den vorhergehenden Epochen auch, ihre Hauptursache in der Lage der Stadt.

Zwischen 2.00 Uhr und 3.00 Uhr morgens überflutete, zunächst aus den überströmenden Kanälen heraus, der Arno den noch weiter unterhalb gelegenen linksseitigen Brückenkopf des Ponte Vecchio. Schließlich drang aber auch hier das Wasser unmittelbar durch Keller und Erdgeschosse der Uferhäuser in den Borgo San Jacopo – eine Straße der Antiquare, die nur durch eine Häuserzeile vom Fluß getrennt parallel dazu verläuft. Es überströmte von da aus die Gegend um Santo

Spirito – sparte die hochgelegene Kirche aus – und drang bis San Frediano vor. In den engen mittelalterlichen Straßen Borgo San Jacopo und Borgo San Frediano erreichte die Strömung eine Geschwindigkeit, die den Autos innerhalb der Stadt nicht erlaubt wäre, und so trieben die führerlosen Wagen als Wracks schneller von ihren Parkplätzen fort, als sie dorthin gefahren worden waren. Der Stadtteil San Frediano, eine arme Handwerkergegend, bekam gegen 7.00 Uhr morgens weiteren Zufluß vom Arno, der am Lungarno Guicciardini überlief. Auch hier stieg das Wasser an einigen Stellen höher als 2 m, meist jedoch auf 0,5 m bis 1,5 m über Straßenniveau.

Eine Brücke nach der anderen war im Laufe der Nacht und der frühen Morgenstunden unpassierbar geworden. Seit Mitternacht bemühten sich die Goldschmiede, die von den Nachtwächtern gewarnt waren, ihre Preziosen zu bergen. Um 1.15 Uhr berührte der Fluß die Brückenbogen, das Wasser stieg weiter an, der Druck auf die Brücke wurde immer stärker und zugleich der Durchlaß im Verhältnis zur Wassermenge kleiner. Der Fluß führte viel Gerümpel mit sich, ganze Bäume, darunter Stämme von beachtlicher Größe. Sie stauten sich vor den Brückenpfeilern. Auf dem Höhepunkt der Flut stand der Ponte Vecchio als eine geschlossene Barriere gegen die Strömung. Schließlich durchbrach der Fluß die Außenmauern der meisten Läden auf der Brücke und schuf sich so einen (wenn auch unzureichenden) Überlauf. Der Inhalt der Läden wurde zum größten Teil mitgerissen und weggespült, selbst Panzerschränke widerstanden dem Druck nicht. Die beiden Brücken, die als letzte noch passierbar blieben, waren die äußeren: Ponte della Vittoria und Ponte San Niccolò. Doch bald nach 7.00 Uhr früh versperrte auch hier das über die Ufermauern schießende Wasser die Zufahrt.

Gegenüber der linken Seite des Arno hatte die rechte durchweg einen Vorsprung von mehreren Stunden. Zwar war schon am Abend des 3. November gegen 22.30 Uhr das Was-

78. *Der überschwemmte Kreuzgang von*
Santa Croce 1966

ser in dem gegenüber Nave di Rovezzano liegenden Ort Mu-
lino di Rovezzano eingedrungen, doch floß es von da aus
wieder in den Arno und wendete sich zunächst nicht gegen das
linke Ufer. Etwa um 1.00 Uhr in der Nacht aber bekam die
nahe den Uffizien gelegene Piazza Mentana einen Zufluß, und
von hier aus breiteten sich rasch verschiedene Ströme aus. Vor
der Biblioteca Nazionale durchbrach der Arno gegen 6.30 Uhr
früh die Brüstungsmauer und drang wegen des starken Gefäl-
les mit großer Kraft in die Magazine der Bibliothek und in das
ganze Viertel von Santa Croce ein. Von dort ging dann eine
der stärksten Strömungen aus. Schon gegen 8.00 Uhr war die
Via de'Neri ein Kanal von 3 m Tiefe. In die Altstadt strömte
auch der Teil des Hochwassers, der vom Stau vor dem Ponte
Vecchio seitlich weggedrückt wurde und so seine Richtung in
die Stadt nahm. Weitere Durchbrüche der Ufermauern speisten diesen Strom ebenfalls. Gegen 7.00 Uhr morgens war die
Piazza della Repubblica, der Platz des ehemaligen römischen

Forums, noch von der Flut verschont. Vom oberen Ende der Stadt her, aus der Gegend von Bellariva drang gegen 6.30 Uhr (und schon seit 2.30 Uhr von einer wenig unterhalb gelegenen Stelle aus) ein Strom in die östlichen Vorstädte ein.

Ein Karbiddepot explodierte gegen 11.30 Uhr in der Nähe der Piazza Beccaria. Die Detonation war in der ganzen Stadt zu hören. Um den Explosionsherd herum brach Feuer aus. Drei Stunden später wurde derselbe Häuserblock durch eine zweite Explosion erschüttert. Hier und da in der Stadt explodierte Gas. Die Luft war erfüllt vom Gestank der hochgeschwemmten Abfälle aus der Kanalisation. Das durch die Stadt strömende Wasser war von Schlieren schwarzen Heizöls gefleckt und gestreift. Alle gewohnten Großstadtgeräusche fehlten. Seit den frühen Morgenstunden fehlte aber auch jeder Tropfen Trinkwasser in den Leitungen. Die elektrischen Uhren blieben um 7.26 Uhr stehen, die Telephone fielen nach und nach aus, nur wenige innerstädtische Verbindungen blieben intakt. Das Gas, soweit es nicht überhaupt schon ausgefallen war, wurde wegen der stets drohenden Explosionsgefahr eher eine zusätzliche Belastung. Die Heizungen erloschen, als der Strom versagte oder als das Wasser in die Keller drang, aber der Tag war für den späten Monat verhältnismäßig warm. – Die Florentiner Zeitung »La Nazione« meldete später, daß sich – nach den Berechnungen der Ingenieure der Stadtverwaltung – eine Menge von 45 bis 50 Millionen m³ Wasser über die Stadt ergossen hatte.

EUGENIO MONTALE
DER ARNO IN ROVEZZANO

1972

Die großen Flüsse sind das Abbild der Zeit,
grausam und unpersönlich. Von einer Brücke aus betrachtet,
erklären sie ihre unabwendbare Nichtigkeit.
Nur die zögernde Biegung eines sumpfigen
Schilfstücks, Spiegelungen, die
aufleuchten zwischen dichtem Gestrüpp und Borax,
können enthüllen, daß das Wasser wie wir an sich selbst denkt,
bevor es Wirbel und Raub wird.
Viel Zeit ist vergangen, nichts ist verflossen,
seit ich am Telephon dir vorsang »du, die du
die Eingeschlafene spielst« mit dem dreifachen Triller.
Dein Haus war ein Blitz vom Zug aus gesehen,
über den Arno gebeugt wie der Judasbaum,
der es beschützen wollte. Vielleicht ist es noch da
oder es ist nur eine Ruine. Ganz voll,
so sagtest du mir,
von Ungeziefer, unbewohnbar.
Anderen Komfort brauchen wir heute,
anderen Kummer.

MICHAEL BUTHE
DIE RENAISSANCE WAR
AUSGEBROCHEN

1976

Die Renaissance war ausgebrochen.

Tausende von Menschen in den Straßen – einfach toll – freudige Menschen, ich verliebte mich buchstäblich sofort in sie und die Etrurier, deren Grabkammern Bilder zierten von betäubender Glücklichkeit.

Die Villa des Ismail Pascha lag etwas außerhalb, auf dem Weg nach Siena. So gelangten wir über die Ponte Santa Trinita, welche die eleganteste Brücke der Welt sein soll, zur Porta Romana, welche durch Fackeln erleuchtet wurde, zur Via Senese, um dort einzukehren in die Villa, diesen Palast Ismail Paschas, der uns beherbergen sollte für die nächsten Monate, um unserer Wanderschaft ein vorläufiges Ende zu setzen. Die Flagge des doppelten Löwen mit der Sonne wurde gehißt, das Glück zu beschwören. Angelina und Pietro, diese treuen Hausgenossen, und Himmi mit Coty – diese Wüstenfüchse schlafloser Nächte – wiesen uns ein, eine glückliche Zukunft zu erleben. Ramsud und ich ließen uns auf das Lager nieder, welches von einem Wald aus Palmenbäumen umsäumt war, um endlich einen langen Schlaf machen zu können. So schliefen wir aufs berauschendste, betört einander in den Armen liegend, ein.

Strozzi und der junge Medici, diese unvergeßlichen Möpse, tollten sich im Bambushain, der uns an das geliebte Ägypten erinnerte. Attila, Coty, Himmi, Nicolaus, Celia und Bertram, Sabine, Michael, Falko und Udo, Giamma und Frl. Odenbach, Dorothea und Dietrich, Katharina die Große und Gweneth die Sängerin, Asmus und Ali, Mario und Anna Guanni, Mohamed Angelin und Pietro, sie alle standen auf der Treppe und wurden von den Sternen besungen, lächelten und bekamen große Augen. Jean Carlo tutto nudo wagte nicht, seinen kleinen Slip aus reinem Gold auszuziehen. Unten an der Bar stand die junge Bette Davis ganz in Federn gehüllt wie ein aufgeblasener Gockel, während James Dean mit Gregory Peck in eine endlose Unterhaltung verstrickt war. Haile Selassi ließ sich auf Rosen betten und schwärmte von einer und auch von seiner Uruuuuuurgroßmutter der Königin von Saba!

Florenz war schöner denn je, Santo Spirito hatte sein tägliches Fest der Transvestiten, die einherstolzierten, rosa Flamingos an zierlichen Leinen haltend, die glühenden Augen der Männer aufsaugend.

Ramsud, Lukretia, Cesare Borgia, Savonarola, Cosimo de' Medici und der kleine Strozzi, wir alle saßen in einem brillantenen Schlitten, über welchen sich ein Regenbogen ausbreitete – der Fruchtbarkeitsobelisk – und wurden von zwölf schwarzen Rappen gezogen.

Straßentheater hin und her, eine tosende Menge, und da sah ich dieses kleine Steinböckchen, eine Prinzessin, sie ließ alles ringsum erstrahlen, sie lächelte, und ihre Augen strahlten. Etrurien stimmte in ein glanzvolles Wiegenlied ein – ein neuer Prinz ward geboren . . .

Aber zu allem Erstaunen des Himi Burmeister kam auch noch die klassizistische Angelika Kaufmann im roten Reifrock sternenglitzernd als Liebeslaube des Herrn Wolfgang von Goethe um die Ecke gerannt.

GÜNTER METKEN
UMBAUTER RAUM

1978

Durch jähen Anstieg und starkes Gefälle täuschen die Boboli-
Gärten eine ganze Landschaft mit schwindelerregend tiefen
Tälern vor. Geradeaus zu gehen, ist hier ein Abenteuer. Die
Wege verlaufen nicht achsial, wie man es, von der Idee des
Fortkommens beseelt, annehmen möchte, sondern sind seitwärts versetzt. Das Labyrinth als Form des endlosen Weiter-
verweisens steckt dahinter, auch die Durchkreuzung der Zen-
tralperspektive. Nichts ist auf den ersten Blick überschaubar,
keine sofortige Klarheit erhältlich. Eine Unzahl kurviger Pfade
führt immer wieder zum Ausgangspunkt zurück und läßt an
beträchtliche Ausdehnung glauben.

Hat man dennoch den oberen Rand erreicht und will zum
Belvedere durchgehen, einer Festung, die jetzt Ausstellungs-
zwecken dient, dann steht man vor verschlossenen Toren. Die
zwei Begrenzungsmauern streifen einander nur, der vom Palazzo Pitti aufsteigende Park und das herabschauende Belvedere kommunizieren nicht miteinander. In Steinwurfweite
sind die Arbeiten des israelischen Künstlers Dani Karavan
aufgebaut. Sehr geschickt werden von ihm die heute ästhetisch
begriffenen Bastionen, Schrägen und Sterne der Fortezza in
plastische Ambientes aus Holz, Zement und Gras überführt,
deren Namen symbolische Ansprüche anmelden: »Jerusalem,
Stadt des Friedens«, »Brücke zur Idealstadt«, »Maß«. Wer sie
sehen will, muß zurück in die Stadt, hinunter an den Fluß und
von außen wieder herauf.

Solche Undurchlässigkeit der Bereiche scheint in manchem
typisch für Florenz, dessen Starre und Zusein sich ein für
allemal im Bau des würfelförmigen Palazzo kristallisiert hat.
Eigentlich gegen Feinde errichtet, scheint er stets auch grim-

mes Fürsichsein gefördert und die Florentiner voreinander abgeschirmt zu haben: Stört mir meine Kreise nicht. Immer wieder stößt man in dieser gebautesten aller Städte an Mauern, immer wieder trifft man auf nicht verbundene Systeme. So als sei Galilei, dem man das Sternbeobachten untersagte, worauf er jenes von Brecht verklärte Leben eines fröhlichen Wissenschaftlers in seiner Villa unweit des heutigen Observatoriums führte, eine Probe aufs Exempel. Es gibt offenbar in dieser doch nur mittleren Großstadt immer noch keine Möglichkeit, die Öffnungszeiten wenigstens der wichtigsten Sammlungen oder Kirchen zu koordinieren. Es kommt auch vor, daß ein Museum nicht zu sagen vermag, wo die von ihm publizierten und im Eingang gezeigten Kataloge zu haben sind. Dabei handelt es sich um keine obskure Galerie, sondern um den weltberühmten Palazzo Pitti.

Diese Weltberühmtheit scheint eben gerade der Haken zu sein. Im vorigen Jahrhundert wurde Florenz als zweites Athen verehrt. Noch heute ist es wegen einer Klarheit, Regelhaftigkeit und Transparenz überlaufen, die in Wirklichkeit nur die eine Hälfte der Stadt ausmacht, in der Brunnelleschi und Michelangelo, Alberti *und* Pontormo gewirkt haben. Erstaunlicherweise glauben die Florentiner selbst an die ihnen von Fremden aufgeschwätzte Klarheit, obschon sie sich besser kennen müßten.

Aber der Palazzo ist auch eine Umschreibung burgartiger Selbstgenügsamkeit. Nichts scheint der zugeknöpfte Florentiner zu brauchen, nichts gelangt an ihn heran. Er reist nicht, wie neuerdings der Oberitaliener. Er lernt auch nicht, wie jener, andere Sprachen, vorzugsweise Französisch, von dem in Mailand und Turin gängigen Englisch als Rest einer liberalen Überlieferung – der andere ist die Herrenmode – gar nicht zu sprechen. Neuerungen schätzt er nicht, für Auswärtiges besteht wenig Interesse, weshalb man den Fremden mit lässiger Höflichkeit gewähren läßt. Tritt ein Schaden auf, droht ein bekanntes Gebäude einzustürzen, so regt man sich nicht über Gebühr auf. Irgendjemand nördlich der Alpen oder in Amerika wird schon Gewissensbisse wegen der unersetzlichen Werte bekommen und Mittel und Wege finden.

Kulturell genügt dem Florentiner durchwegs die Vergangenheit, was in die Konzerte eingestreute Werke der Wiener Schule oder eine erfolgreiche Ausstellung des selbsteklektischen späten Chagall nicht ausschließt. Neuerdings ist man durch eine Sucht beansprucht, die geradezu ein Monopoly mit Kunstgeschichte betreibt: das Fresken-Abziehen von den Wänden. Nach diesem *strappo* bleibt oft die Vorzeichnung stehen: aus eins mach zwei, die Bilderzahl verdoppelt sich. Und da zwischen dem 14. und 17. Jahrhundert so gut wie keine Fläche unbemalt blieb, läßt sich das mögliche Ausmaß der Häutung ermessen. Sie ist zu einer Leidenschaft geworden, die weite Kreise erfaßt, nur noch vergleichbar jener Durchröntgung von Bildern, die als technische »Enthüllung« hierzulande gern der Aufschlüsselung ihrer Inhalte vorgezogen wird.

Schon bei der Autobahnausfahrt bietet man Kurse im Freskenabnehmen und Restaurieren an. Weiter unten wird man in den Palazzi Spinelli als Sitz der Fachleute eingeladen. In S. Maria del Carmine lernt man ein Fresko malen und konservieren und kann sich am dort aufbewahrten Petrus-Zyklus von Masaccio und Masolino gleich von den Ergebnissen überzeugen. Überall hängen jetzt die auf Platten geklebten Wandfilme herum, man kann sie auch im Antiquitätenhandel erwerben. Nicht allen bekommt freilich die Marsyas-Prozedur: manche haben sich merkwürdig verzogen und entfärbt. Tragbare Wandbilder, Reisefresken sozusagen? Ein Widerspruch in sich.

Die schöne Selbstzufriedenheit des Florentiners, sein Auskommen mit dem, was ein für allemal da ist, macht moderne Kunst eigentlich überflüssig. Das Museo d'Arte Moderna im Palazzo Pitti beherbergt denn auch das 19. Jahrhundert, das in

79. *Henry Moore – King and Queen auf der Ausstellung in Florenz, 1972*

Italien weitgehend rückwärts gewandt ist. So wird ein zeitgenössischer Künstler in Florenz zum Widerspruch in sich. Etagengalerien, die ihn vertreten, gibt es zwei oder drei, die selten und dann nur in den Abendstunden geöffnet haben. Sie arbeiten, wie die Galleria Schema, auf idealistischer Basis und machen kaum Geschäfte.

Durch dieses Vakuum wird es erklärlich, daß die Ausstellung »Zum Beispiel Villa Romana« mit Arbeiten der deutschen Kunststipendiaten letzten Winter als »I materiali del linguaggio« für Florenz neugeordnet, sensationelle 1 500 Vernissagebesucher in den Palazzo Strozzi zog. Im übrigen ist die Ausstellungstätigkeit der Stadt »links« orientiert. Wenn sie, wie derzeit im Waffensaal des Palazzo Vecchio, Photographien von August Sander zeigt, so sieht man auf dem Plakat rheinische Kinder mit Pickelhaube und Säbel Soldat spielen – ein gewiß für Sanders *fotografia sociale* untypisches, übrigens auch in der

Schau nicht gezeigtes, aber für das ambivalente Verhältnis zu Deutschland bezeichnendes Motiv. Immer fürchtet man den Eroberer von Norden. So fragte die Zeitung *La Nazione* in ihrer Kritik der Ausstellung »Paris–Berlin«, ob diese die endgültige Germanisierung Frankreichs bedeute. So als ob die wachsende Zahl italienischer Restaurants in der Bundesrepublik die Italienisierung Deutschlands einleite.

Regiert, ja geradezu terrorisiert wird Florenz, wie das übrige Italien, vom Automobil und dem sich aberwitzig in jede Bresche werfenden Motorrad. Da man auch Sperrzonen nicht sklavisch achtet, ist der Fußgänger nirgends sicher. Die vielzitierte Urbanität droht dabei zum Erliegen zu kommen. Auch das Besichtigen ist nicht einfach. Eine Fassade im Abstand zu betrachten, heißt sein Leben wagen. Wenn der Verkehr dann in der langen Mittagspause zum Rinnsal wird, schließlich fast abstirbt, kann man auf den Straßen flanieren und die Monumente sehen. Man könnte sie jetzt auch innen besichtigen, aber Kirchen sind natürlich geschlossen wie alles andere außer den Lokalen.

Hiesige Gottesdienste bescheren dem anspruchsvollen Nordländer ein ausgesprochenes Gegenerlebnis. Keine erkennbare Öffnung der Priesterschaft, keine eigene Aussage in der Predigt, kein persönlicher Akzent. Das Amt geht weitgehend rhetorisch vonstatten. Der Geistliche liest den Meßtext weniger, als daß er ihn psalmodiert. In diesen Sprechgesang fällt die Gemeinde leiernd ein. Die alte Mechanik rollt ab, dem durch Vatikan II aufgestörten Zugereisten scheint sie ein Leerlauf. Schier formelhaft geht es bei größeren Anlässen zu. Zum Abschluß der Woche des heiligen Franziskus zelebriert der Erzbischof in S. Croce ein Gedenkamt. Der Auftritt hat etwas Folkloristisches. In den vorderen, rot ausgeschlagenen Bänken haben die Spitzen der Behörden Platz genommen. Den Zug der Geistlichkeit führen historisch gewandete Herolde an, die zur Wandlung in ihr Blech stoßen. Nichts Herzliches, nichts

Anrührendes an dieser Zeremonie, die doch dem humansten der Heiligen gilt. In der Ansprache des hohen Herrn ist viel von jener Demut und Schlichtheit die Rede, welche die Feier selbst nicht erkennen läßt. Und San Francesco bleibt in dieser pantheonartigen Riesenkirche mit ihren Kenotaphen für die großen Männer der Stadt noch ungreifbarer als sonst.

Ist, wer solche Erfahrungen mit Florenz nicht nur macht – das tun alle Besucher –, sondern auch niederschreibt, nun ein Ketzer oder, fast noch schlimmer, ein Nörgler? Sieht er die Harmonie dieser vollkommenen Stadt nicht, die um Brunneleschis Domkuppel kreist und von ihr die Maßeinheit empfängt? Natürlich sieht er sie und schwelgt in jenen Momenten, die aus Florenz ein urbanistisches Kunstwerk machen. Aber diesmal war er lange genug da, um auch die Mißtöne nicht, wie gewöhnlich, verdrängen zu wollen. Florenz macht das nichts aus. Weder der schimpfende Dante noch die bilderstürmenden Futuristen haben seine Selbstgefälligkeit erschüttern können. Aber kam nicht Narziß durch das unablässige Betrachten seiner selbst zu Schaden?

FRANK WOLFF
PATTI SMITH IM STADION
VON FLORENZ

1979

So was habe ich noch nicht erlebt; vor dem Auftritt der Group kommt Mozart aus den Lautsprechern; dann im Popkonzert avantgardistische zerreißende Klänge vor mehr als 60 000; fast unhörbare Lyrik in schwebenden Tönen; am Ende seltsam gegenwärtig-heiß »Twist and Shout«, »Star Spangled Banner« und »Our Generation« und Chaos, kaputte Kabel, plötzlich hagelt es an der Bühne Metallstücke.

Wir gehen im Flutlicht des Stadio Communale zu den Treppen, verwirrt und ratlos. Draußen beginnt schnell ein Gespräch über Starkult, Projektionen von Sehnsucht and so on. Es ist schon nach Mitternacht. Zwei sitzen ganz nah an einem Autorad beisammen. Der ARCI-Bus aus Neapel fährt vor. Ein Mini saust italienisch im Rückwärtsgang Millimeter an einem Autostau längs. Cara Italia, cara Italia, komplimentierte Patti Smith mitten im größten Gewühl das Publikum (hinaus), these are the only words I know in Italiano.

Der Anfang war schnell gemacht, das kenn' ich doch: Jesus died for somebodies sins, but not mine – das erste Stück der »Horses«-Platte. Sie singt fast zu laut, übertönt die Angst vor dem Riesenpublikum, das eben geil aufschrie jedesmal, wenn ein Flutlicht ausging und Nacht einbrach. Die Bühne wirkt zu klein für den Platz, wie ein Kasperletheater, und die Lightshow zu brav. Da vorne also spielt sich irgend was ab: it's She. Aber du siehst nichts Genaues. Die Show ist weit weg, die Musik laut, das Publikum lange Zeit zurückhaltend. »Gloria« geht ziemlich los, ist aus der empfindlich bewegten Studioaufnahme etwas grob in die Massenakustik übersetzt. Die erste Aufregung hat sich gelegt. Nach dem Erkennungszeichen kommt was? Noch ein Stück von »Horses« (Redondo Beach). Come together, aber jetzt will das Publikum, das rauschende, wogende Riesending, mehr, will, daß es fetzt (und kommt doch nicht mit).

Neben mir gähnt ein italienischer Mann, überhaupt kein Freak, was sucht er hier? Hier ist Festa de l'Unità, New York City, Banca Toscana, betörendes Parfüm, Hasch. Diese bunten tausend und tausend Punkte: Menschen, Leben, ein rauschhaftes Bild, besonders auf dem weißhell grünen Rasen, der von den Massen besetzt ist. Wir, einige Deutsche, stehen bei jungen Italienern oben auf dem Rang, aber Nähe gibt es nur für kurze flüchtige Augenblicke, nebenbei, schöne Haare, ein glühendes Gesicht, was für ein geiler Gang. Jetzt aber ist es ganz dunkel, imaginär.

Die feste, aus der Kehle etwas metallisch kommende Stimme – das heißt sie kommt da unten aus den zu kleinen, forciert aufgedrehten Lautsprechern – löst sich im weichen vollmundigen Amerikanisch; sie erzählt von ihrem Florenz. Die Stadt gefällt ihr spontan wie keine. Treppen ist sie hochgestiegen in einer Kirche, eine Marienstatue mit Kind; die verrückten Mütter, bestimmt sitzt meine jetzt in New York und betet für mich.

So redet sie ein bißchen, aber sie kommt nicht an, bleibt, so locker und normal sie sich auch gibt, fremd. Viele verstehen kein Englisch, und vor allem wollen sie Musik, Show, endlich soll was passieren. Da war doch der Teufel angekündigt oder wenigstens »sein Mikrophon«, die Königin des Punk, warum bricht nicht die Hölle los? Statt dessen ein Experiment freier Improvisation mit Leuten aus dem Publikum, die noch nie ein Instrument gespielt hatten. (Das erfahre ich aber erst aus der Zeitung.) Die übersteuerten scharfen Klänge schneiden mir trillernd ins Ohr, das Chaos ist anstrengend. Was geht da unten vor?

Ein Schlager folgt, das Publikum braust auf; also doch,

weiter so, mehr! Aber die Group schlägt nicht zu, spielt stille fliegende Töne, und lange, lange, mit fragender Stimme singt Patti ihre Gedichte, für sich, sich öffnend. Das Stadion pfeift und tobt. Kein Schiedsrichter da; »your impatience doesn't move me«, sagt sie ruhig, geht herum, überlegt. Neben uns hat jemand ein Fernglas, ich sehe ein seltsam unwirkliches Bild, ein Panoptikum mit falschen gläsernen Farben, darin ganz leicht Patti, schön angezogen (mit Stiefeln, schwarzem Anzug, lustigem Ringelpullover), stolz, sicher, aber auch spielerisch herumtanzend wie ein Mädchen, dazu die empfindlichen Gesichter ihrer Leute. Es sind Profis, aber hier ins Stadion passen sie nicht; werden überhört.

Der schwierigste Moment, als das fremdartig gesungene Solo über einen mythischen Text niedergepfiffen, überschrien wird – die Band fällt mit den schweren, treibenden Akkorden von »All Along the Watchtower«, ein, ein anderer singt, zu harmlos, sie geht zur Seite.

Die Zeit dehnt sich. Zwischendrin nähert sich Patti den Erwartungen, wiederholt »Because the Night«, singt was Gewohntes, mit Schwung schließlich das Finale.

Doch jetzt geht es los. Die Flutlichter springen bunt an, machen eine Sekunde eine riesige Lightshow, färben dann die Massenszene weißklar. Viele sind schon gegangen, aber das lähmende Kinodunkel ist weg, alles belebt und schön. Bald kommen sie zurück, und so mit Licht hätten sie immer spielen sollen. Die erste Zugabe ist schlecht, kein Text zu verstehen, der Klang ungenau, so dahingespielt, wie ein Abgesang – ein Rauswerfer? Sie bauen singend einen Akkord auf, es braut sich was zusammen, ehe du's ganz wiedererkannt hast, sind sie schon dabei, reißen das ganze Stadion weg mit männlich wüsten geilen Stimmen, auch Patti: »Twist and Shout«, kein Zitat, ein wildes Fest.

Jetzt Jimi Hendrix, eine riesige US-Flagge hinten auf der Bühne; aber bevor die Nationalhymne zerreißt, bricht die

80. *A. Natalini, Firenze Moderna*

Gitarre ab, schon folgt »Our Generation«. (Warum, lese ich erst in der Zeitung: die PCI-Ordner verstanden nicht, was mit Jimi und der Flagge los war, dachten: das US-Symbol auf einer Festa de l'Unità! Ami, go home!) Die night show, die Patti Smith eben noch angekündigt hatte, findet nicht mehr statt, und Who is Who – our generation zerstürmt in schrecklichem Chaos. Leute aus dem Stadion sind eingeladen, auf die Bühne zu kommen, spielen mit, es gibt Krach, vielleicht noch wegen »Star Spangled Banner«, Gerangel, jemand fängt zu demolieren an, ein soft song hilft nicht, wer weiß wer an den Instrumenten, Gekreisch, immer irgend was zufällig über die Lautsprecher. She really doesn't know what to do, macht die Leute erst zur Sau, sagt dann amerikanisch: Cara Italia. Souvenir de Florence, Tschaikovsky. Das Ende ist offen, bitter und schal.

Somehow ist das Ereignis allen passiert, vorbei-gegangen, daneben. Schöne plötzliche Momente – verpaßt, schließlich ein Kampf ums Durchkommen, so modern wie vorher die klingenden Sprachbilder aus der großen Stadt. I am not the same person as I was one year before – verfließend, neu und schon vorbei, dieses gigantische Konzert im September, open end –

P. S. Die Presse hatte das Spektakel sensationell aufgebaut, lüstern; der Teufel als Anti-Superstar, Superantistar, neben Papa Woijtila, der sowieso der Größte ist. Noch direkt nach dem Konzert gemütliche Betrachtung über die »an Pattismittomania Erkrankten«. Dann dreht der Wind. In Florenz sind andere Touristen willkommen als die Wirrköpfe aus Rom und Neapel, den Vorstädten von Babylonia. Plötzlich ist Millionenschaden entstanden, die Stätte der Kultur beschmutzt, die bürgerlichen Parteien samt Sozialisten trumpfen gegenüber der PCI-Stadtregierung auf. Derweil, schreiben die Vertreter der Marktwirtschaft, wechselt Patti das Honorar auf ihrer New Yorker Bank, Indiskretionen zufolge soundsoviele Millionen (Lire) per halbe Minute Singen!! Das Ereignis ist wieder casalingua, lokalpolitisch heimgeholt; and the music, die nie bleibt, blowin' in the wind.

EIN RIESIGES ARSENAL ABGELAGERTER, VERGANGENER EINZELHEITEN

Ein Besuch der Medici-Ausstellung
1980

Heiner Müller, im Frühling vor einem Jahr, auf der Terrasse vor der Kirche S. Miniato, oberhalb von Florenz, Blick auf die Stadt, gesprächsweise: »Aber Los Angeles ist das eben doch nicht.«

Ein anderer deutscher Dichter, Rolf Dieter Brinkmann, im Herbst 1972 unterwegs nach Rom, in dem vielleicht erstaunlichsten Italien-Buch je, »Rom, Blicke«, sehr weit von Goethes »Italienischer Reise«: »Um 5 vor 2 nachts a. m. war Firenze erreicht. (Ich dusselte.) Neue schreiende Verkäufer am Zug entlang. Mit Firenze etwa beginnt der nördliche Teil Italiens. Leere Flaschen klirren gläsern im Rappeln. Rausstürzende Reisende zum laufenden Wasserhahn auf dem Bahnsteig. Wischen sich den Mund ab. Und kurz nach der Abfahrt kommt der Pistolenkerl in Uniform und blickt frech in jedes Abteil, was darin passiert, knipst sogar das Licht an! Dachte er, da seien Orgien im Laufen, Rauschgiftparties, Mörderspiele?«

Man kann sich in Florenz einrichten in der Geschichte von mindestens drei Jahrhunderten, dem 14., 15., 16. In den Kirchen, Museen, Palästen und im Stadtbild selbst ist viel aufgehoben von dem, was jene vergangenen Epochen hervorgebracht haben und was sie bewegt hat. Bilder, Büsten und Altäre, Bürgerhäuser und Festungen, Bücher und Verträge, Waffen und Vasen, Gesellschaftsentwürfe und Architekturmodelle, Zeugnisse des Denkens und des Handelns, des Sublimen und des Trivialen: Ein riesiges Arsenal abgelagerter, vergangener Einzelheiten. Aber sogar hier ist Geschichte nicht für sich erlebbar – sondern nur als Exkurs aus einer Gegenwart heraus, in die man zurück muß, darum geht es, vielleicht mit neuen Fragen. Zwangsläufig also: in den Boboli-Gärten auch an Los Angeles zu denken, vor dem Bild der Stadt an die Reisenden, die rausstürzen zum laufenden Wasserhahn auf dem Bahnsteig; an Mörderspiele sowieso.

Der Abend der Ankunft war diesmal voller Schrecken. In den Straßen ein dichtes Geschiebe. Etwas Hektisches, Überreiztes. Eine Unruhe, als wäre Besonderes gerade geschehen oder stünde unmittelbar bevor. Zwischen den überfüllten Bürgersteigen starker Verkehr, viele Polizisten, brüllende Hondas und Kawasakis. Auch auf der Ponte Vecchio, der alten Brücke über den gefährlichen Arno, unter den Trampern, Drop-outs, Pennern (dieser schon nicht mehr so jungen Plage der italienischen Städte im Sommer) keine Gelassenheit, eher ein aggressives Klima, wie vor dem Ausbruch von etwas. Auf dem Weg zwischen Dom und Signoria, den beiden Machtpolen der Stadt, vor der Kirche Orsanmichele, in deren Außenwänden Donatellos, Ghibertis, Verrocchios Schutzheilige der Zünfte ihre Nischen haben, war gleich eine Schlägerei zu sehen, plötzliche Gewalt, fünf, sechs junge Männer fallen über einen einzelnen her, kein Grund zu erkennen, schlagen ihn zusammen, schleppen ihn weg, die Zuschauer bilden eine Gasse, unbeteiligt; noch eine Weile sind laute, kurze, böse Wörter in der Luft, Geschrei. Die ganze Nacht bleibt so unruhig, das Hotel ist fast eine Fluchtburg. Was ist los?

Nichts Besonderes, eine kollektive italienische Nervosität, zeittypisch, manchmal zufällig sich verdichtend. Auch am nächsten Morgen ist die Stadt noch so überlaufen. Sie ist es von Ostern bis Ende Oktober immer, Zielpunkt immenser Kunsterwartungen, die jetzt sogar schon die Japaner wie ein Fieber befallen haben. Die in diesem Jahr nach Florenz vergebene 16. Ausstellung des Europarats, »Florenz und die Toskana der Medici im Europa des 16. Jahrhunderts«, hat den Andrang noch gesteigert. Heerscharen überwiegend mürrischer Men-

81. *Anthony Canham, Firenze/Florenz, 1980*

schen strömen nun in die Stadt, die Reisebusse parken zu
beiden Seiten des Arno bis weit hinaus ins Hügelland. Es
scheint, als suchte das ganze Italien, zerstritten, ohne Aussicht
auf Besserung, in der Erinnerung an die Kultur der Medici die
große Versöhnung mit den aktuellen Widersprüchen; Geschichte als Fluchtraum. Unzählige Schulklassen, bis hinunter
zu den Achtjährigen, werden von überanstrengten Lehrern
und blassen Lehrerinnen, die bisweilen Erkennungszeichen
hoch über die Köpfe halten, auf die einzelnen Schauplätze der
Ausstellung gestoßen. Selbst als es vor Jahren in Antwerpen

um Rubens ging wie um Leben und Tod, war es nicht so schlimm. Das Interesse der Kinder und Jugendlichen ist in dem pausenlosen Trubel auf Kunstwerke natürlich nicht zu fixieren. Sie tollen erst noch im Gedränge herum, dann sinken die Ermatteten irgendwo nieder, wer noch Kraft hat, ißt seine Stulle oder zeigt den anderen kleinere Einkäufe vor, die draußen getätigt wurden.

Damit weitet sich Florenz in diesen Wochen fast zu einem Monatsprogramm aus. Hier muß die Kritik an dem Unternehmen ansetzen: Seine Materialfülle, der sich das in der Stadt an Kunstwerken ohnehin Vorhandene, dessen Kenntnis vorausgesetzt wird, noch hinzuaddiert, hat etwas Erdrückendes. Die Absicht war, ein ganzes Zeitalter, das 16. Jahrhundert, anschaulich zu machen; und zwar nicht nur in seinen Kunst-, sondern auch in seinen Zivilisationsleistungen.

Die Kunst, in der Renaissance von der Bindung an den Kirchenraum befreit, erscheint auf der öffentlichen Szene, wird begriffen als Teil der vita cotidiana, des täglichen Lebens. Auch die Künstler, wenngleich, wie Michael Baxandall (»Malerei und Erfahrung im Italien des 15. Jahrhunderts«) beschrieben hat, oft erniedrigend abhängig von Auftraggebern, sind dennoch »erste Bürger«. Es ist vor diesem Hintergrund der öffentlichen Präsenz der Kunst dann aber spannend, in den Bildern zu erkennen, wie die Kunst selber sich vom Leben der Gesellschaft im 16. Jahrhundert abzusetzen und zu trennen beginnt. Was die Renaissance noch zusammendachte – Kunst, Natur, Realität – entfernt sich jetzt voneinander. Zugespitzt formuliert, kann man sagen: Kunst handelt nun von und bezieht sich auf – Kunst.

Es ist ein kritischer Augenblick in der Geschichte der Künste. Sie waren in der Renaissance eine Lebensfunktion der Gesellschaft gewesen, unbedingt zugehörig. Eine Konsequenz der Entwicklung, die im Manierismus einsetzt, ist dann der Verlust dieser selbstverständlichen Zugehörigkeit zum Allge-

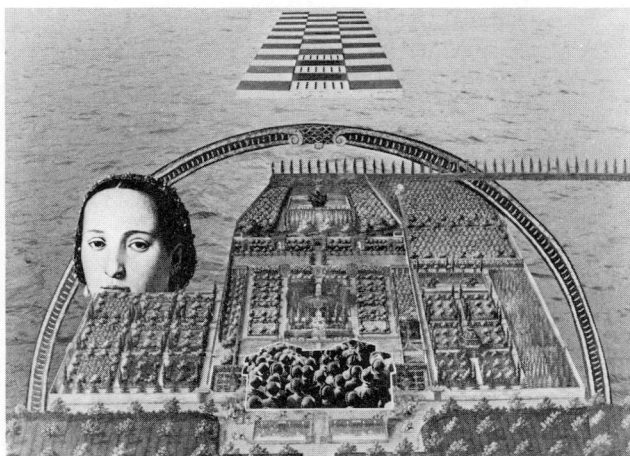

82. *Loretto Buti, Von der Monumentalisierung des Künstlichen, 1981*

meinen. Der Frage wäre allerdings nachzugehen, ob in diesem Vorgang nicht auch ein Moment des Widerspruchs der Kunst gegen die gesellschaftliche Praxis enthalten ist. Die manieristischen Zuspitzungen des tradierten Formenkanons, der Rückzug der Kunst auf sich selbst, ereignen sich, während vor allem Cosimo I. aus Florenz mit Gewalt einen unfreien Musterstaat macht, ein gutes Modell der schlechten Ordnung: Ist für die Kunst in diesem System überhaupt noch eine Funktion möglich? – Jedenfalls nimmt ein Isolationsprozeß hier seinen Anfang. In Zukunft sieht sich die Kunst mehr und mehr in spezialisierten Rollen. Daraus folgte, was wir heute haben: Sie spielt fast keine Rolle mehr.

ANDY WARHOL
AUCH ÜBER FLORENZ

*

Das Schönste an Tokio ist McDonald's
das Schönste an Stockholm ist McDonald's
das Schönste an Florenz ist McDonald's
Peking und Moskau haben bis jetzt
noch nichts Schönes.

›HALLELUJA-WIESE FÜR
DIE OSTERFERIEN‹

Mit den Worten, die diesem Nachwort vorangestellt sind, kennzeichnete der Kunsthistoriker Aby Warburg um 1900 die Haltung der Kunstwissenschaft den Kunstwerken der Renaissance gegenüber, mit ihnen ist aber auch treffend jene Haltung umschrieben, die die Mehrzahl der Besucher dieser Stadt noch heute einnehmen.

Als Bewahrerin eines unermeßlichen Erbes der Renaissance gilt Florenz noch heute als einzigartige Stadt-Landschaft, die, wie in solcher Geschlossenheit und in solchem Umfang sonst wohl kaum eine andere Stadt, eine der vitalsten, vielfältigsten und einflußreichsten Kulturepochen vor Augen führt. Dieser gleichsam museale Aspekt bestimmt das Stadtbild von Florenz, er bestimmt auch das Lebensgefühl in dieser Stadt.

Doch sind es nicht nur die Fremden, denen keine andere Annäherungsweise als die über Florenz als »Kunst-Stadt« gelingt. Wer heute in Florenz lebt, sieht sich dieser Erfahrung ständig ausgesetzt.

Florenz – das ist zunächst und vor allem der Dom, Santa Maria del Fiore, Sinnbild eines aufstrebenden Gemeinwesens an der Schwelle zur Neuzeit. Unter seiner Kuppel hielt sich ein Volk bereit, das im Niedergang befindliche Rom abzulösen, die Kunst, die Philosophie und die Staatskunst zu erneuern. Es ist der Beginn der Blütezeit von Florenz, und an ihm stehen auch die ersten schriftlichen Auseinandersetzungen mit der Stadt. Die Florentiner Giovanni Villani und Dino Compagni etwa verfassen ihre Chroniken in dem Bestreben, den Ruhm ihrer Stadt zu mehren, und in dem Bewußtsein, die ersten Kapitel der bevorstehenden ruhmreichen Geschichte ihrer Heimat zu verfassen. Seither ist Florenz bis in unsere Tage immer wieder Anlaß zu euphorischer, huldigender oder auch kritischer Stellungnahme. Diese Ambivalenz ist so alt wie die frühesten Chroniken. Den panegyrischen Schriftstücken des Giovanni Villani stehen die attackierenden, boshaften Verse des Dante Alighieri gegenüber, der, aus seiner Vaterstadt vertrieben, aus dem Exil Florenz immer wieder sehnsuchtsvoll anschreibt, ja sich zurückzuschreiben versuchte:

> *Dann kehre ich zurück mit andrem Ton,*
> *mit andrem Haar, als Dichter, und am Brunnen,*
> *wo ich getauft, werd' ich den Kranz empfangen.*

Früh wußten die Stadtväter die Panegyriken auf ihre Stadt zu schätzen und zu nutzen. Leonardo Brunis Lobgesang wurde in einem Schrein in den Räumen des Palazzo Vecchio aufbewahrt, im Codex Rustici (1448) ist überliefert, daß zeitweise die Aufstellung von Dichterbildnissen an den Stadttoren geplant gewesen war. Die toskanischen Dichter als Träger der neuen Kultur und Boten des wachsenden Machtanspruchs von Florenz.

In der hier vorgelegten Sammlung sind die frühen Texte ebenso aufgenommen worden wie die Tagebuchaufzeichnungen, Gedichte, Briefe oder Fragmente der Florenzreisenden folgender Jahrhunderte. Bildete Florenz anfänglich nur eine Zwischenstation auf der obligatorischen Kunst- oder Pilgerreise nach Rom, wird es sehr bald zum alleinigen Reiseziel für viele. Jedoch verläuft die Popularität von Florenz über die Jahrhunderte nicht ungebrochen. Den Höhepunkt bilden das späte 15. und das 16. Jahrhundert, während die Stadt in den folgenden zwei Jahrhunderten weniger im Mittelpunkt des Reiseinteresses steht. Erst im 19. Jahrhundert wird sie wiederentdeckt, namentlich von Künstlern, die sich hier, in bewußter Abwendung von Rom, niederlassen. Das aufstrebende Bürgertum des 19. Jahrhunderts fand zudem in Florenz die Möglichkeit einer Identifikation mit der ästhetischen Kultur der Renaissance.

Die Auswahl der vorliegenden Texte folgte verschiedenen

Kriterien. Florentinische Texte wurden dort berücksichtigt, wo sie jene anekdotische Eigentümlichkeit aufweisen, mit der man in Florenz nicht erst seit der Viten-Sammlung Giorgio Vasaris (1550) Geschichte aufzeichnet. Die Texte der Fremden wurden da aufgenommen, wo sie zu dieser Stadt mit Emphase Stellung nehmen, und für das »Florenz-Bild« ihrer jeweiligen Entstehungszeit kennzeichnend sind. Kunstbetrachtung wurde weitgehend ausgespart und war nie hauptsächliches Auswahlkriterium – ging es doch nicht darum, die endlose Liste von Mirabilienführern und Kunstinventaren zu Florenz um einen weiteren Titel zu ergänzen.

Die Abbildungen verstehen sich in den wenigsten Fällen als Illustrationen zum Text, noch stellt der Text einen Kommentar zu den Bildern dar, vielmehr wurde eine gegenseitige Ergänzung dieser verschiedenen Ausdrucksebenen angestrebt.

Einen zeitlichen Schwerpunkt bildet das 19. Jahrhundert, ein für Florenz entscheidender Zeitraum. Denn für einige Jahre, zumal während der, in denen Florenz zur Hauptstadt des Königsreichs wurde, glich Florenz anderen Städten des 19. Jahrhunderts. Umfassende urbanistische Änderungen wurden in Angriff genommen. Florenz entwickelte sich rasch zu einer geschäftigen, mondänen europäischen Metropole – sein Lebensrhythmus glich dem von Paris oder Wien in diesen Jahren. Die Zurückverlegung der Hauptstadt nach Rom machte diese Entwicklung wieder rückgängig. Florenz wurde seinem jahrhundertealten »Kunst-Schlaf« anheim gegeben, die Chance, aus Vorhandenem Neues zu schaffen, die Stadt den sozialen und kulturellen Notwendigkeiten des bevorstehenden 20. Jahrhunderts anzupassen, blieb ungenutzt.

So steht ein wichtiges Bild gegen Ende des Buches. In einer Collage hat der Florentiner Architekt Adolfo Natalini die Überschwemmung von 1966 bis an die Kuppel des Doms steigen lassen, die von Ausflugsdampfern umschippert wird –

Florenz reduziert auf seinen musealen, touristischen Charakter. Dieser läßt Neues sich nur schwer entfalten.

Natalinis zynische Attacke auf den kulturellen Zustand seiner Stadt, sein Thema von der Schwierigkeit, in einer Kunst-Stadt Kunst zu machen, Loretto Butis Vision einer Monumentalisierung des Artifiziellen oder Peter Idens Versuch, sich in dem »riesigen Arsenal abgelagerter, vergangener Einzelheiten« zurechtzufinden – diese und andere Beiträge des Bandes sollen dem Leser bei einer Problematisierung des eigenen »Florenz-Erlebnisses« hilfreich sein, indem sie Fragen aufwerfen. Fragen an das Selbstverständnis der Florentiner, Fragen aber auch an den Fremden, der diese Stadt besucht.

Für mich war der Anlaß zu dieser Sammlung aus Texten und Bildern – Klaus Schöffling hat sie geduldig gefördert – mein eigenes, problematisches Verhältnis zu Florenz. Es war der Versuch, auf den unnachgiebigen Reiz dieser Stadt zu reagieren. Die Hoffnung, in den Aufzeichnungen und Bekenntnissen anderer eine schlüssige Antwort, eine Klärung meines ambivalenten Verhältnisses zu Florenz zu finden, ging nicht in Erfüllung. In der Mehrzahl der Beiträge stieß ich auf eben jene spannungsvolle Beziehung, die seit je das Schrifttum zu Florenz geprägt hat. Weniger anziehend hat diese Bestätigung ihres sphinxhaften Charakters Florenz damit für mich nicht gemacht – im Gegenteil.

Andreas Beyer

d'Annunzio, Gabriele, *Auf der Piazza degli Unganelli*. In: Enrica Bianchetti u. Roberto Forcella, Taccuini. Arnoldo Mondadori Editore, Mailand [2]1976, S. 244-46.

Archenholtz, Johann Wilhelm von, *Dieses ist also das Wunder einer schönen Stadt*. In: England und Italien, Vierter Teil. Leipzig 1787, S. 119-22 u. S. 126-29.

Ariosto, Lodovico, *Edle Stadt*. In: Kleinere Werke, Komödien, Lyrische Gedichte, Satiren. Verlag Georg Müller, München 1909, Elegie XI.

Arndt, Ernst Moritz, *Hierzu lernte ich zum erstenmal Mücken und Flöhe fürchten*. In: Bruchstücke aus einer Reise durch einen Teil Italiens im Herbst und Winter 1798 und 1799, zit. in: Walter von Molo (Hrsg.), Erlebnisse Deutscher in Italien. Berlin 1921, S. 85-91.

Berenson, Bernard, *Schuttberge und Ruinen*. In: Rumour and Reflection. Constable & Co. Ltd., London 1952, S. 372-74.

Berlioz, Hector, *Angenehme Erinnerungen*. In: Memoiren. Verlag Rogner und Bernhard, München 1979, S. 181-83.

Boccaccio, Giovanni, *Drei junge Leute ziehen in Florenz einem märkischen Richter die Hosen herunter, während er zu Gerichte sitzt*. In: Das Dekameron. Insel Verlag, Frankfurt a. M. 1972, Band 2, S. 686-90.

Brosses, Charles de, *Die Stadt hat mir im Großen und Ganzen nicht besser gefallen als andere auch*. In: L'Italie il y a Cent Ans ou Lettres écrites d'Italie à quelques amis en 1739 et 1740 par Charles de Brosses. Alphonse Lavavasseur, Paris 1836.

Bruni, Leonardo, *Zum Lobe der Stadt Florenz*. In: Panegirico della città di Firenze. La Nuova Italia Editrice, Florenz 1974, S. 13ff.

Burney, Charles, *Das musikalische Florenz*. In: Tagebuch einer musikalischen reise 1770-1772. Verlag Philipp Reclam jun., Leipzig 1975, S. 136-38.

Buthe, Michael, *Die Renaissance war ausgebrochen*. In: Villa Romana. Die wundersame Reise des Saladin Ben Ismael . . , um anschließend heimzukehren in das Land der Etrurier, mit welchem ihn eine heimliche Liebe verband. Lamuv Verlag, Köln 1977.

Camerani, Sergio, *Die Ankunft des Königs*. In: Crònache di Firenze Capitale. Leo S. Olschki Editore, Florenz 1971, S. 46ff.

Camerani, Sergio, *In Florenz am 20. September 1870*. In: op.cit., S. 46ff.

Camus, Albert, *Im Kreuzgang der Santissima Annunziata*. In: Umberto Baldini (Hrsg.), Ricordare Firenze. Florenz 1973.

Casanova, Giacomo, *Da ich in Florenz in Ruhe zu leben wünschte*. In: G. Casanova, Memoiren. Rowohlt Verlag, Reinbek b. Hamburg, 1958-60.

Cellini, Benvenuto, *Wie die Statue des Perseus und der Medusa entstand*. In: Leben des Benvenuto Cellini. Insel Verlag, Frankfurt a. M. 1981, S. 380-410.

Commynes, Philippe de, *Begegnung mit Savonarola*. In: Florenz. Gräfe und Unzer Verlag, München o. J.

Compagni, Dino, *Über den Ursprung der Zwietracht in Florenz zwischen Guelfen und Ghibellinen*. In: Cronisti del Trecento. Rizzoli & C., Mailand u. Rom 1935, S. 24/25.

Curtius, Ludwig, *Nirgendwo lebt man mit so großen Männern*. In: Deutsche und Antike Welt, Lebenserinnerungen. Deutsche Verlags-Anstalt, Stuttgart 1958, S. 150/51.

Dante Alighieri, *Ein Brief an die Bevölkerung von Florenz*. In: Aus dem Trecento, Briefe von Dante, Petrarca, Boccaccio. Kindler Verlag, München 1965.

Däubler, Theodor, *Ode an Florenz*. In: Hymne an Italien. Insel Verlag, Leipzig 1919.

Dickens, Charles, *Die Straßen von Florenz*. In: Italienische Reise 1844-45. Hoffmann und Campe Verlag, Hamburg o. J., S. 312-17.

Dostojewski, Anna Grigorjewna, *F. M. Dostojewski in Florenz*. In: Erinnerungen, Das Leben Dostojewskis in den Aufzeichnungen seiner Frau. R. Piper & Co. Verlag, München u. Zürich, S. 174/75.

Edschmid, Kasimir, *Bellosguardo*. In: Italien von Verona bis Palermo. Verlag W. Kohlhammer, Stuttgart 1954, S. 180-83.

Edschmid, Kasimir, *Ristoranti*. In: op.cit., S. 189-91.

Erffa, Dagmar von, *Die Flutkatastrophe von 1966*. In: Florenz, 4. November 1966 − Einer Stadt wird geholfen. Stifterverband für die deutsche Wissenschaft, Jahrbuch 1968/69. Essen, S. 1/2 und 9-13.

Feuerbach, Anselm, *Gott möge mir Kraft geben, das Alles zu ertragen wie ein Mann*. In: Ein Vermächtnis. Wien 1902, S. 74-76.

Foscolo, Ugo, *Ein Brief des Jacopo Ortis*.

Foscolo, Ugo, *Die Gräber von Santa Croce*. In: Italienische Gedichte von Kaiser Friedrich II. bis Gabriele d'Annunzio. Manesse Verlag, Zürich 1953, S. 255-58.

France, Anatole, *Florenz*. In: Die rote Lilie. Musarion Verlag, München 1925.

Frosali, Antonio, *Die Kaffeehäuser*. In: Firenze d'Oggi. Florenz 1896, S. 53-56.

Furttenbach, Joseph, *Feste am Johannistag*. In: Newes Itinerarium Italiae, Ulm 1627, abgedruckt bei Ludwig Schudt, Italienreisen im 17. und 18. Jahrhundert. Schroll Verlag, Wien u. München 1959, S. 421/22.

Furttenbach, Joseph, *Geistliches Schauspiel*. In: op.cit., S. 423.

Galluzzi, Riguccio, *Die Herrschaft des Gian Gastone de' Medici*. In: C. J. Jagemanns Auszug aus des Herrn Riguccio Galluzzi Geschichte des Großherzogtums Toskana unter der Regierung aus dem Hause Medici. Zweiter Band. Johann Gottlob Immanuel Breitkopf, Dresden u. Leipzig 1785, S. 526-32.

Gautier, Théophile, *Auf der Ponte alla Carraia*. In: Œuvres Complètes, I. Voyage en Italie. Slatkine Reprints, Genf 1978, S. 236ff.

Gautier, Théophile, *Promenade in den Cascine*. In: op.cit., S. 355ff.

George, Stefan, *Ein Angelico*. In: Hymnen, Pilgerfahrten, Algabal. Verlag Helmut Küpper, vorm. Georg Bondi, Bad Godesberg 1950.

Gobineau, Arthur Graf, *Gespräch zwischen Michelangelo und Machiavelli*. In: Erich Matthes Verlag, Leipzig 1923, S. 273-79.

Goethe, Johann Wolfgang von, *Ich eilte so schnell heraus als hinein*. In: Italienische Reise. Chr. Wegner Verlag, Hamburg 1954, S. 113.

Gregorovius, Ferdinand, *Über das demokratische Wesen der Kunst in Florenz*. In: Wanderjahre in Italien. C. H. Beck Verlag, München, S. 34/35.

Grillparzer, Franz, *Florenz*. In: Autobiographisches / Studien-Anfänge einer Selbstbiographie 1822 –. Liechtenstein Verlag, Vaduz, S. 327/28.

Grimm, Hermann, *Florenz*. In: Auch ich in Arcadien. Kunstreisen nach Italien 1600-1900. Schiller-Nationalmuseum, Ausstellungskatalog Nr. 16, Stuttgart 1966, S. 258/59.

Grimm, Ludwig Emil, *Ach, was ist das ein reizender Ort*. In: Erinnerungen aus meinem Leben. Bärenreiter Verlag, Kassel u. Basel o. J., S. 129-31.

Hartt, Frederick, *Die Zerstörung von Florenz*. In: Florentine Art under Fire. Princeton Unversity Press, Princeton N.J. 1949, S. 36-47.

Hehn, Victor, *Spaziergänge vor den Toren der Stadt*. In: Theodor Schiemann (Hrsg.), Reisebilder aus Italien und Frankreich von Victor Hehn. Stuttgart 1894, S. 41-45.

Heine, Heinrich, *Die Seele ist mir so voll*. In: Werke und Briefe (1815-1838). Aufbau-Verlag, Berlin (DDR) 1961, S. 322/23.

Heinse, Wilhelm, *Florenz murrt laut*. In: Ardinghello und die glückseligen Inseln. Insel Verlag, Wiesbaden, S. 312-16.

Herder, Johann Gottfried, *Eine Audienz bei Großherzog Leopold*. In: Auch ich in Arcadien. Kunstreisen nach Italien 1600-1900. Schiller-Nationalmuseum, Ausstellungskatalog Nr. 16, Stuttgart 1966, S. 117/18.

Hildebrand, Adolf von, *Alles zu sehen erfordert Jahre*. In: Eberhard Haufe (Hrsg.), Deutsche Briefe aus Italien von Winckelmann bis Gregorovius, Koehler & Amelang, Leipzig 1965, S. 419-21.

Hildebrand, Adolf von, *Doch ists mir hier als hätt ich mehr Kräfte*. In: op.cit., S. 422.

Hofmannsthal, Hugo von, *Tage und Abende in Florenz*. In: K. Otto-Wasow und H. E. Friedrich (Hrsg.), Florenz. Gräfe und Unzer Verlag, München o. J., S. 27.

Iden, Peter, *Ein riesiges Arsenal abgelagerter, vergangener Einzelheiten*. In: Frankfurter Rundschau Nr. 105, 10. Mai 1980, Bilder und Zeiten, S. III.

Jagemann, Christian Joseph, *Über den Gurgellaut und andere Eigentümlichkeiten der Florentinischen Sprache*. In: Anfangsgründe von dem Bau und der Bildung der Wörter der Italienischen Sprache wie sie in ächt Toskanischer Mundart gesprochen und geschrieben wird. Leipzig 1800.

Justi, Carl, *Im Theater*. In: Briefe aus Italien. Verlag von Friedrich Cohen, Bonn 1922, S. 199 u. 201.

Klee, Paul, *Der Himmel leuchtete wie er in Florenz leuchten muß*. In: Felix Klee (Hrsg.), Tagebücher 1898-1918. DuMont Verlag, Köln 1957.

Kurz, Isolde, *Blütentage*. In: Florentinische Erinerungen. Rainer Wunderlich Verlag, Tübingen 1937, S. 288-300.

Landucci, Luca, *Verurteilung und Hinrichtung Savonarolas*. In: Ein Florentinisches Tagebuch 1450-1516. Eugen Diederichs Verlag, Düsseldorf u. Köln 1978, S. 234/35 u. S. 238-242.

Landucci, Luca, *Einzug des Papstes*. In: op.cit., S. 288-290 u. S. 296/97.

Lenau, Nikolaus, *Savonarola*. In: Sämtliche Werke und Briefe, Band 1. Insel Verlag, Leipzig 1970, S. 729/30.

Machiavelli, Niccolò, *Lorenzo der Prächtige*. In: Lorenzo der Prächtige. Deutscher Taschenbuch Verlag, München 1980, S. 119-25.

Malaparte, Curzio, *Im Sommer, das weiß man, wird den Florentinern heiß*. In: Verfluchte Toskaner. Rowohlt Verlag, Reinbek b. Hamburg 1970, S. 95-99.

Marées, Hans von, *Der erste Eindruck ist ein außerordentlich beruhigender*. In: Julius Meier-Gräfe, Hans von Marées – Sein Leben und sein Werk, Bd. 3, Briefe und Dokumente. München u. Leipzig 1910 (Brief vom 12. Mai 1865 an Friedrich von Schack).

Metken, Günter, *Umbauter Raum*. In: Süddeutsche Zeitung Nr. 249, 28. Oktober 1978.

Meyer, Conrad Ferdinand, *Der Mars von Florenz*. In: Sämtliche Werke in zwei Bänden, Bd. 2. Wissenschaftliche Buchgesellschaft, Darmstadt 1978, S. 159-62.

Meysenbug, Malwida von, *Zusammentreffen mit Garibaldi*. In: B. Schleiden (Hrsg.), Briefe von und an Malwida von Meysenbug (Brief an A. v. Stein-Rebecchi vom 18. April 1867. Berlin 1920).

Montaigne, Michel de, *Florenz*. In: Tagebuch einer Badereise (in der Übertragung von Otto Flake). Steingrübenverlag, Stuttgart 1963.

Montale, Eugenio, *Der Arno bei Rovezzano*. In: Satura/Diario. Aus den späten Zyklen. R. Piper & Co. Verlag, München u. Zürich 1976, S. 111.

Müller, Wilhelm Christian, *Karneval*. In: Briefe an deutsche Freunde von einer Reise durch Italien über Sachsen, Böhmen und Österreich 1820-1821. Altona 1824, S. 354-57.

Müller, Wilhelm Christian, *Die Schauspielhäuser*. In: op.cit., S. 358 bis 65.

Platen, August von, *Florenz*. In: K. E. Hoffmann (Hrsg.), Florenz in der Dichtung von Dante bis Goethe; Gedichte, Briefe und Tagebuchblätter über Florenz. Berlin 1911, S. 41-44.

Platen, August von, *Das Wappen der Medici*. In: op.cit.

Procacci, Ugo, *Die Sprengung der Arno-Brücken*. In: Frederick Hartt (s. oben), S. 36-47.

Rilke, Rainer Maria, *Florenz erschließt sich nicht dem Vorübergehenden*. In: Tagebücher aus der Frühzeit. Insel Verlag, Frankfurt a. M. 1973, Das Florenzer Tagebuch, S. 15.

Rilke, Rainer Maria, *Aus den Tagebüchern*. In: op.cit., S. 18-28.

Ringseis, Johann Nepomuk, *Florenz ist mir so merkwürdig*. In: E. Ringseis (Hrsg.), Erinnerungen des J. N. v. Ringseis, Bd. 2., Regensburg u. Augsburg 1886, S. 40-44.

Rossi, Bastiano de', *Eine Aufführung im Medici-Theater*. In: S. Mamone, Il teatro nella Firenze medicea – Problemi di storia dello spettacolo 9. U. Mursia Editore, Mailand 1981, S. 112-15.

Savonarola, Girolamo, *Über die Regierung der Stadt Florenz*. In: Ernst Piper, Savonarola – Umtriebe eines Politikers und Puritaners im Florenz der Medici. Berlin 1979, S. 64/65.

Scheffel, Joseph Victor, *Die Fiorajen*. In: Carl Brinitzer (Hrsg.), Deutsche Dichter führen nach Italien. Ein Reise-Handbuch. Verlag Florian Kupferberg, Mainz u. Berlin 1964, S. 43/44.

Schlegel, August Wilhelm von, *Lionardo*. In: K. E. Hoffmann (Hrsg.), Florenz in der Dichtung von Dante bis Goethe, Gedichte, Briefe und Tagebuchblätter über Florenz. Berlin 1911, S. 81-83.

Schmieder, Heinrich Eduard, *Ich beschaute und bewunderte pflichtmäßig*. In: Erinnerungen aus meinem Leben. Wittenberg 1823, S. 214 bis 17.

Schopenhauer, Arthur, *Am auffallendsten ist die Heiterkeit der Mienen*. In: Auch ich in Arcadien, Kunstreisen nach Italien 1600-1900. Schiller-Nationalmuseum, Ausstellungskatalog Nr. 16. Stuttgart 1966, S. 201/02.

Seume, Johann Gottfried, *Von den hiesigen Merkwürdigkeiten ist das Beste in Palermo*. In: Spaziergang nach Syrakus. Leipzig 1803, S. 313-19.

Staël, Madame Germaine de, *Das Leben welches man heute in Florenz führt ist wunderbar einförmig.* In: Corinna oder Italien. Verlag des Bibliographischen Instituts, Leipzig o. J., S. 464-71.

Stendhal (i. e. Henri Beyle), *Der Florentiner Bürger von heute hat keine Leidenschaft.* In: Rom, Neapel und Florenz. Verlag Rütten und Loening, Berlin (DDR) 1964, S. 233-43.

Strauss, Georg, *Unterwegs zu Michelangelo.* In: Im Zeichen der Sistina. Florentinische Aufzeichnungen. Werner Classen Verlag, Zürich u. Stuttgart 1959, S. 80-83.

Taine, Hippolyte, *Eine in sich vollständige Stadt.* In: Reise in Italien, Bd. 2. Eugen Diederichs Verlag, Leipzig 1904, S. 63-68.

Thoma, Hans, *Es ist alles so fremd und dabei schön.* In: J. A. Beringer (Hrsg.), H. Th. Aus achtzig Lebensjahren. Ein Lebensbild aus Briefen und Tagebüchern. Verlag Koehler & Amelang, Leipzig 1929 (Brief an Mutter und Schwester, vom 27. Februar 1874).

Thoma, Ludwig, *Baedekers Sternchen.* In: K. Otto-Wasow und H. E. Friedrich (Hrsg.). Florenz. Gräfe und Unzer Verlag, München o. J., S. 37-39.

Tieck, Ludwig, *Anblick von Florenz. Auf der Piazza Signoria. Der Taubenmarkt* (Drei Gedichte). In: K. E. Hoffmann (Hrsg.), Florenz in der Dichtung von Dante bis Goethe. Gedichte, Briefe und Tagebuchblätter über Florenz. Berlin 1911, S. 29/30.

Twain, Mark, *Florenz erfreute uns eine Zeitlang.* In: Reise durch die Alte Welt. Verlag Hoffmann und Campe, Hamburg 1964, S. 184-87.

Vasari, Giorgio, *Die Entstehung des David des Michelangelo.* In: A. Gottschewski und G. Gronau (Hrsg.), Die Lebensbeschreibungen der berühmtesten Architekten, Bildhauer und Maler. Straßburg 1927, S. 304-08.

Villani, Giovanni, *Wie die Stadt Florenz errichtet wurde.* In: Cronisti del Trecento. Rizzoli & C. Editori, Mailand u. Rom 1935, S. 194-97.

Villani, Giovanni, *Wer der Dichter Dante Alighieri war und wie er starb.* In: op.cit., S. 333-35.

Villani, Giovanni, *Wie die Florentiner durch ein Gesetz ihren Frauen allen Schmuck nahmen.* In: op.cit., S. 336/37.

Viollet-le-Duc, Eugène, *Die Gebäude von Florenz.* In: Le voyage d' Italie d' E. Viollet-le-Duc 1836-1837. Ecole nationale supérieure des Beaux-Arts. Paris 1980, S. 184.

Vischer, Friedrich Theodor, *Da wandle mit Andacht.* In: Carl Brinitzer (Hrsg.), Deutsche Dichter führen nach Italien. Ein Reise-Handbuch. Verlag Florian Kupferberg, Mainz u. Berlin 1964, S. 46-48.

Warhol, Andy, *Auch über Florenz*. Verlag der Buchhandlung Walther König, Köln.

Werthes, Friedrich Clemens, *In der Tribuna der Uffizien*. In: Begebenheiten Eduard Bomstons in Italien. Ein Roman in Briefen. Frankfurt u. Leipzig 1783, S. 10-12.

Wilde, Oscar, *San Miniato*. In: Oscar Wildes Sämtliche Werke in deutscher Sprache, Bd. 1. Wiener Verlag, Wien u. Leipzig 1908, S. 33.

Wilde, Oscar, *Ave Maria gratia plena*. In: op.cit., S. 34.

Wolff, Frank, *Patti Smith im Stadion von Florenz*. In: Frankfurter Rundschau.

Zitzewitz, Monika von, *Lo Scoppio del Carro*. In: Verzaubert in Florenz. Drei Mohren Verlag, Hamburg 1962, S. 52-56.

Die Übersetzungen stammen, wenn nicht anders vermerkt, vom Herausgeber.

BILDNACHWEISE

1. *Alinari, Der Dom vom Palazzo Vecchio aus gesehen* (Aus: Gli Alinari, Ausstellungskatalog Florenz 1977).

2. *Domenico Ghirlandaio, Ausschnitt aus dem Marienleben-Fresken-zyklus in Santa Maria Novella 1490* (Aus: Jan Lauts, Domenico Ghirlandaio Verlag Anton Schroll & Co. Wien 1943, Abb. 74).

3. *Bernardo Daddi, Ansicht des Stadtzentrums von Florenz 1342* (Ausschnitt aus dem Fresko der Madonna della Misericordia, Museo del Bigallo, Florenz. Aus: Il Museo del Bigallo a Firenze, ed. Hanna Kiel, Electa Editrice, 1977, Abb. 19).

4. *Erste Vertreibung der Guelfen aus Florenz zur Zeit Friedrichs II. aus der Chronik des Giovanni Villani* (Aus: Communicazioni Stradali Attraverso i Tempi; Bologna – Firenze, Hrsg.: Autostrade Concessioni e Costruzioni Autostrade S. p. A., Novara 1961).

5. *Domenico di Michelino, Dante mit der Divina Commedia vor einer Ansicht der drei Reiche und des Florenz im 15. Jahrhundert* (Aus: Dante Alighieri, Leo Leonhardt Verlag Würzburg 1966, Abb. 107.)

6. *Eine Bank in Florenz im 15. Jahrhundert* (Aus: Ernst Piper, Der Aufstand der Ciompi, Wagenbachs Taschenbücherei 1978, Abb. S. 18).

7. *Masolino, Florentiner Straßenszene zu Beginn des 15. Jahrhunderts* (Fresko in der Brancacci Kapelle in Santa Maria del Carmine. Aus: Andreas Grote, Florenz, Prestel Verlag München 1968, Farbtafel).

8. *Ansicht von Florenz aus der Schedelschen Weltchronik 1493* (Aus: Die Schedelsche Weltchronik, Reprint 1965, Konrad Köbl Verlag München-Allach, Blatt LXXXVII).

9. *Der Alte Markt, aus dem Codex Rustici 1448* (Aus: Dante Alighieri, Leo Leonhardt Verlag Würzburg 1966, Abb. 35).

10. *Das Baptisterium, aus dem Codex Rustici 1448* (Aus: Dante Alighieri, Leo Leonhardt Verlag Würzburg 1966, Abb. 34).

11. *Dom und Campanile, aus dem Codex Rustici 1448* (Aus: Andreas Grote, Florenz, Prestel Verlag München 1968, Abb. 1).

12. *Florenz 1470* (Aus: Palazzo Davanzati, Museo della Casa Fiorentina, Biblioteca dello Studiolo, Firenze 1979, Abb. 1).

13. *Piero del Massaio, Topographischer Plan der Kirchen von Florenz*

1469 (Aus: Le città nella storia d'Italia: Firenze, Giovanni Fanelli, Editori Laterza, 2. ed., Bari 1981, Abb. 26).

14. *Verbrennung Savonarolas auf der Piazza Signoria, Zeitgenössisches Gemälde* (Aus: Luca Landucci, Florentinisches Tagebuch, Eugen Diederichs Verlag Düsseldorf-Köln 1978, Abb. S. 189).

15. *Der David des Michelangelo.*

16. *Benvenuto Cellini, Perseus als Sieger über Medusa*

17. *Joseph Furttenbach, Theaterprospekt aus Florenz, 1627* (Aus: Reisebilder aus Italien, Berichte und Erlebnisse schwäbischer Italienfahrer aus drei Jahrhunderten. Gesammelt und erläutert von D. Kuhn, W. Kohlhammer Verlag Stuttgart 1968, Abb. 5).

18. *Giovanni Stradano, Palazzo Medici um 1561* (Aus: Mitteilungen des Kunsthistorischen Instituts in Florenz, Band XIV, S. 371, Abb. 2, Florenz 1970).

19. *Giusto Utens, Palazzo Pitti, Boboligärten und das Forte di Belvedere 1590* (Aus: Le Ville Medicee, Arnaud Ed. Firenze 1980, Abb. S. 32).

20. *M. Greuter, Das Brückenspiel auf der Ponte Santa Trinità 1608* (Aus: Feste e Apparati Medicei da Cosimo I a Cosimo II. Ausstellung des Gabinetto Disegni e Stampe der Galleria degli Uffizi, Nr. 31, 1969, Abb. 6).

21. *L. Cigoli, Das Wappen der Medici, 1610* (Aus: Feste e Apparati Medicei, Ausstellungskatalog Gabinetto Disegni e Stampe der Galleria degli Uffizi, Nr. 31, 1969, Abb. 41).

22. *Ringlspiel in der Via Tornabuoni zu Beginn des 17. Jahrhunderts* (Aus: Le città nella storia d'Italia: Firenze, Giovanni Fanelli, Editori Laterza, Bari 1981, Abb. 83).

23. *Alinari, Frühere Hängung der Selbstporträts in den Uffizien* (Aus: Gli Alinari, Ausstellungskatalog Florenz 1977, Abb. 138).

24. *Ansicht der Ponte alle Grazie zu Beginn des 17. Jahrhunderts* (Aus: Le città nella storia d'Italia: Firenze, Giovanni Fanelli, Editori Laterza, Bari 1981, Abb. 77).

25. *J. Callot, Fest am Tag Johannes des Täufers auf der Piazza Signoria 1616* (Aus: Feste e Apparati Medicei da Cosimo I a Cosimo II, Ausstellungskatalog des Gabinetto Disegni e Stampe der Galleria degli Uffizi, Nr. 31, 1969, Abb. 53).

26. *J. Callot, Umzug auf der Piazza Santa Croce vor dem Palazzo degli Antellesi 1616* (Aus: Feste e Apparati Medicei da Cosimo I a Cosimo II,

Ausstellungskatalog des Gabinetto Disegni e Stampe der Galleria degli Uffizi, Nr. 31, 1969, Abb. 44).

27. *Häuserfronten 1729* (Aus: Le città nella storia d'Italia: Firenze, Giovanni Fanelli, Editori Laterza, Bari 1981, Abb. 117).

28. *Giuseppe Zocchi, Der Arno bei der Porta alla Croce, 1744* (Aus: Le città nella storia d'Italia: Firenze, Giovanni Fanelli, Laterza Editori, Bari 1981, Abb. 95).

29. *Giuseppe Zocchi, Der Lungarno und der Palazzo Corsini, 1744* (Aus: Le città nella storia d'Italia: Firenze, Giovanni Fanelli, Editori Laterza, Bari 1981, Abb. 100).

30. *Giuseppe Zocchi, Die Badia Fiorentina und die Piazza dell'Oratorio 1744* (Aus: Le città nella storia d'Italia: Firenze, Giovanni Fanelli, Editori Laterza, Bari 1981, Abb. 104).

31. *Eugène Viollet-le-Duc, Kleiner Palast in der Via Larga 1836* (Aus: Le Voyage d'Italie d'E. Viollet-le-Duc 1836-37, Ecole nationale supérieure des Beaux Arts, Paris 1980, Abb. 207).

32. *Eugène Viollet-le-Duc, Die Fassade von San Miniato, 1836* (Aus: Le Voyage d'Italie d'E. Viollet-le-Duc, Ecole nationale supérieure des Beaux Arts, Paris 1980, Abb. 119).

33. *V. Simoncini, Die Via Calzaioli nach 1844* (Aus: Le città nella storia d'Italia: Firenze, Giovanni Fanelli, Editori Laterza, Bari 1981, Abb. 144).

34. *Alinari, Piazza San Firenze* (Aus: Gli Alinari, Ausstellungskatalog Florenz 1977, Abb. 67).

35. *Alinari, Schlafräume eines Mädchenstifts in Florenz* (Aus: Gli Alinari, Ausstellungskatalog Florenz 1977, Abb. 56).

36. *Alinari, Mit dem Vertiefen des Flußbetts beschäftigte Männer auf dem Arno* (Aus: Gli Alinari, Ausstellungskatalog Florenz 1977, Abb. 68).

37. *Alinari, Die Porta San Frediano* (Aus: Gli Alinari, Ausstellungskatalog Florenz 1977, Abb. 84).

38. *Alinari, Piazza Goldoni* (Aus: Gli Alinari, Ausstellungskatalog Florenz 1977, Abb. 86).

39. *Alinari, Die Lungarni* (Aus: Gli Alinari, Ausstellungskatalog Florenz 1977, Abb. 87).

40. *Alinari, Ponte Vecchio* (Aus: Gli Alinari, Ausstellungskatalog Florenz 1977, Abb. 81).

41. *Alinari, Die Veranda eines Patrizierhauses* (Aus: Gli Alinari, Ausstellungskatalog Florenz 1977, Abb. 80).

42. *Alinari, Der Borgognissanti* (Aus: Gli Alinari, Ausstellungskatalog Florenz 1977, Abb. 73).

43. *Mitglieder der Misericordia tragen einen Kranken.* (Aus: Gli Alinari, Ausstellungskatalog Florenz 1977).

44. *Alinari, Maskenfest im Ghetto Ende des 19. Jahrhunderts* (Aus: Gli Alinari, Ausstellungskatalog Florenz 1977, Abb. 45).

45. *Alinari, Richtfest* (Aus: Gli Alinari, Ausstellungskatalog Florenz 1977, Abb. 96).

46. *Alinari, Die Via Nazionale* (Aus: Gli Alinari, Ausstellungskatalog Florenz 1977, Abb. 72).

47. *G. Baccani, Auf dem Alten Marktplatz* (Aus: Firenze scomparsa, ed. E. Detti, Vallecchi Editore, Firenze 1977, Abb. 57).

48. *Alinari, Spaziergang in den Cascine* (Aus: Gli Alinari, Ausstellungskatalog Florenz 1977, Abb. 34).

49. *Alinari, Konzert vor dem Palais des Großherzogs in den Cascine* (Aus: Gli Alinari, Ausstellungskatalog Florenz 1977, Abb. 32).

50. *Alinari, Die englische Apotheke* (Aus: Gli Alinari, Ausstellungskatalog Florenz 1977, Abb. 74).

51. *Florenz wird neue Hauptstadt Italiens. Damit übernimmt sie enorme finanzielle Belastungen – Zeitgenössische Karikatur* (Aus: Franco Borsi, La Capitale a Firenze e l'opera di G. Poggi, Colombo Editore 1970, Abb. 7).

52. *Alinari, Eine Konditorei* (Aus: Gli Alinari, Ausstellungskatalog Florenz 1977, Abb. 76).

53. *Alinari, Im Alten Zentrum* (Aus: Gli Alinari, Ausstellungskatalog Florenz 1977, Abb. 71).

54. *Alinari, In einer Bank* (Aus: Gli Alinari, Ausstellungskatalog Florenz 1977, Abb. 108).

55. *Der Transport der Hauptstadt nach Rom. Nach fünf Jahren wird die Hauptstadt wieder in das inzwischen durch die königlichen Truppen eingenommene Rom zurückverlegt – Zeitgenössische Karikatur.* (Aus: Franco Borsi, La Capitale a Firenze e l'opera di G. Poggi, Colombo Editore 1970, Abb. 6).

56. *Alinari, Auf dem Ponte Vecchio* (Aus: Gli Alinari, Ausstellungskatalog Florenz 1977, Abb. 89).

57. *Alinari, Brunnen im Alten Zentrum* (Aus: Gli Alinari, Ausstellungskatalog Florenz 1977, Abb. 28).

58. *Alinari, Die Rubaconte-Brücke vor ihrem Umbau* (Aus: Gli Alinari, Ausstellungskatalog Florenz 1977, Abb. 24).

59. *Alinari, Historisierendes Wagenrennen auf der Piazza Santa Maria Novella* (Aus: Gli Alinari, Ausstellungskatalog Florenz 1977, Abb. 35).

60. *Alinari, Auf der Pferderennbahn* (Aus: Gli Alinari, Ausstellungskatalog Florenz 1977, Abb. 36).

61. *Alinari, Die Schauräume eines Einrichtungshauses* (Aus: Gli Alinari, Ausstellungskatalog Florenz 1977, Abb. 37).

62. *Alinari, Die Fischhalle auf dem Alten Markt* (Aus: Gli Alinari, Ausstellungskatalog Florenz 1977, Abb. 40).

63. *Alinari, Der Alte Markt* (Aus: Gli Alinari, Ausstellungskatalog Florenz 1977, Abb. 47).

64. *Arbeiter in der Optik-Werkstatt der Officine Galileo* (Aus: Gli Alinari, Ausstellungskatalog Florenz 1977, Abb. 92).

65. *Alinari, Die Porta San Giorgio* (Aus: Gli Alinari, Ausstellungskatalog Florenz 1977, Abb. 85).

66. *Alinari, Der britische Friedhof in Florenz* (Aus: Gli Alinari, Ausstellungskatalog Florenz 1977, Abb. 43).

67. *Alinari, Die Feuerwehrkaserne* (Aus: Gli Alinari, Ausstellungskatalog Florenz 1977, Abb. 25).

68. *Alinari, Einweihung des Reiterstandbildes von Vittorio Emanuele II 1890* (Aus: Gli Alinari, Ausstellungskatalog Florenz 1977, Abb. 55).

69. *Der Lungarno Acciaiuoli nach der Bombardierung 1944* (Aus: N. P. Comène Firenze – Città Aperta, Vallecchi Editore, 1945, Abb. 5).

70. *Joseph Cornell, Mediceische Prinzessin* (Aus: Joseph Cornell, Ausstellungskatalog Florenz 1981, Centro Di, Firenze, Abb. 8).

71. *Pepi Merisio, Die Arno-Brücken* (Aus: Toscana, Pepi Merisio/ Roberto Barzanti, Zanichelli Editore Bologna, Copyright Atlantis, Zürich, Abb. 113).

72. *Pepi Merisio, Unter dem vasarianischen Gang* (Aus: Toscana, Pepi Merisio/Roberto Barzanti, Zanichelli Editore Bologna, Copyright: Atlantis-Zürich, Abb. 131).

73. *Beppe Zagaglia, Via dell'Oriuolo und Dom* (Aus: Ritorno a Firenze, Artioli Editore Modena, 1976, Abb. 37).

55 Ryan Air usw., The San Diego Union-Tribune, Chester Arthur, Edition Moderna 1994, Abb. 52.

56 Roger Zelazny, Jane L. Soma, Sphere Cone Europa, Electa/Associazione Moderna, 1997, Abb. 744.

60 Rupi Kaur usw., Das Wall Street Office Journal, Edition Moderna 1996, Abb. 603.

7 Ibc Abbonamento usw. 900, Milano, Celia Conti, Faxo-Espresso pal dill 910, Flarance Nazionale, Sansoni Editore 1994, Abb. 52.

78 Ort librairie familie, Stuttgart 1992 usw. Stato 1984, Conti. Prensa, Rayons del edizione, Primo Scandal, Gianelli Berlinese 1992 Abb. 59.

79 Henry Moorr, Note sur Queneau/der demanding différent 1939 (Man: Rolley der Henry Moors, Ausstellung im Centre 1992-93, ausgewählt... Hibert, Ars verlag von Etude Valentino 1974, Abb. 93).

80 A. Nathan, Mario, Moderna (Auf Italiana), Firenze usw. verlag, New York 1986, Conti C.,... Ringgold...

89 Antony Gehlen, Plastschäden... gioi Die, Anthony Cambra, Gladys Prince, Verlag Insel von Rochall)...

92 Cicero, Rom, Pamela Moirani paintings of... Kunstakademie 1989 Francia von Thibaut M. Pfahler Einzel-forschung.

Reiseliteratur

Carl von Linné. Lappländische Reise
Aus dem Schwedischen von H. C. Artmann. Mit Zeichnungen des
Autors. it 102

London. Eine europäische Metropole in Bildern und Texten
Herausgegeben von Norbert Kohl. it 322

Louis Sébastien Mercier. Mein Bild von Paris
Aus dem Französischen und herausgegeben von Jean Villain. Mit
zeitgenössischen Kupferstichen. it 374

Günter Metken. Reisen als schöne Kunst betrachtet
Essays von Günter Metken. Mit Photographien von Sigrid Metken.
it 639

Moskau. Von der Siedlung im Wald zur Kapitale einer Weltmacht
Von Heddy Pross-Weerth. it 467

Fred Oberhauser/Gabriele Oberhauser. Literarischer Führer durch
Deutschland
Ein Insel-Reiselexikon für die Bundesrepublik Deutschland und Berlin.
it 527

Paris. Deutsche Republikaner reisen
Herausgegeben von Karsten Witte. it 389

Marcel Proust/Eugène Atget. Ein Bild von Paris
Mit zahlreichen Fotografien. it 669

Der Rhein
Herausgegeben von Helmut J. Schneider. it 624

Venedig
Herausgegeben von Doris Maurer und Arnold E. Maurer. Mit zahlreichen Abbildungen. it 626

insel taschenbücher
Alphabetisches Verzeichnis